学前教育专业教育教研成果系列教材

幼儿园班级组织与管理

李玮 宁迪 雷钺 主编

北京理工大学出版社
BEIJING INSTITUTE OF TECHNOLOGY PRESS

版权专有 侵权必究

图书在版编目(CIP)数据

幼儿园班级组织与管理 / 李玮, 宁迪, 雷钺主编. -- 北京：北京理工大学出版社，2020.12（2024.1重印）
ISBN 978-7-5682-8876-7

Ⅰ.①幼… Ⅱ.①李…②宁…③雷… Ⅲ.①幼儿园-班级-学校管理 Ⅳ.①G617

中国版本图书馆 CIP 数据核字（2020）第 146004 号

责任编辑：李慧智		**文案编辑**：李慧智	
责任校对：周瑞红		**责任印制**：施胜娟	

出版发行 / 北京理工大学出版社有限责任公司
社　　址 / 北京市丰台区四合庄路 6 号
邮　　编 / 100070
电　　话 /（010）68914026（教材售后服务热线）
　　　　　　（010）68944437（教材资源服务热线）
网　　址 / http://www.bitpress.com.cn

版 印 次 / 2024 年 1 月第 1 版第 5 次印刷
印　　刷 / 定州市新华印刷有限公司
开　　本 / 787 mm × 1092 mm　1/16
印　　张 / 12.25
字　　数 / 290 千字
定　　价 / 39.80 元

图书出现印装质量问题，请拨打售后服务热线，负责调换

前 言

幼儿园班级组织与管理是幼儿教师必备的岗位能力，为了让高职高专学前教育专业的学生系统地掌握幼儿园的班级组织管理知识，使他们能够在实践工作中更好地观察和了解幼儿，开展班级活动，从而提升自身的专业素养和实践能力，满足幼儿园对幼儿教师职前培养的素质要求和学生就业的需要，笔者依据《高职院校学前教育专业教学标准》，以《幼儿园工作规程》和《幼儿教师专业标准（试行）》为基础，以幼儿园实际工作要求为目标编写了本书，旨在将幼儿园管理与岗位实际相结合，增强幼儿教师的基本知识与实际操作能力，提高幼儿教师班级组织及管理水平。

本书在编写过程中，广泛吸取了国内外学前教育领域的先进理念和研究成果，准确把握幼儿园课程改革的发展趋势和要求，涵盖了《幼儿园教育指导纲要（试行）》和《3~6岁儿童学习与发展指南》的理念和内容。本书遵循学生的学习规律，注重体现思政育人理念，从高职学前教育专业的特点和需要出发，将理论和实践相结合，以项目为单位，以任务为驱动，突出学以致用，让学生通过课程学习掌握幼儿园班级组织与管理知识，从而形成幼教工作中的实际运用能力。本教材注重贯彻与实践"校企共育，理实一体"的人才培养模式，通过与幼儿园建立合作关系，实现了专业与产业对接，实现了教学内容与岗位实践能力的有效衔接。本书是幼儿教师职前教育必备的工具书，对培养应用型的幼儿教师具有重要作用，可作为幼儿园教师继续教育的参考教材，也可供广大学前教育工作者学习使用。

本书具有以下几个特点：

1. 注重操作性

本书编写以项目为单位，以任务为驱动，内容由浅入深，符合学生的认知规律。每个项目都设有教学案例，通过大量的范例实操项目，帮助学生形成熟练的操作技能和职业能力。

2. 体现适用性

本书针对高职高专学前教育专业学生的学习特点，在每一个项目前面都增加了项目描述、项目导学、学习目标等导读部分，便于学生了解本章的学习内容。

为了便于学生检查学习的效果，每一个任务都配有练习题，每一个项目结尾都设置了项目总结和思考实践板块。同时，还设置了知识拓展板块，让学生了解更多的与本项目内容有关的知识，激发学生的求知欲望。

3. 突出信息化

本书贯彻教育现代化的要求，渗透翻转课堂的教学理念，每个任务都用二维码的形式拓展相应的知识点，充分调动学生的主动性与积极性。学生可以反复学习，加深理解与记忆，内化专业技能，真正实现线上线下碎片式学习与课堂高效互动的有机结合。

本书由长春师范高等专科学校李玮、宁迪、雷钺编写，全书由李玮统稿。在编写的过程中参考和引用了许多国内学者的研究成果和幼儿园的优秀管理案例，在此，对各位学者和幼儿园教师表示深深的感谢。

本书是编者多年教学工作的总结和反思，也是在参阅大量幼儿园班级组织与管理研究成果基础上的深入思考。由于编写时间较短，加之我们的水平有限，书中难免有不妥之处，真诚希望各位同行、专家批评指正。

编　者

目 录

项目一 幼儿园班级管理概述 ·· 1

  任务一 认识幼儿园班级管理 ·· 2
    知识一 幼儿园班级的概念及特点 ·· 2
    知识二 幼儿园班级的功能 ·· 5
    知识三 幼儿园班级管理的概念及特点 ······································ 7
  任务二 幼儿园班级管理的原则 ·· 8
    知识一 幼儿园班级管理的原则 ·· 9
    知识二 幼儿园班级管理方法 ··· 13

项目二 幼儿园班级管理过程 ·· 18

  任务一 制订工作计划 ·· 19
    知识一 制订幼儿园班级管理工作计划的意义 ······························ 20
    知识二 制订幼儿园班级管理工作计划的依据 ······························ 21
    知识三 制订幼儿园班级管理工作计划的原则 ······························ 22
    知识四 幼儿园班级管理工作计划类型 ····································· 23
    知识五 幼儿园班级管理工作计划内容 ····································· 24
  任务二 幼儿园班级管理工作实施与检查调整 ··································· 26
    知识一 幼儿园班级管理工作实施的意义 ··································· 27
    知识二 幼儿园班级管理工作检查调整的意义 ······························ 27
    知识三 幼儿园班级管理工作组织实施 ····································· 27
    知识四 幼儿园班级管理工作检查调整方式 ································· 29
  任务三 幼儿园班级管理工作总结与评价 ······································· 31
    知识一 幼儿园班级管理工作总结与评价的意义 ····························· 31
    知识二 幼儿园班级管理工作总结内容 ····································· 32
    知识三 幼儿园班级管理工作评价 ··· 33

项目三 幼儿园班级常规工作的组织与管理 ···································· 37

  任务一 班级一日常规工作的内容及作用 ······································· 38

知识一　幼儿园班级一日常规工作的含义 …………………………………… 38
　　知识二　幼儿园班级一日常规工作的内容 …………………………………… 40
　　知识三　幼儿园班级一日常规工作的作用 …………………………………… 51
任务二　班级一日常规工作的实施 ……………………………………………… 55
　　知识一　制订幼儿园班级一日常规工作计划 ………………………………… 55
　　知识二　幼儿园班级一日常规工作的实施 …………………………………… 60
任务三　班级一日常规工作的评价 ……………………………………………… 67
　　知识一　幼儿园班级一日常规工作评价的含义与作用 ……………………… 67
　　知识二　幼儿园班级一日常规工作评价的内容 ……………………………… 68
　　知识三　幼儿园班级一日常规工作评价的原则与方法 ……………………… 68

项目四　幼儿园各年龄班的管理 …………………………………………………… 72

任务一　托班的管理 ……………………………………………………………… 73
　　知识一　托班幼儿特点 ………………………………………………………… 73
　　知识二　托班生活常规管理 …………………………………………………… 75
任务二　小班的管理 ……………………………………………………………… 78
　　知识一　小班幼儿特点 ………………………………………………………… 79
　　知识二　小班生活常规管理 …………………………………………………… 81
　　知识三　小班游戏常规管理 …………………………………………………… 82
　　知识四　小班教学常规管理 …………………………………………………… 83
任务三　中班的管理 ……………………………………………………………… 85
　　知识一　中班幼儿特点 ………………………………………………………… 86
　　知识二　中班生活常规管理 …………………………………………………… 87
　　知识三　中班游戏常规管理 …………………………………………………… 89
　　知识四　中班教学常规管理 …………………………………………………… 90
任务四　大班的管理 ……………………………………………………………… 92
　　知识一　大班幼儿特点 ………………………………………………………… 92
　　知识二　大班生活常规管理 …………………………………………………… 94
　　知识三　大班游戏常规管理 …………………………………………………… 95
　　知识四　大班教学常规管理 …………………………………………………… 96

项目五　幼儿园班级安全管理 ……………………………………………………… 99

任务一　重视班级安全管理 …………………………………………………… 100
　　知识一　幼儿园班级安全管理含义及意义 ………………………………… 100
　　知识二　幼儿园班级安全管理内容 ………………………………………… 101
任务二　班级安全管理 ………………………………………………………… 105
　　知识一　入园离园安全管理 ………………………………………………… 106

知识二　区域活动的安全管理 …………………………………………… 110
　　　知识三　户外活动的安全管理 …………………………………………… 113
　　任务三　班级安全事故的应对管理 ……………………………………………… 117
　　　知识一　幼儿园安全事故类型 …………………………………………… 118
　　　知识二　安全事故预防与处理 …………………………………………… 119

项目六　幼儿园家长工作组织与管理 ……………………………………………… 127

　　任务一　家长工作的内容 ………………………………………………………… 128
　　　知识一　家长工作的意义 ………………………………………………… 128
　　　知识二　家长工作的内容 ………………………………………………… 129
　　　知识三　家长工作的类型及要求 ………………………………………… 131
　　任务二　家长工作实施流程 ……………………………………………………… 135
　　　知识一　制订家长工作计划 ……………………………………………… 136
　　　知识二　家长工作组织实施要点 ………………………………………… 137
　　　知识三　家长工作评价 …………………………………………………… 138
　　任务三　幼儿园教师与家长关系的定位与沟通 ………………………………… 140
　　　知识一　幼儿教师与家长关系的特点 …………………………………… 141
　　　知识二　幼儿教师与家长沟通的原则 …………………………………… 141
　　　知识三　幼儿教师与家长沟通的技巧 …………………………………… 143
　　　知识四　与家长沟通过程中出现的特殊问题处理 ……………………… 144

项目七　幼儿园班级中的人际管理 ………………………………………………… 147

　　任务一　幼儿教师自我管理 ……………………………………………………… 148
　　　知识一　幼儿教师角色定位 ……………………………………………… 148
　　　知识二　教师基本配备及职责 …………………………………………… 150
　　任务二　师幼关系管理 …………………………………………………………… 156
　　　知识一　师幼关系角色定位 ……………………………………………… 157
　　　知识二　建立和谐师幼关系的途径 ……………………………………… 159
　　任务三　同事关系管理 …………………………………………………………… 163
　　　知识一　同事关系的角色定位 …………………………………………… 163
　　　知识二　教师团队合作的基本素养 ……………………………………… 166

项目八　幼儿园特色班级的创建 …………………………………………………… 172

　　任务一　特色班级创建概述 ……………………………………………………… 173
　　　知识一　幼儿园特色班级创建的概念 …………………………………… 173
　　　知识二　幼儿园特色班级创建的内容 …………………………………… 174
　　　知识三　幼儿园特色班级创建的价值 …………………………………… 174

任务二　特色班级创建的准备工作 ………………………………………………………… 175
　　知识一　特色班级创建的条件分析 ……………………………………………………… 176
　　知识二　特色班级创建方案的制定 ……………………………………………………… 177
　　知识三　特色班级创建方案制定的注意事项 …………………………………………… 178
任务三　特色班级创建及成果展示 ………………………………………………………… 179
　　知识一　特色班级创建工作开展的途径与方法 ………………………………………… 180
　　知识二　特色班级创建中需要注意的事项 ……………………………………………… 181
　　知识三　特色班级创建成果总结与展示 ………………………………………………… 182
　　知识四　特色班级评估标准的建立 ……………………………………………………… 183

参考文献 …………………………………………………………………………………………… 186

项目一 幼儿园班级管理概述

项目描述

幼儿园是幼儿教育系统中的基本单位,幼儿园的管理工作大部分是通过幼儿园中的基本单位——班级管理进行的。在这里,幼儿园教师与幼儿成为一个集体,在班级的环境中体验生活、学习的快乐。"没有规矩不成方圆",那么,在教师与幼儿所组成的班级中,也存在着一些管理规则,约束着教师与幼儿的行为。为完成学习的目标、生活的任务,幼儿园教师将班级中的人、事、物、财、时间、空间等元素进行合理规划与管理,使幼儿园教师与幼儿在此感受到有条不紊的幼儿园班级生活。

项目导学

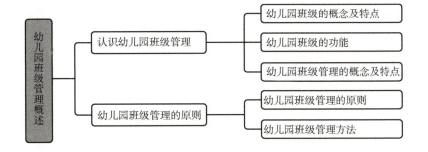

学习目标

1. 了解幼儿园班级的含义、特点及功能。
2. 理解幼儿园班级管理的含义、特点。
3. 掌握幼儿园班级管理的原则。
4. 领会幼儿园班级管理的价值及现实意义。

任务一　认识幼儿园班级管理

【任务情境】

新学期，中二班的刘老师在班级中为幼儿精心布置了5个活动游戏区，并向幼儿详细地介绍了各个游戏区的名称、材料、玩法、规则等。刘老师让幼儿自主选择区域，想去哪个区就去哪个区，但是必须遵守进区的规则。"你们可以自行选择区域，开始游戏吧！"刘老师话音刚落，幼儿们就纷纷涌入活动区。但没过多久，有一小部分幼儿就开始在区域中无所事事，东摸摸西看看，不能投入某一个区的游戏中。随着无所事事的幼儿的增多，活动室里的叫喊声越来越大，班级的局面有些混乱。

任务：作为教师，遇到这种情况，你将如何处理？

【任务解析】

1. 知道幼儿园班级的含义、特点及功能。
2. 明确幼儿园班级管理的含义、特点。

任务实施

知识一　幼儿园班级的概念及特点

（一）幼儿园班级的概念

班级是学校的基本单位，是为了实现一定的教育目的，由学校领导及教师共同设计且具有一定社会属性的集体。17世纪捷克的教育家夸美纽斯提出班级授课制概念，第一个从教育理论层面上认识并且说明班级的重要性。广义上的班级是指由教师、家长及社区共同参与活动的组织，承担着促进学生发展的任务。狭义的班级是指按照一定的目标、任务和构成原则（年龄、发展水平和人数等）组建起来的集合体。班级不等同于教室，班级并不是一个静态的概念，而是在这个三维的空间内学生进行生活、学习、工作的地方，更注重于过程性的活动[1]。

幼儿园班级是幼儿园中的基本单位，是对3~6岁幼儿进行保育与教育活动的地方。对于幼儿来讲，幼儿园的班级是他们生活组成的重要部分，在这里，可以进行生活活动、学习活动、游戏活动、户外活动等一系列的活动，也是幼儿最重要的一个集体组织。对于教师而言，幼儿园的班级是幼儿园教师主要实施保育与教育工作的场所，在这里，幼儿园教师采用先进的教育理念、使用有效的教育形式，为每个幼儿提供适合的教育方式。对于幼儿园而言，幼儿园的班级是保证幼儿一日在园常规的基本单位。为此，幼儿园班级在一定程度上保

---

[1] 杨莉君，杨希，李洋. 幼儿园班级管理[M]. 北京：北京理工大学出版社，2017.

证了园方、幼师、幼儿的工作、生活以及学习。

1. 幼儿园班级的人员结构

幼儿园班级中的人员结构，主要包括保教人员和幼儿。保教人员主要指进行保育与教育工作的人员，即幼儿园教师及保育员。保教人员承担着幼儿在园、在班级的一日常规活动，对幼儿的健康发展起到重要作用。幼儿是幼儿园班级中的主体，是幼儿园班级的教育对象，一般按照幼儿的年龄分为托班、小班、中班、大班。

2. 幼儿园班级的组织结构

幼儿园班级的组织结构主要通过教育活动对幼儿施加系统的影响。教育活动根据实际需要，可以分为班集体活动、小组活动、个别活动。

班集体是幼儿园班级的最基本组织形式，一般一日活动多数情况下是以开展班集体活动的方式进行的。班集体活动覆盖面大、形式多样、具有竞争力，能高效地完成某些教育目标。

小组活动分为固定小组活动及自选小组活动。在幼儿园班级的一日活动中，一般就餐、如厕、做操等活动使用固定小组形式，这样以组为基本单位，使幼儿能够互相帮助高效完成任务；而在班级中，一些根据兴趣选择区域活动可以采用自选小组形式进行，幼儿根据自己的喜好组建小组，这样有利于幼儿提高社会性人际交往能力，形成良好的合作关系。

个别活动是班级中自由活动的基本单位。幼儿可以在自由的时间、空间内做自己喜欢的事情，拥有自己的小天地。教师在班级个别活动中给予幼儿适当的帮助，有助于促进幼儿的探索精神及提高解决问题的能力。

3. 幼儿园班级的物质设施

幼儿园班级的物质设施是构成班级物质要素的主体，是教师进行管理工作必不可少的媒介，主要包括班级空间环境和设备。

（1）空间环境

班级的空间环境主要指班级室内的活动空间，这是幼儿学习和活动的重要场所。活动室要保证室内空气良好、光线充足、宽阔，墙壁以淡色为宜。平均每个儿童应占地面积为 2.5 平方米，室内高度至少达 3 米。

（2）设备

第一，玩具。应配备数量充足、种类多样的玩具及材料。教师要根据幼儿年龄提供不同种类和相应数量的玩具。小班的玩具材料同类数量多，中、大班的游戏材料复杂些。玩具及材料应分类摆放在开放的玩具架上，要注意玩具的卫生和安全问题。

第二，图书。应摆放一系列适合幼儿年龄的图书。图书数量最好是人均 1~3 册。

第三，家具。包括幼儿桌椅、床、各类卫生生活设施。桌椅要符合幼儿身体发展情况，灵活安排与幼儿身高相适应的桌椅。幼儿的床应是木板床，一人一床。每个幼儿应该有专门的毛巾、水杯等物品。

4. 幼儿园班级的编班

《幼儿园工作规程》中指出："幼儿园规模应当有利于幼儿身心健康，便于管理，一般不超过360人。幼儿园每班幼儿人数一般为，小班（3~4岁）25人，中班（4~5岁）30人，大班（5~6岁）35人，混合班30人。寄宿制幼儿园每班幼儿人数酌减。"目前，还有一些幼儿园开设了托班（2~2.5岁），托班10~15人。不同年龄段幼儿的生理发展与心理发展程度不同，因此，幼儿园班级是按照幼儿年龄进行划分的，基本分为托班、小班、中班、大班。

托班幼儿年龄较小，没有独立生活能力，为此，班级幼儿数量较少，配备保教人员数量较多，能够更细致、更全面地对幼儿进行多方面照护。小班幼儿的生活自理能力较差，基本没有规则意识，为了给予幼儿更好的照料与教育，一般规定人数不超过 25 人。随着幼儿年龄的增长，幼儿的身体、动作、语言、认知、社会性等方面逐渐发展，幼儿基本拥有了独立做事、独立思考的能力，班级的人数可以适当增加至 30 人。到了大班，幼儿不仅能够独立生活，还能帮助保教人员做力所能及的小事，这时班级人数可增至 35 人。

5. 幼儿园班级的任务

《幼儿园工作规程》中指出：幼儿园的任务是贯彻国家的教育方针，按照保育与教育相结合的原则，遵循幼儿身心发展特点和规律，实施德、智、体、美等方面全面发展的教育，促进幼儿身心和谐发展。幼儿园同时面向幼儿家长提供科学育儿指导。班级是实施保教活动的基本单位。

在保育方面。保育主要是日常照料，保教人员帮助幼儿建立科学合理的生活、卫生、安全制度，为幼儿健康成长和身心发展提供一切服务与条件。在幼儿身体方面，主要是幼儿的健康饮食、适当锻炼以及安全防护；在心理方面，主要是注重幼儿情感的呵护，培养幼儿具有良好的个性及情绪，能够管理自己的情绪等，慢慢促进幼儿懂得人际交往的技巧与方法。

在教育方面。班级按照《幼儿园指导纲要（试行）》中的健康、语言、社会、科学、艺术五大领域的知识，进行有计划、有目的的教育活动，通过活动促进幼儿德、智、体、美等方面全面发展。

（二）幼儿园班级的特点

1. 保教性

《幼儿园工作规程》指出："幼儿园是对 3 周岁以上学龄前幼儿实施保育和教育的机构。"当前，保教合一、保教并重是幼儿园教育的特色，也是班级运行的具体表现，更是幼儿园班级保育与教育的准则。在幼儿园班级中，保教人员必须对幼儿的身体健康、心理发展、自理能力、生活习惯、学习兴趣等方面综合进行指导。因此，在班级中，主要以保教为基本任务，开展各类教育教学活动。

2. 游戏性

《3～6 岁儿童学习与发展指南》指出：幼儿的学习是以直接经验为基础，在游戏和日常生活中进行的。要珍视游戏和生活的独特价值。《幼儿园教育指导纲要（试行）》指出：幼儿园教育应尊重幼儿的人格和权利，尊重幼儿身心发展规律和学习特点，以游戏为基本活动，保教并重，关注个别差异，促进每个幼儿富有个性地发展。《幼儿园工作规程》明确指出：以游戏为基本活动，寓教育于各种活动之中。这些文件都提到了游戏的重要作用，这就要求在幼儿园的班级内，一日常规都要充满游戏性，活动目标、课程安排、环境创设、区域布置等都要结合游戏，体现游戏精神，充满游戏乐趣。

3. 启蒙性

幼儿园是人接受正规公共教育的起点，主要承担着幼儿启蒙的责任，同样担负着幼儿在健康、语言、社会、科学、艺术五大领域全面发展德、智、体、美的重要任务。在幼儿园中，班级是幼儿启蒙教育的基本单位，从培养良好的生活习惯、学习习惯到教育教学活动，从一点一滴中对幼儿进行有目的、有计划的科学引导。幼儿园教师在班级一日生活内，运用教育学、心理学等专业科学理论，结合幼儿身心发展特点及规律，对幼儿进行合理安排与教育，为幼儿一生的发展奠定基础。

4. 互动性

互动是指在幼儿园班级中，幼儿一日活动中的互动，这种互动不仅仅是幼儿在班级内部的，还包括幼儿与外界的互动，还可能呈现出班级与班级之间的互动。在幼儿园中，以班级为基本单位，帮助幼儿增加互动性，能很好地培养幼儿的社会性发展，使幼儿能够在良好的氛围中进行人际交往，互帮互助，快乐成长。

知识二　幼儿园班级的功能

苏联教育家克鲁普斯卡娅曾说过："只有在集体中儿童的个性才能得到最充分最全面的发展。"因幼儿自身特点与发展规律的独特性，幼儿园班级具有保育、教育的双重任务。为了使幼儿在班集体中健康生活、开心学习、学会做事，幼儿园班级要集生活功能、教育功能、社会功能于一体，将社会要求融于幼儿一日生活和教育，保教结合，最终达到促进幼儿身心全面和谐发展。

（一）生活功能

生活功能是指幼儿园班级对幼儿起着最基本的生活基础功能。它包含着对幼儿一日生活的引导、卫生保健的实施、锻炼身体的组织等。

其一是锻炼身体功能。幼儿期是身体发展的关键时期，教师需要创设良好的班级生活环境，设计组织锻炼身体活动，促使幼儿正常生长发育，提高幼儿身体素质。良好的生长发育是幼儿全面发展的基础，教师需要根据幼儿生理机能及动作技能形成规律，遵循全面锻炼、简易适量、游戏化要求合理安排锻炼，使幼儿不仅在身体上获得发展，而且在情感上也获得愉悦。

其二是习惯养成功能。幼儿的一日生活各环节都是在班级这个场所发生的。为了使幼儿生活更有规律，养成良好的生活习惯、学习习惯、交往习惯，教师要对幼儿一日生活进行科学安排。首先，幼儿一日生活环节的时间、内容应合理有序。其次，针对每个环节教师都要给幼儿提出具体的规则要求。一日生活环节具有常规化，常规的制定与实施也要注意到幼儿的个体差异，要对幼儿进行个别指导。再次，保教人员要把握生活中可以促进幼儿习惯养成的时机，做到保教结合。最后，教师要与家长进行合作，共同促进幼儿好习惯养成，鼓励家长在家庭中也按照幼儿园常规去要求幼儿的行为。

其三是卫生保健功能。卫生保健工作是幼儿生活、学习的保证。幼儿因年幼体弱，极易感染疾病。卫生保健工作能够帮助幼儿提高免疫力，帮助幼儿适应环境、树立安全意识，帮助幼儿养成卫生习惯。班级中保教人员的卫生保健工作主要有：预防常见病、培养幼儿生活习惯、锻炼幼儿体格、做好安全措施、保证班级环境卫生、提供安全健康的玩具及材料给幼儿、教给幼儿卫生知识与技能，等等。卫生保健不仅包括生理卫生保健，还要注意幼儿心理卫生保健。保教人员要创设积极、轻松的班级氛围。

（二）教育功能

教育功能是指幼儿园班级对不同年龄、不同阶段的幼儿培养的作用，主要从认知、情感、动作、语言、艺术等不同层面发挥对幼儿的教育功能。

其一是促进幼儿认知发展功能。幼儿的发展速度极快，同时具有巨大学习潜能。美国心理学家布鲁姆指出，幼儿期是智力发展的最佳时期。教师要依据幼儿认知发展的规律与特点，组织多样的教学、游戏活动，培养幼儿从具体形象思维发展到抽象逻辑思维，从无意记忆发展到有意记忆，从无意想象发展到有意想象，增强幼儿的兴趣与好奇心、想象力、语言表达能力。

其二是促进幼儿情感发展功能。幼儿对情绪情感的处理能力较弱，不能很好地控制自己的情绪，容易发脾气、冲动，会受到周围环境和其他人的影响。幼儿园班级的集体生活能够帮助幼儿学会控制自我情绪，促使幼儿在集体中做出恰当的行为。教师要通过游戏、主题活动等形式促进幼儿、情感发展。

其三是促进幼儿社会性发展功能。幼儿的社会性发展包括自我意识、人际交往、认知社会、遵守社会规则等内容。班集体教育是幼儿社会化的重要途径，具有引导幼儿成为社会人的作用。幼儿将班级常规内化于心，可提升自我控制能力，在与教师、同伴的交往中，掌握交往技能，产生亲社会行为。在班级中要对不同年龄段的幼儿进行不同内容的社会性发展教育，教师要将社会性发展教育内容渗透到一日生活各个环节活动中，在潜移默化中影响幼儿。

（三）社会功能

幼儿园班级的社会功能主要体现在：通过班级对幼儿的全面引导及教育，为幼儿成为一名合格公民打下基础；分担家长们的育儿压力，解放幼儿的父母，使其投入生产劳动，为社会和家庭创造财富；同时幼儿园班级还向人们传递文明、先进的育儿文化等。其中主要的社会功能是发挥基础教育的功能以及解放幼儿父母的功能。

其一，发挥基础教育的功能。《幼儿园教育指导纲要（试行）》总则中提出："幼儿园教育是基础教育的重要组成部分，是我国学校教育和终身教育的奠基阶段。"幼儿园班级具有基础教育功能。幼儿园班级不仅服务于幼儿的基础教育阶段，还要为幼儿的终身教育打好基础。包括培养幼儿形成良好的生活习惯及行为，帮助幼儿顺利度过幼小衔接阶段，帮助幼儿积累直接经验，逐渐养成学习品格，帮助幼儿进行人际交往等。

其二，发挥解放幼儿父母的功能。在幼儿园发展历史上，最早的严格意义上的学前公共教育机构——1816年欧文创办的"幼儿学校"，就是为了分担妇女的育儿压力，让更多的妇女走出家庭投入工业生产中。《幼儿园工作规程》中提出："幼儿园同时为家长参加工作、学习提供便利条件。"如今，幼儿园班级不仅依旧发挥着解放幼儿父母的功能，同时也在向家长宣传、普及科学的育儿知识，指导家长的育儿行为，以使家园合力，共同促进幼儿身心健康发展。

知识三　幼儿园班级管理的概念及特点

（一）幼儿园班级管理的概念

管理是各种组织为了实现目标，以组织中的人为中心开展的协调工作。班级管理是一种组织活动的过程，它是一个动态的过程，是教师根据一定的目的要求，采用一定的措施手段，带领班级同学，对班级中的各种资源进行计划、组织、协调、控制，以实现教育目标的组织活动的过程。班级管理的主要内容包含班级组织建设、班级制度管理、班级教学管理、班级活动管理等。鲁洁认为班级管理可以从两个层面理解：一是学校领导对班级的管理（班级外部管理）；二是班主任对班级的管理（班级内部管理）。两者的区分是从不同层面来理解班级管理问题的①。综上，一般从班级内部管理的层面进行定义，班级管理是指幼儿园班级管理，又称幼儿园班级经营。

（二）幼儿园班级管理的特点

由于幼儿园班级管理对象是正处于身心发展中的幼儿，其管理过程也不同于中小学班级管理，有其固有的特点。

第一，幼儿园班级管理具有渐成性。班级管理成效不是一蹴而就的，是在幼儿入园编班后，在一日生活、教育等各环节中逐渐形成的。如对于小班年龄的幼儿，教师要逐步引导幼儿度过入园环节，顺利适应幼儿园环境和生活，促使幼儿产生班集体归属感。作为管理者的教师应该意识到幼儿园班集体渐成性特点，对于幼儿来说最重要的就是养成教育，幼儿良好行为习惯的养成是日积月累才能达到的。

第二，幼儿园班级管理具有权威性。教师作为管理者，要在班级幼儿和家长心目中树立个人威信，建立自己的权威，让幼儿和家长相信和尊敬。要树立权威，一要为人师表，给幼儿做榜样；二要有职业道德，要热爱幼儿，有良好的工作态度，有责任心；三要具有合格的专业技能、丰富的专业知识和过硬的文化素养。但是要注意，权威性并不代表要实行专制管理。

第三，幼儿园班级管理具有规律性。在班级管理中，教师要根据幼儿生理、心理发展特点有规律地开展班级管理各项工作。幼儿常常表现出容易兴奋，容易疲劳，注意力不集中、不持久的特点。教师应根据幼儿这些特点，合理安排好幼儿的一日生活环节流程和每个环节的时间，要注意动静交替、劳逸结合（见表1-1）。

表1-1　不同年龄段幼儿的集体教育活动时长

班级	活动时长/分
小班	10～15
中班	20～25
大班	25～30

---

① 鲁洁. 教育学［M］. 南京：河海大学出版社，1990.

知识拓展

做一名合格的班级管理老师必须做到以下几点

6S 管理法

6S 管理法在幼儿园的实施

1. 目前，我国幼儿园办园形式更加灵活，提供节假日临时收托孩子服务、早晚接送孩子服务，根据家长需要安排保教人员上下班时间等，主要是为了（　　）。
   A. 服务社会　　　　　　　　　　B. 补偿教育
   C. 增加幼儿园知名度　　　　　　D. 幼儿园创收
2. 幼儿园小班人数一般为（　　）。
   A. 25 人　　　　B. 30 人　　　　C. 35 人　　　　D. 40 人
3. 下列不属于幼儿园班级的功能是（　　）。
   A. 生活功能　　B. 心理功能　　C. 教育功能　　D. 社会功能

【答案】1. A　　2. A　　3. B

任务二　幼儿园班级管理的原则

【任务情境】

在游戏活动时，毛毛刚从手工区出来，就看见凯凯正在和乐乐玩小汽车，毛毛也想和凯凯、乐乐一块玩，但是凯凯和乐乐不愿意与毛毛一块玩，就拒绝了毛毛。毛毛很生气，就一把夺过了凯凯手中的小汽车，凯凯一下子就哭了。

思考：幼儿教师应当如何处理上述情况？在班级管理过程中，幼儿教师又应当遵循什么样的原则呢？

【任务解析】

1. 理解并掌握幼儿园班级管理的原则。
2. 掌握幼儿园班级管理的常见方法。
3. 面对实际情况，能够遵循幼儿园班级管理原则，选择恰当的管理方法开展班级管理工作。

> 任务实施

知识一 幼儿园班级管理的原则

(一) 主导性与主体性结合原则

1. 幼儿教师的主导性

在幼儿园班级管理中,幼儿教师是管理者,但与一般的管理者不同的是,幼儿教师首先是一位教育者,对幼儿的管理存在教育的意义。在幼儿园,由于管理对象是处于发展初期的幼儿,管理的内容也区别于小学、中学,以生活、教育及游戏等为主。在幼儿园班级管理中,幼儿教师通常起着主导幼儿各项活动的作用。在活动目标确定、活动计划制订、活动实施、活动评价等过程中,幼儿教师都处于主导地位。以幼儿教师为主导,要求幼儿教师要全面统筹幼儿各方面发展,根据幼儿发展标准及幼儿实际发展情况,对幼儿园班级管理进行计划制订;在计划实施过程中,要充分发挥主导作用,激发幼儿兴趣,引导幼儿进行认识活动;在活动结束后,进行工作总结与评价,对幼儿发展及自身优劣进行客观评价,对管理工作进行经验总结。幼儿年龄越小,幼儿教师的主导性就越强,要充分以幼儿为中心,实现幼儿教师的主导价值。

2. 幼儿的主体性

幼儿教师在发挥自身主导性时,要充分考虑到幼儿的发展与需要,明确幼儿的主体地位,以幼儿为中心。首先,以幼儿为中心的幼儿园班级管理要求幼儿教师应当做到充分了解幼儿。了解幼儿是开展班级管理工作的重要基础,只有了解幼儿的发展情况、个性特点、兴趣爱好、家庭背景等,才能够更清楚幼儿的发展需要,制定合理的幼儿发展目标,开展幼儿乐于参加的各项活动,最终实现幼儿的发展。其次,在了解幼儿各方面情况之后,就需要根据幼儿实际情况,引导幼儿各方面发展,激发幼儿参与各种活动的兴趣。这是幼儿班级管理的主要任务。最后,幼儿教师要做到充分尊重每一名幼儿。由于遗传因素、生活环境等的不同,每一名幼儿都是独一无二的。面对存在一定差异的幼儿,幼儿教师需要尊重幼儿差异,并充分发挥自身教育者的优势,做到因势利导、因材施教,最大限度地发挥每一名幼儿的独特性。

(二) 整体性与差异性结合原则

1. 整体性原则

整体性原则要求在幼儿园班级管理过程中,幼儿教师不仅要统筹全局,对班级管理进行全面管理,还要面向全体幼儿,面向幼儿的全面发展。

首先,为了实现幼儿管理的目标,保证幼儿全面、和谐、健康地发展,幼儿教师需要综合考虑各方面因素,统筹分配幼儿园及班级内部资源,精确把握各项工作时间进度,从宏观的角度掌控班级管理。尤其在进行幼儿园班级管理计划制订的过程中,由于幼儿园班级管理存在一定长期性,需要优化各方面配置,统筹幼儿园班级管理的各个环节,才能达到促进幼儿全面和谐发展的目标。

其次，整体性原则要求幼儿园班级管理应面向全体幼儿。这意味着在幼儿园班级管理过程中，幼儿教师需要考虑班级幼儿整体发展水平、发展需要，开展面向全体幼儿的管理工作。例如，教育活动、班级一日计划、班级常规管理，都是以班级为单位，将班级内全体幼儿看作整体而开展的。同时，在对整个班级的管理过程中，整体性教育所形成的联系性、制约性，都会对幼儿产生强有力的约束和教育作用，幼儿能够遵守班级的准则、常规等，控制调节自己的行为、状态，幼儿的行为习惯、人际交往、个性能力也都在集体中不断发展。

最后，整体性原则要求幼儿园班级管理要充分意识到幼儿发展的整体性，达到全面发展。我国幼儿教育的总目标是"对幼儿实施体、智、德、美等方面全面发展的教育，促进其身心和谐发展"，因此，幼儿的全面发展同样是幼儿园班级管理中的重要内容。

2. 差异性原则

差异性体现在幼儿园班级管理的过程中，要做到对本班幼儿进行针对性管理，以及注重每个幼儿的个体差异。首先，因为不同年龄的幼儿发展水平不一致，而同一年龄不同的幼儿班级也会存在一定差异，所以在进行班级管理时，不能完全照搬优秀班级的管理模式或完全按照理论管理，而需要考虑班级特点，如幼儿爱好特长、班级性别差异、幼儿家庭背景等，才能够更加高效地开展有针对性的管理工作，科学合理地促进幼儿发展。其次，由于每个幼儿的遗传素质、生活环境不同，幼儿与幼儿之间存在一定的差异。在开展班级管理工作时，如果对每个幼儿都采取相同的管理模式，拿"一把尺子"衡量所有幼儿，不仅不科学，而且难以取得良好的管理效果。每个幼儿都是独立的个体，都有自己的生长方式，都有自己的个性。苏联教育家苏霍姆林斯基说过："在教育集体的同时，必须看到集体中每一个幼儿及其特殊的精神世界，关怀备至地教育每一个幼儿。"由此可见，顺应幼儿的个性发展，保证幼儿健康成长，对幼儿有着深远影响，这同样也是幼儿管理过程中的重要内容。幼儿教师需要关注到每一个幼儿的需要、特点，根据每一个幼儿的实际情况给予有效帮助、引导。

（三）教育与保育结合原则

幼儿发展的特殊性决定了幼儿园班级管理的特殊性。由于幼儿处于发展的初期，在对其进行管理的过程中要求做到教育和保育相结合，同时不断相互渗透、相互融合，才能够实现促进幼儿全面和谐发展的目标。

1. 教育性原则

教育机构的意义决定了各类教育的教育性。在幼儿园班级管理中，教育通常是指有计划、有目的、有组织地对幼儿开展全面教育的过程，主要涉及德、智、体、美几个方面教育内容。事实上，幼儿园管理的各个方面都存在教育性，环境的创设能够潜移默化地影响幼儿的情绪、心境，生活常规管理中存在着对幼儿行为习惯、生活技能的教育，教育常规管理中包含五大领域的教育内容，游戏活动中有对幼儿社会交往、社会规范的教育等。在幼儿园，教育性是开展班级管理工作的一项重要管理原则。

遵循教育性原则，首先要做到准确把握幼儿发展关键期。关键期，即特定技能或行为的发展最敏感的时期。在关键期进行相应的刺激能够有效激发该行为或技能的产生，一旦错过，则难以弥补。幼儿发展中诸多方面的发展关键期都在3~6岁，对此，幼儿教师要准确把握关键期，在关键期对幼儿开展相应的管理工作，有效促进幼儿健康成长。其次，要把握各种教育契机。在幼儿的一日生活当中,存在很多教育契机,对具体事件进行教育能够对幼儿产生更加明确的引导。例如,针对出现攻击性行为的幼儿,在了解攻击性行为出现的原因后,及时进行引导,进行情感教育,引导其进行正确的社会交往,能够有效改正幼儿攻击性行为。

2. 保育性原则

我国大部分学者认为,保育主要是为幼儿的生存、发展创设有利的环境和提供物质条件,给予幼儿精心的照顾和养育,帮助其身体和机能良好发育,促进其身心健康发展。《幼儿园工作规程》中也强调了保育环节,并明确规定了保育员卫生管理、科学照管、幼儿保健、设备管理等几项工作,充分强调了在幼儿园班级管理工作中保育工作的重要性。幼儿园班级管理中的保育应当以幼儿的身体、心理方面的健康发展为主要内容。

在幼儿园班级管理中,教育与保育是相互渗透、不断融合的。幼儿的教育通常离不开保育的内容,最初的教育内容以幼儿的生活技能为主,包括吃饭、穿衣、盥洗、安全教育等。基础的生活技能的学习为幼儿后续的认知发展、人际交往都提供了保障。而保育也不仅仅是以幼儿的安全为核心,同样也要培养幼儿各方面的行为习惯等。同时,在保育的过程中,蕴含着丰富的教育契机。例如,在盥洗时,为了避免因地面湿滑可能引起的幼儿追逐嬉闹时受伤,幼儿教师应引导幼儿遵守秩序、排队盥洗;在吃饭环节,引导幼儿正确吃饭时,同时为了避免幼儿浪费粮食,可以告诉幼儿粮食的种植过程,进行情感教育,让幼儿认识到粮食来之不易。

(四)科学性与艺术性相结合原则

1. 管理的科学性原则

幼儿的身心发展都有着特殊的规律,这就意味着对幼儿园班级的管理,需要遵循科学性的原则。幼儿教师需掌握学前教育学、学前心理学、学前卫生学等理论知识,并不断联系实际,科学合理地开展管理工作。例如,一般情况下,幼儿园会根据幼儿的年龄来分班,这就是充分考虑到不同年龄阶段的幼儿发展特点存在较大差异。在具体的管理过程中,通常会考虑幼儿的发展水平以及幼儿在成人帮助下能够达到的水平,即以"最近发展区"的理论为依据,科学制订管理计划,真正有效合理地促进幼儿的发展。只有遵循科学的管理原则,联系幼儿管理的实际情况,避免"揠苗助长"、忽视个别方面发展的现象,才能够保证幼儿的健康成长。

2. 管理的艺术性原则

对于幼儿来说,管理同样要有一定的艺术性。由于幼儿的发展特点,在开展管理工作时,需要做到艺术性地交往、引导与评价。

首先,在师幼交往过程中,由于幼儿各方面处于发展初期,可能存在一些成人所不能理解的情况,需要幼儿教师把握分寸、注意方式,充分做到尊重、理解幼儿。例如,幼儿可能会出现"说谎""吹牛"的情况,某一幼儿说自己周末去了游乐场,另一名幼儿也说自己周末去了游乐场,还说他家有游乐场那么大,但实际上,第二名幼儿没有去游乐场,家也没有游乐场那么大,只是由于幼儿的想象与现实的混乱才产生这样的现象,对此,幼儿教师要充分尊重幼儿,不能借机讽刺、调侃幼儿。

其次，在幼儿管理过程中，要做到艺术性地引导。优秀的幼儿教师应当充分把握幼儿兴趣，引导幼儿发展。引导，即指引、诱导，区别于指导，其核心是启发，充分激发幼儿对外界环境中的事物产生好奇心和探索欲望，为幼儿将来的学习奠定基础。例如，在科学领域的教育活动中，可以调动幼儿的积极性，让幼儿自己操作、观察、记录；在生活常规管理中，可以引导幼儿发现生活中的细节，体验生活中所蕴含的情感。

最后，对于幼儿的评价也需要艺术性。幼儿虽然处于发展初期阶段，但也是有自尊的，对于幼儿的评价应当采取积极的态度和言语进行表达。有研究表明，积极的、正面的评价能够更加有效地帮助幼儿全面发展，改正不良行为；而消极的、负面评价往往达不到长期效果。同时，对幼儿的评价应当客观、具体。一般情况下对于幼儿的夸奖往往是一句"你真棒"，但最新研究表明客观而具体的评价才能够达到有效的强化，真正让幼儿了解到自己正确、良好的行为，清楚地知道自己哪些行为是不对的。

知识拓展

案例

（五）家园合作原则

苏联著名教育家苏霍姆林斯基曾经强调："没有家庭教育的学校教育和没有学校教育的家庭教育，都不可能完成培养人这一极其细致而复杂的任务。"对于幼儿，家庭教育和幼儿园教育都有着深远的影响。家庭教育虽然不具有专业性，但由于家庭的特殊性，家庭教育涉及幼儿的各个方面，能够潜移默化地影响幼儿的言行举止，具有强烈的针对性及长期性的特点。而幼儿园教育有目的、有计划、有组织地开展活动，能够从专业的角度为幼儿提供更为丰富的资源，促进幼儿的德、智、体、美全面发展，激发幼儿对学习的兴趣。家庭教育与幼儿园教育都存在一定不足，而双方的优势恰好弥补了对方的不足，只有家庭教育与幼儿园教育相互配合才能够保证幼儿的全面健康和谐发展。

《幼儿园工作规程》第九章第五十二条到第五十四条明确规定并强调了幼儿园应当主动与幼儿家庭沟通合作，为家长提供科学育儿宣传指导，帮助家长创设良好的家庭教育环境，共同担负教育幼儿的任务；幼儿园应当建立幼儿园与家长联系的制度，可采取多种形式，指导家长正确了解幼儿园保育和教育的内容、方法，定期召开家长会议，并接待家长的来访和咨询；幼儿园应当成立家长委员会，沟通幼儿园教育与家庭教育的情况，实现与家长友好互助。

幼儿园为家长提供专业指导，宣传科学的育儿知识，传输先进的教育理念，能够帮助家长解决育儿过程中的问题；家长配合幼儿园开展工作，保证家园工作的一致性，做到观念一致、目标一致、行动统一，能有效避免家园教育不一致所导致的矛盾，能够取得更大的教育效果，有效促进幼儿身心全面发展。

知识二　幼儿园班级管理方法

在幼儿园班级管理过程中，由于管理对象的特殊性，在管理过程中可能会遇到各种各样的问题，这就决定了幼儿园班级管理的方法要多样而多变。面对这些问题，在遵循幼儿园班级管理原则的前提下，需要根据具体的任务、幼儿的发展情况，灵活选择及运用不同的管理方法。常见的几种幼儿园班级管理方法包括规则引导法、情感沟通法、互动指导法、榜样激励法和目标指引法。

（一）规则引导法

规则引导法，即制定规则，引导幼儿遵循，使其改变不良行为或保持正确行为的一种管理方法。由于规则的具体明了，幼儿易于理解，因此规则引导法是幼儿园班级管理中较为常用的方法，它一方面能够促进幼儿自我控制能力的发展，加深幼儿对社会规则的认识，另一方面也利于幼儿教师的管理。

规则引导法要求：①规则内容合理明确。对于幼儿来说，由于认知能力有限，规则意识初步发展，规则的内容应当简单明确、符合幼儿的理解能力及发展水平。②在实际活动中引导幼儿规则的应用。要巩固幼儿对规则的理解，就需要让幼儿在实际活动中练习，明白规则的具体要求。例如，在讲解盥洗活动时，提出"六步洗手法"："第一步掌心相对揉搓；第二步手指交叉，掌心对手背揉搓；第三步手指交叉，掌心相对揉搓；第四步弯曲手指关节，在掌心揉搓；第五步拇指在掌中揉搓；第六步指尖在掌心中揉搓。"幼儿对于文字可能会难以理解，因此要幼儿掌握盥洗规则，需要在幼儿的盥洗活动中进行引导，使其学习掌握洗手的规则。同时，由于幼儿记忆能力较弱，需要不断练习巩固，才能够真正使幼儿掌握，并形成长期习惯。③保持规则的一贯性。既然是规则，就需要保持一致，不可随意改变。例如，幼儿园会对幼儿的坐姿有一定要求，如果班级中一位幼儿教师要求幼儿坐姿"手放平、身坐直、脚摆正"，另一位幼儿教师要求"手背后、身坐直、脚摆正"，就会产生矛盾。因此，强调规则需要保持一贯性。

（二）情感沟通法

情感沟通法是指通过激发或利用幼儿对幼儿教师、同伴或其他事物的情感，影响幼儿行为的一种管理方法。英国教育家斯宾塞说过："在一个人的教育中，情感起着重要的作用。道德告诉人们应该怎样做，理智告诉人们用什么方法去做，而情感则告诉人们愿意怎样做。"幼儿的情感比较外露，容易受到外在环境或他人的感染，从情感的角度与幼儿沟通，幼儿更易于接受、理解，也能够达到较好的管理效果。

情感沟通法要求：①建立和谐的师幼关系。和谐的师幼关系是幼儿教师运用情感沟通法的前提，也是建立和谐班级的前提。这要求幼儿教师在班级管理的过程中，要充分尊重幼儿，多与幼儿沟通，多从幼儿的角度思考问题，充分以幼儿为中心，让幼儿对幼儿教师产生安全感、信赖感。同时，幼儿教师要学会正确表达自己，采取积极正面的方式与幼儿沟通。②训练幼儿换位思考的能力。换位思考能够帮助幼儿更好地站在他人的角度，理解他人的情感。例如，在进餐环节，幼儿出现浪费粮食的情况，幼儿教师可以向幼儿讲解粮食来之不易,农民伯伯如何辛勤耕耘,激发幼儿珍惜粮食的情感,从而帮助幼儿养成不浪费的好习惯。③创设情境,体验丰富情感。情感沟通法即激发或利用幼儿的情感以达到管理的效果,因此幼儿教师可以创设多种情境,让幼儿处于丰富的情感世界中,使幼儿在轻松愉快的氛围中活动,促进幼儿的各方面发展。

(三) 互动指导法

互动指导法是指对幼儿与幼儿教师、同伴之间的相互作用进行一定指导的管理方法。指导幼儿同他人形成积极、良好的交往是建立和谐班级、开展班级管理的又一重要方法。在幼儿园中,幼儿与教师、同伴的交往是幼儿主要的社会交往类型,对幼儿社会性发展起着重要的启蒙作用。

互动指导法要求:①适当性,要求幼儿教师要从幼儿的身心发展水平、幼儿个性特征以及幼儿与他人互动时的真实情境等多方面考虑,采取恰当的方式方法进行指导、干预。②适时性,对幼儿与他人的互动进行指导要选择恰当的时机,充分尊重幼儿的主观能动性,在幼儿需要的时机进行指导,避免过早或过晚,影响到幼儿的正常交往。例如,幼儿在进行游戏时,幼儿在与同伴的交流过程中、探索过程中,都避免进行干预指导,当游戏进行不下去,或者出现违规行为而又没人制止时可以进行一定指导。③适度性,要求幼儿教师在对幼儿进行指导时,要把握分寸,掌握一个合适的尺度,避免指导得过于细致,影响幼儿的自由发挥、自我探索。同样要避免指导得过于笼统,起不到作用。幼儿教师应当根据幼儿各方面的实际情况,对幼儿进行有针对性的、恰当合理的指导与帮助。

(四) 榜样激励法

榜样激励法,又称榜样示范法,即树立正确榜样,以达到规范幼儿言行的一种方法。对于幼儿来说,由于行为习惯、生活技能仍处于发展初期阶段,通过观察模仿他人的行为能够有效获得或改进自身技能或行为,学龄前的幼儿存在较强的模仿性,会模仿他人的言行,这一时期的幼儿的可塑性也较强,易受到感染,一旦出现榜样行为,幼儿就容易受到影响,学习榜样行为,从而养成良好的行为习惯、生活技能等。

通常情况下,可通过精神的典范、成人的示范、同伴的样板三种形式进行榜样激励。

1. 精神的典范

对于幼儿来说,历史伟人、寓言故事、童话故事中的人物都能够成为学习模仿的对象,他们正面、积极的精神,具有一定的典型性,是幼儿学习的良好榜样。例如,"孔融让梨"的故事中的主人公孔融,能够让幼儿学会谦让有礼,尊老爱幼;"三只小猪"的童话告诉了幼儿勤劳肯干、聪明机智、乐于助人的道理。

2. 成人的示范

家长及幼儿教师对幼儿的影响是最深远、最直接的。家长是幼儿的第一任老师,家长也是幼儿最先模仿的对象,并且由于家长与幼儿生活的长期性,家长的言行、举止、仪态、为人处世等各方面都会对幼儿产生潜移默化的影响。而幼儿教师与幼儿交往时间也较长,也会对幼儿产生重要影响,幼儿能够关注到幼儿教师的细微动作并进行模仿,因此,作为幼儿教师要谨记"身正为范"的准则,时刻严格要求并规范自己的言行。

3. 同伴的样板

同伴是幼儿主要的人际交往对象,他们之间有着相同的年龄、相似的经历,也较为容易成为其他幼儿模仿的对象,尤其是在被幼儿教师树立为正面榜样时。例如,当幼儿教师在班级中夸奖某个幼儿坐姿正确时,能够发现其他幼儿就会开始模仿他,后背挺直、小手放好。

榜样激励法要求:①榜样选择上要选择正面、积极的形象。幼儿的思维具有直观性,对于反面案例不易理解,因此,在榜样选择上,应选择正面的、积极的形象,让幼儿进行模仿,以达到良好行为或高尚品德的学习。②榜样的公正性。班级树立的榜样,其行为要真正符合规则、达到示范标准,只有这样,幼儿才会愿意学习模仿。③及时反馈,达到强化效果。幼儿出现榜样行为时,幼儿教师要及时进行表扬、奖励,当幼儿的行为得到积极回应后,能够达到行为强化的效果,增加幼儿榜样行为的产生。

 知识拓展

幼儿模仿行为的产生——班杜拉的观察学习理论

(五) 目标指引法

目标指引法是指教师以行为结果作为目标,引导幼儿的行为方向、规范幼儿行为方式的一种管理方法。在管理之初,向幼儿展示结果,引导幼儿对行为进行判断,为最终实现目标而选择正确行为,是一种符合幼儿具体形象思维的管理方法。

目标指引法要求:①目标要具体明确,并且对幼儿具有吸引力。受到幼儿发展水平的制约,在目标选择时,要选择幼儿感兴趣的、喜欢的,并且明确而具体的目标,在幼儿园中最常见的,就是"小红花""小贴纸"等。②目标要与具体行为相联系,即明确解释正确行为或错误行为与目标或结果之间的联系。例如,幼儿教师告诉幼儿,会选择教育活动中积极回答问题的幼儿在就餐环节帮助幼儿教师分发餐具。对于幼儿来说,分发餐具是一项具有荣誉感的事情。幼儿教师的言语中明确指出目标即分发餐具,而正确行为即在教育活动中积极回答问题,将目标与行为相联系能够帮助幼儿清晰地认识到行为产生的结果,以及为实现目标而应当选择的具体行为。

 小试牛刀

一、选择题

1. 下列哪种情况不应成为幼儿教师对幼儿的态度。(　　)

A. 关心、爱护幼儿　　　　　　　B. 成为幼儿的伙伴

C. 经常鼓励、表扬幼儿　　　　　D. 幼儿错了就严厉批评

[答案] D

2. 在进餐时,幼儿教师发现某个幼儿安静地吃完了饭菜,就立刻表扬他,希望其他幼

儿向他学习，该幼儿教师运用了哪种管理方法？（　　）

A. 榜样激励法　　　　　　　　B. 目标指引法

C. 情感沟通法　　　　　　　　D. 互动指导法

【答案】A

3. 幼儿园的管理工作必须在保证幼儿的身心健康（　　）的前提下进行。

A. 和谐发展　　　　　　　　　B. 全面发展

C. 个性发展　　　　　　　　　D. 个性张扬

【答案】A

4. （　　）是幼儿园班级管理的主导者。

A. 家长　　　　　　　　　　　B. 幼儿教师

C. 幼儿　　　　　　　　　　　D. 园长

【答案】B

5. 幼儿教师在幼儿园班级管理中所处的地位是（　　）。

A. 次要的　　　　　　　　　　B. 主要的

C. 主导的　　　　　　　　　　D. 客观的

【答案】C

二、简答题

1. 请简述幼儿园班级管理的基本原则。

【参考答案】

（1）主导性与主体性相结合原则；

（2）整体性与差异性相结合原则；

（3）教育与保育相结合原则；

（4）科学性与艺术性相结合原则；

（5）家园合作原则。

2. 请简述幼儿园管理方法中互动指导法的运用。

【参考答案】

（1）适当指导，要求幼儿教师要从幼儿的身心发展水平、幼儿个性特征，以及幼儿与他人互动时的真实情境等多方面考虑，采取恰当的方式方法进行指导、干预。

（2）适时指导，对幼儿与他人的互动进行指导要选择恰当的时机，充分尊重幼儿的主观能动性，在幼儿需要的时机进行指导，避免过早或过晚，影响到幼儿的正常交往。

（3）适度指导，要求幼儿教师在对幼儿进行指导时，要把握分寸，掌握一个合适的尺度，避免指导得过于细致，影响幼儿的自由发挥、自我探索，同样要避免指导得过于笼统，起不到指导的作用。幼儿教师应当根据幼儿各方面的实际情况，对幼儿进行有针对性的、恰当合理的指导与帮助。

项目总结

班级是幼儿园开展各项活动及工作的基础。班级管理影响着幼儿园的正常运转，也影响着幼儿的全面和谐发展。作为班级管理者，要充分认识到幼儿园班级管理的重要性，遵循班级管理的原则进行实践。

　　本项目主要介绍了幼儿园班级的含义、结构，幼儿园班级的功能，幼儿园班级管理的含义、特点，幼儿园班级管理的原则，幼儿园班级管理的常见方法。在学习以上内容时，教师能领会幼儿园班级管理的价值，掌握幼儿园班级管理的原则。

 思考实践

1. 谈一谈你对幼儿园班级管理价值的理解。
2. 分享一个你在实习或见习过程中，看到的有关班级管理的案例，并谈谈你的看法。
3. 如果你是一名小班幼儿的教师，你将从哪几个方面入手开展班级管理工作？

项目二 幼儿园班级管理过程

项目描述

幼儿园班级管理的过程是指保教人员根据幼儿培养目标及幼儿身心发展规律特点而开展的为促进幼儿全面、和谐、健康发展的班级活动的过程。美国管理学家戴明根据质量管理过程提出"PDCA"循环模式(又称"戴明环"),包括计划、实施、检查和总结处理四个环节。依据"PDCA"模式,结合幼儿园班级管理经验,一般将其过程划分为班级管理的工作计划制订、工作的实施与调整、工作的总结与评价三个环节(如图2-1所示),同时这三个环节是周而复始循环运转的,一个循环结束,会将未解决的问题带入下一个循环。

本项目主要针对幼儿园班级管理过程中的制订工作计划、工作实施与调整、总结与评价三个环节进行了详细阐述。

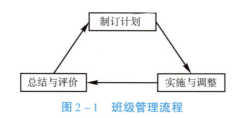

图2-1 班级管理流程

项目二　幼儿园班级管理过程

项目导学

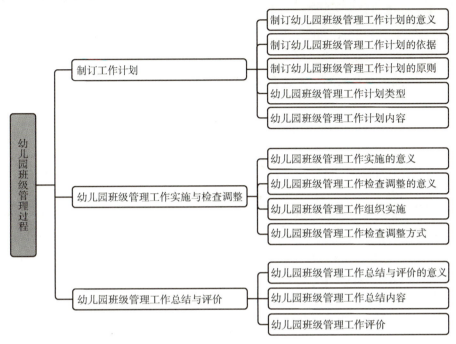

学习目标

1. 重视幼儿园班级管理工作的过程，重视幼儿园班级管理工作的每一环节。
2. 根据幼儿园班级实际情况进行班级管理工作计划制订。
3. 在班级管理工作实施过程中，能够发现问题及时调整。
4. 能够对班级管理工作进行总结评价。

任务一　制订工作计划

【任务情境】

"点点班"是新入园的托班，由于刚入园，幼儿自理能力普遍较差，尤其在吃饭的时候，大部分幼儿不会自己拿勺子吃饭，经常掉得满桌满地都是饭菜，这对幼儿教师们是一项很大的挑战，对此，幼儿教师们为了促进幼儿自理能力提高，制订了详细的计划。

思考：幼儿教师进行计划制订有什么价值？该如何进行工作计划制订？

【任务解析】

1. 理解并重视班级管理中工作计划制订的重要意义。

· 19 ·

2. 掌握班级管理工作计划制订原则。
3. 能够全面统筹，进行班级管理工作计划的制订。

任务实施

幼儿园班级管理工作计划制订是班级管理工作的起点，计划是班级管理工作的行动指南，为提高班级管理工作效率提供保障。工作计划的制订既要考虑到幼儿身心发展状况、班级自身情况，还要考虑到幼儿园的整体规划，才能更好地推进班级管理，促进幼儿全面发展。

知识一　制订幼儿园班级管理工作计划的意义

（一）有助于幼儿全面发展

幼儿园班级管理工作计划基于各方面实际情况考虑而提出，工作计划是开展工作的起点。幼儿园班级工作计划实际上是对工作进行的一种全面把控，是以幼儿为中心，将幼儿的生活、学习、游戏等各项活动统筹安排，涉及幼儿的方方面面，以保障幼儿的德、智、体、美及生活技能都能够在幼儿园班级管理过程中得到有效提高。班级管理工作计划需针对各自班级幼儿的特殊情况，进行目标设定、制订活动计划，促进幼儿全面、健康、和谐发展。因此，幼儿园班级管理工作计划的制订有利于对幼儿的全方位管理。

（二）有助于班级高效管理

制订幼儿园班级管理工作计划，能够有效提高班级管理效率。班级管理工作计划中，各项工作目标、内容及要求明确具体，能够帮助班级教师及保育员了解管理工作中的重难点，有侧重地开展工作，从而有效提高工作效率；班级管理工作计划中，各项工作时间安排细致合理，能够帮助幼儿教师在最佳工作时间内完成班级各项工作，如迎新年系列活动，需在12月完成，保证活动时效性，有利于顺利过渡到下一阶段；班级管理工作计划合理安排班级管理人员工作，通过协调幼儿教师与保育员的工作，相互配合，从而保证各项工作高质量、高效率完成。

（三）有助于幼儿教师工作开展

班级管理工作计划中将班级主、配班教师及保育员的工作进行了分配，详细规定了各个人员的工作目标、工作内容、进度要求，目标明确，步骤清晰，时间安排精确。如幼儿园教师的主要职责包括观察了解幼儿、合理安排幼儿一日生活、开展适宜的教育活动、配合保育员做好卫生保健工作、与家长保持经常联系、参加业务学习和保育教育研究活动、定期总结评估保教工作实效，接受园长的指导和检查；幼儿园保育员的主要职责包括负责班级环境的清洁卫生和消毒工作、科学照料和管理幼儿生活、配合本班教师组织教育活动、严格执行幼儿园安全卫生保健制度、妥善保管幼儿衣物和本班的设备用具。管理工作计划实际相当于将总目标分为多个子目标，将这些子目标再分配给各位幼儿教师和保育员，幼儿教师和保育员各司其职、协调配合、通力合作，将各个子目标一一实现，最后达到总目标的实现。

知识二　制订幼儿园班级管理工作计划的依据

幼儿园班级管理工作计划不能一味将书本理论视为标尺，需结合科学的依据及各方面实际情况进行制订。因此，制订班级管理工作计划需遵循以下依据：

（一）幼儿特点

幼儿教师制订班级管理工作计划首先需要考虑该年龄段幼儿整体发展情况，掌握该年龄段幼儿各方面发展指标。详细可以参考《3~6岁儿童学习与发展指南》，其中分别对3~4岁、4~5岁、5~6岁三个年龄段幼儿应该知道什么、能做什么、大致可以达到什么发展水平提出了合理期望，指明了幼儿学习与发展的具体方向。

在掌握幼儿整体发展水平的同时，也需要了解幼儿发展的个体差异。由于每个幼儿各方面发展程度不一致，有的幼儿发展程度较高，而有的幼儿发展程度较低；同一方面不同幼儿发展到同一程度时的时间也不一致，有的幼儿在托班就可以自己吃饭，而有的幼儿精细动作发展较迟，到中班也还是不能熟练用勺。在幼儿成长过程中就需要关注到每个幼儿各方面的发展程度，健康、智力、艺术、社会交往等方面的发展水平。

因此，要根据幼儿整体发展程度和本班级幼儿发展的实际情况，有针对性地制订工作计划。

（二）幼儿家庭情况

幼儿教师在进行工作计划制订之前，需要与幼儿家长进行沟通，了解幼儿的家庭经济状况、抚养情况、幼儿家庭表现及家长的教育背景等。掌握幼儿在家庭中的情况，能够帮助幼儿教师更加全面地了解幼儿，以制订更加合理的工作计划。同时，基于"三位一体"学前教育理念，强调幼儿园、家庭和社会三方合作进行幼儿教育，幼儿教师在进行幼儿教育过程中，也需要充分了解幼儿家庭情况，充分考虑家庭教育资源的有效利用，从而制订具有针对性的班级管理工作计划。

（三）班级实际情况

由于每个班级情况不同，在制订工作计划时，需要结合班级实际情况。首先是幼儿人员结构，《幼儿园工作规程》规定，小班（3~4周岁）25人，中班（4~5周岁）30人，大班（5~6周岁）35人，混合班30人。因此在进行班级管理计划制订时，男女比例、年龄差异都需要考虑。男女比例尽量保持一致，这样一方面有助于形成男女优势互补的生态环境，另一方面可以帮助幼儿确立性别认同，理解社会对性别角色的期待，促进幼儿心理的健康发展。尤其是混龄班，由于年龄不同，在制订工作计划时一定要考虑知识层次、活动形式等方面。

其次，非新入园的班级在进行新一阶段工作计划制订时还需结合上一阶段工作计划的完成情况。制订新的工作计划时，需将上一阶段未完成工作纳入新的工作计划当中，重新进行安排；上一阶段工作中出现的问题，在制订这一阶段工作计划时，也需要充分考虑问题的原因进行调整，避免再次出现相同问题。

最后，还需考虑班级内玩教具情况。《幼儿园工作规程》中明确指出，要以游戏为基本活动，寓教育于各项活动之中。因此，工作计划需要充分考虑幼儿的游戏与教学活动，以及活动过程中需要的玩教具的安全性、适宜性、数量、投放情况及坏损情况。

（四）幼儿园实际情况

在制订班级管理工作计划时，需要考虑到园务管理计划。园务管理计划一般依据《幼儿园工作规程》、《幼儿园教育指导纲要》、上级相关部门计划并结合本园实际情况进行制订，从宏观角度进行幼儿园管理。因而班级管理工作计划需要与园务管理计划保持一致，充分考虑到园务管理目标及要求。

另外，还需考虑场地条件。《幼儿园工作规程》中明确指出，正常情况下，幼儿每日户外体育活动不得少于2小时。在进行幼儿户外活动时，需要考虑场地条件进行活动安排。

知识三　制订幼儿园班级管理工作计划的原则

制订幼儿园班级管理工作计划是一项严谨而复杂的工作，需要保证班级管理工作的科学性、可行性、有效性。因此，制订班级管理工作计划需要遵循以下原则：

（一）目的性与明确性原则

计划的本质即明确工作目标并组织相应工作，没有目的性的行为则不能称之为计划，任何计划的目的都是实现最终总目标。幼儿园班级管理工作计划同样需要明确目标，幼儿教师只有在明确自己的工作目标之后，才能够采取最合适的方式开展一系列活动，最终实现任务。班级管理工作计划的明确性不仅在于明确工作目标，还需要明确各项工作任务、要求及时间进度，明确班级内各工作人员在计划实施过程中的权力与职责，明确实现目标所需要采取的程序和方法，明确活动过程中所需要的玩教具等材料。

（二）科学性与针对性原则

由于幼儿园管理工作计划的对象是正处于发展关键阶段的幼儿，因此，工作计划需遵循科学性原则，即工作计划需要考虑幼儿各方面发展情况。同时，由于不同年龄段幼儿的生理心理发展规律及其需要有所不同，在制订班级管理工作计划时，需考虑幼儿实际情况，制订科学合理的工作计划。同一主题，对于不同年龄阶段的幼儿应当开展不同的内容，如对于动物的认识，小班幼儿主要学习动物的外在特征，中班幼儿学习动物的习性，大班幼儿学习动物的种类及区别。同时，由于每个幼儿园的侧重点、每个班级的特色、每个幼儿的发展情况都有所不同，幼儿教师还需要充分了解班级内实际情况、有效利用班级内部资源、合理安排时间，根据本班级自身情况制订具有针对性的工作计划。同时制订工作计划需遵循维果斯基的"最近发展区"理论，在幼儿教师掌握班级内幼儿已达到的发展水平的前提下，设置幼儿"跳一跳就能够着"的目标。

（三）全面性与差异性原则

幼儿园班级管理工作应该面向班级内全体幼儿，同时关注每一个幼儿的需要。首先，班级管理工作需将全体幼儿看作一个整体，从全体幼儿的角度进行班级管理工作计划的安排，统筹规划班级管理工作，如幼儿的班级常规、一日生活安排都是以班级全体幼儿为对象。其次，幼儿园班级管理工作中还需考虑幼儿的个体差异。幼儿的发展情况不可能完全一样，幼儿教师需要考虑到发展较快的幼儿，避免为照顾到大部分幼儿的发展而忽视他们的发展；也需要考虑到发展较慢的幼儿，避免他们"掉队"。同时，还要考虑每一个幼儿的需要、个性特点、兴趣爱好，设计适合每一个幼儿的管理工作。如幼儿精细动作发展较慢，则绘画、剪纸等能力都会较弱，教师需要对该幼儿采取针对性措施，如加强手指灵活性练习，在一日生活中为该幼儿创造练习手指灵活性的机会等。

（四）整体性与阶段性原则

幼儿园管理工作计划是幼儿教师对接下来的一段时间进行的工作安排，幼儿园班级管理工作安排需从全局考虑，对班级管理工作进行系统安排。幼儿园班级管理工作涉及幼儿、教师、环创、时间规划等多方面，班级管理工作计划需统筹规划多方面内容，合理调配幼儿园及班级内部资源，精确把握各项工作时间进度，从宏观的角度掌控班级管理中的所有环节。同时，实现目标、完成计划不能一蹴而就，需根据目标难易程度将目标、计划分解为若干子目标、子计划，也就是划分为若干阶段。由于幼儿是各方面都在不断发展中的个体，制订班级管理工作计划需要由浅入深、循序渐进。

知识四　幼儿园班级管理工作计划类型

（一）学期班级管理工作计划

学期班级管理工作计划是幼儿教师在学期开始之初制订的计划，是本班级整学期的总体规划和安排，一般包括幼儿的基本情况，具体工作内容、要求，活动进度安排。通常计划中的工作和活动按照幼儿各方面发展情况进行安排，或者按月进行安排，每个月都有相应的主题，根据主题开展相应工作，以便有序完成工作计划。

幼儿园班级管理工作计划范文

（二）月班级管理工作计划

月计划是学期计划的下位分解计划，是在学期管理工作计划基础上分析总结上月计划实施情况而进一步提出的当月班级管理工作计划。

 **知识拓展**

幼儿园月工作计划表

(三) 周班级管理工作计划

周计划是当月班级管理工作计划的具体化,是保证班级管理工作目标顺利实现的必要条件,也是制订每日班级管理工作计划的依据。

 **知识拓展**

××幼儿园周工作计划表

知识五 幼儿园班级管理工作计划内容

幼儿园班级管理工作计划一般包括实情分析、目标确定、具体措施及进度安排。

(一) 实情分析

实情分析即实际情况分析,不仅要对当下的情况进行分析,还需要对上一阶段的情况进行总结。实情分析包括以下几方面内容:第一,分析幼儿人员结构,班级内部幼儿人数、男女人数比例、年龄差异等基本情况;第二,分析幼儿发展状况,结合上一阶段幼儿发展状况分析幼儿身心发展水平、个性需要等,这是实情分析的重点;第三,分析教师情况,幼儿教师是管理工作的主导者、实施者、评价者,因此教师的专业技能、工作经验、工作态度都会影响班级管理工作的开展;第四,分析幼儿园班级情况,需综合考虑幼儿园内资源、班级内资源。

(二) 目标确定

计划的本质决定了目标在计划制订过程中起着决定性作用。幼儿园班级管理工作计划需结合国家规程、幼儿园内部要求以及幼儿发展状况、班级情况分析,明确班级管理工作计划的总目标。总目标应包括保育工作、教育活动、家长工作、安全工作等方面。工作计划的目标需具有科学性、可行性,重点突出,表达清晰,具有针对性。

(三) 具体措施

为了保证班级管理工作计划的顺利实施，计划还需将每项工作目标所涉及的工作及其要求进行详细说明。应包括每项工作中每位工作人员的权利与职责，所需要采取的程序和方法，以及所需要的玩教具材料等。每项工作需保证科学合理、切实可行，以确保工作目标顺利达成。

(四) 进度安排

为保证幼儿园班级管理工作计划的顺利实施，一般明确提出每项工作的完成期限、开始时间和结束时间。进度安排应结合实际，一目了然，便于实施。

  小试牛刀

1. 制订班级工作计划的原则不包括（　　）。
   A. 目标性原则　　　　　　　　B. 整体性原则
   C. 差异性原则　　　　　　　　D. 程序性原则
   【答案】D

2. 班级环境是课程设计与实施的要素，班级环境创设对幼儿身心发展具有重要意义，对幼儿的（　　）起关键性作用。
   A. 独立性发展　　　　　　　　B. 智力发展
   C. 社会性发展　　　　　　　　D. 心理健康发展
   【答案】D

3. （　　）是班级管理实践指导思想的核心，又是管理工作者的工作意图。
   A. 管理组织　　　　　　　　　B. 管理目的
   C. 管理评价　　　　　　　　　D. 管理计划
   【答案】B

4. 把幼儿培养成社会生活的主体和个体生活的主体是幼儿园班级管理的（　　）。
   A. 外在目的　　　　　　　　　B. 内在目的
   C. 中心目的　　　　　　　　　D. 重要目的
   【答案】B

5. 任何一个班级都是特殊的个体，不同的班级中幼儿实际情况不同、教师经验不同、专业水平不同，制订计划要有鲜明的个性，切忌照搬照抄，这体现了制订计划的（　　）原则。
   A. 整体性原则　　　　　　　　B. 目标性原则
   C. 差异性原则　　　　　　　　D. 公平性原则
   【答案】C

二、简答题

1. 请简述制订班级管理工作计划的原则。

【参考答案】
（1）目的性与明确性原则；
（2）科学性与针对性原则；
（3）全面性与差异性原则；
（4）整体性与阶段性原则。
2. 请简述制订工作计划的意义。
【参考答案】
（1）有助于幼儿全面发展；
（2）有助于班级高效管理；
（3）有助于幼儿教师工作开展。

任务二 幼儿园班级管理工作实施与检查调整

【任务情境】

小李老师在进行教学活动时，发现很多小朋友不是很积极，注意力也不是很集中，仔细询问了一下，原来小朋友们都觉得太简单、都会了，小李老师这才注意到自己的活动组织中存在的问题。后来，在每次备课时，小李老师都会提前询问小朋友相关内容已经会多少，再进行备课，此后在小李老师的课上，小朋友们明显变得更加主动积极了。

思考：班级管理工作中检查调整有什么意义？如何进行工作检查？

【任务解析】

1. 理解并重视班级管理中工作实施与检查调整的意义。
2. 掌握幼儿班级管理工作实施内容。
3. 根据实际工作实施情况，进行及时检查调整，保证目标顺利达成。

任务实施

幼儿园班级管理工作中幼儿教师工作繁多而复杂，为了避免工作缺项漏项，加大总工作量，在管理工作计划实施期间，需要幼儿教师对工作进行及时的检查调整，以保证班级管理工作的顺利实施。

幼儿园班级管理工作实施阶段是为了实现工作目标，班级管理人员按照班级管理工作计划，有步骤地进行操作和行动的过程。幼儿园班级管理工作检查调整阶段主要是对进行的工作按照既定计划加以检查、监督、纠偏、反馈和指导，对开展的工作予以有效控制。检查环节是对班级管理工作中，对工作开展的情况进行了解的过程；调整环节需要就检查结果进行判断，看其是否按预定计划或有利方向进行。若是，则继续开展工作；若不是，则对工作进行调整，纠正偏差。

知识一　幼儿园班级管理工作实施的意义

幼儿园班级管理工作实施是班级管理的基本工作。幼儿园班级管理工作通过管理人员开展一系列活动，进行幼儿德、智、体、美全面教育，促进幼儿身心协调发展。保育员通过幼儿卫生保障、健康教育、配合班级教师组织活动、科学照料和管理幼儿生活等工作，确保幼儿生活学习的安全；幼儿教师有目的、有计划、有组织地开展日常活动、教学活动、游戏活动，并在活动过程中促进幼儿的认知、身体、语言等各方面的发展。幼儿园班级的各项活动都属于幼儿园班级管理工作内容，通过班级管理工作的实施以确保幼儿园班级正常管理。

幼儿园班级管理工作实施是幼儿园班级管理过程的中心环节，没有这一环节，其他环节都会失去存在的意义。幼儿园班级管理的整个过程是制订计划、组织实施、总结评价三个环节循环的过程，缺一不可，缺少任何一个环节都将无法实现真正的班级管理。如班级管理工作计划通过工作实施才能得以开展，班级管理工作目标通过工作实施才能有达成的可能，如果缺少工作实施这一环节则无法正常开展班级管理。因此，通过班级管理人员的工作实施，计划才能够得以开展，目标才有达成的可能，幼儿园班级管理工作实施是幼儿园班级管理过程中不可或缺的一个环节。

知识二　幼儿园班级管理工作检查调整的意义

幼儿园班级管理工作中的检查调整阶段有利于管理人员在管理过程中发现问题，并及时调整改正。由于管理对象的特殊性，幼儿教师在管理过程中可能会出现各种各样无法预测的问题，可能会出现制订的计划与幼儿发展不相适应等情况，也可能出现幼儿教师在实施管理计划过程中存在偏差等。一旦出现问题就会对幼儿的发展产生一定的影响，因此，需要在管理工作开展的过程中，进行定期的检查，发现问题及时调整，以保证管理工作有序进行，有效促进幼儿全面发展。

检查调整阶段有利于正确评估幼儿园班级管理工作进展情况。由于幼儿园班级管理工作繁多，并且持续时间较长，实时了解各方面工作进展情况，有助于后续工作的顺利实施。一旦由于某方面原因，工作延误，班级管理人员能够通过检查了解工作进展后，第一时间调整工作方案，以确保工作总目标顺利达成。如由于春季流感严重，班级部分幼儿生病无法来园，之前班级管理工作进行到哪一步骤，之后的班级管理工作又该如何开展，都需要通过检查来了解掌握工作的实施情况，从而根据实际情况进行调整。

知识三　幼儿园班级管理工作组织实施

（一）教师分工

幼儿园班级管理由幼儿教师和保育员承担，一般来说，幼儿园班级中有两名教师，即一名主班教师，一名配班教师，再加上一名保育员，共三名管理人员。

《幼儿园工作规程》第七章第四十一条、第四十二条明确规定了幼儿园班级内教师和保育员的主要职责：

幼儿教师对本班工作全面负责，其主要职责如下：

1）观察了解幼儿，依据国家有关规定，结合本班幼儿的发展水平和兴趣需要，制订和执行教育工作计划，合理安排幼儿一日生活；

2）创设良好的教育环境，合理组织教育内容，提供丰富的玩具和游戏材料，开展适宜的教育活动；

3）严格执行幼儿园安全、卫生保健制度，指导并配合保育员管理本班幼儿生活，做好卫生保健工作；

4）与家长保持经常联系，了解幼儿家庭的教育环境，商讨符合幼儿特点的教育措施，相互配合共同完成教育任务；

5）参加业务学习和保育教育研究活动；

6）定期总结评估保教工作实效，接受园长的指导和检查。

幼儿园保育员的主要职责如下：

1）负责本班房舍、设备、环境的清洁卫生和消毒工作；

2）在教师指导下，科学照料和管理幼儿生活，并配合本班教师组织教育活动；

3）在卫生保健人员和本班教师指导下，严格执行幼儿园安全、卫生保健制度；

4）妥善保管幼儿衣物和本班的设备、用具。

幼儿园班级管理工作复杂而多变，需要幼儿教师和保育员相互支持、通力合作、共同努力，避免推卸责任、权力不清、责任不明的现象，才能够保证保教工作的顺利开展。

部分幼儿园还实行三位教师轮换做"保""教"工作，三位管理人员按一定周期进行工作调换，有周轮岗、月轮岗、年轮岗等不同周期形式。在这种模式下，每位管理人员需要了解自身工作职责与权力，同时也需要了解其他人的职责与权力。需要注意的是，在换岗期间，需交接清楚，厘清各项工作完成情况。保教结合不是一种岗位组合，而是指一种教育方式，任何岗位都不容忽视。

（二）幼儿分组

我国《幼儿园工作规程》对幼儿园班级幼儿人数做了明确规定：小班 25 人，中班 30 人，大班 35 人，混合班 30 人。而班级中只有两位幼儿教师、一位保育员，因此在实际工作中，往往采取分组的形式进行幼儿管理。

幼儿分组管理时首先需要考虑幼儿的差异，如性别、发展情况，进行优势互补。由于每个幼儿的发展水平和发展速度不一，在进行幼儿分组时，不能简单地把男生分为一组、女生分为一组，或者把发展较慢的幼儿分为一组、发展较快的分为一组，应当充分考虑幼儿各方面发展情况有针对性地进行分组，以强带弱，促进全体幼儿的全面发展。还需要定期调整小组人员，以满足幼儿各方面发展需要。幼儿分组管理过程中，还需要根据幼儿分组情况，合理分配班级内部资源，对不同的小组进行资源的发放，以保证每个小组都有足够的资源运用。可以利用活动区进行有目的、有计划的分组活动，安排不同的活动，根据活动目标要求、活动内容的不同以及幼儿活动需要发放玩教具，以促进不同幼儿的兴趣发展。

幼儿分组有利于提高幼儿社会性发展，促进兴趣爱好形成。丰富多彩的分组活动能有效地帮助幼儿在集体活动中互帮互助、共同分享、共同担当。依据幼儿需要进行小组划分，遵从幼儿选择，有利于幼儿兴趣爱好的形成。同时，对于教师来说，分组管理时，活动人数的减少能够帮助幼儿教师更有精力去观察、关注幼儿的发展，避免人数较多而忽视个别幼儿的情况。

（三）活动场所安排

班级管理工作中不可忽视幼儿的活动场所，活动场所包括室内和室外两部分。

幼儿的室内活动场所主要包括活动室、寝室、盥洗室、走廊。室内活动场所需要注意的是区域划分要科学合理，一般采取静静相邻、动动相邻的模式，避免有较大声音的活动区域紧邻需要安静的活动区域，保证幼儿能够注意力集中。同时要将不同区域幼儿数量合理分配。另外，环境创设要遵循趣味性原则，在室内布置上需要考虑色彩搭配、季节变换。

幼儿的室外活动场所主要是指户外活动场所。《幼儿园工作规程》第四章第十八条规定：在正常情况下，幼儿户外活动时间（包括户外体育活动时间）每天不得少于2小时。室外活动场所也是幼儿的主要活动场所。室外活动场所一般都是需要与其他班级共同使用的区域，所以其设置一般由幼儿园统一安排，主要考虑活动区域划分和安全性，保证幼儿户外活动的安全。

知识四　幼儿园班级管理工作检查调整方式

（一）管理人员自检

这是指管理人员对自己所开展的班级管理工作按照班级管理工作计划内容及要求进行检查，旨在通过对自己的工作进行检查，及时了解工作进展情况，是否偏离预定计划，以便及时调整，确保工作顺利实施。

（二）他检

这是指其他人员按照班级管理工作计划内容及要求进行班级管理工作的检查、监督、指导，包括同事互检、上级检查、家长检查。

互检的目的在于及时发现自身忽视的问题或环节，以便及时采取补救措施。同时，可以相互之间取长补短、相互借鉴，有利于提高班级管理水平，促进幼儿教师专业发展。

×××幼儿园教学检查记录表

一、选择题

1. 在幼儿园工作实践中,某些教师认为幼儿进餐、睡眠、用茶点等是保育工作,只有上课才是传授知识、发展智力的唯一途径,不注意利用各环节的教育价值,这种做法违反了(　　)原则。

A. 一日生活的整体功能　　　　B. 尊重幼儿的人格尊严和合法权益

C. 发展适宜性　　　　　　　　D. 主体性

【答案】A

2. 幼儿园在为幼儿安排膳食时,应遵循(　　)原则。

A. 合理安排食物搭配　　　　　B. 多次进食,什么时候饿什么时候吃

C. 按照幼儿的喜好安排　　　　D. 以蔬菜为主,肉类为辅

【答案】A

3. 以下对于保育工作的认识正确的是(　　)。

A. 保育员的工作是帮助教师做好一些教学辅助工作

B. 保育员的工作是搞好卫生

C. 保育员的工作是保证在园幼儿吃好穿好

D. 保中有教,教中有保,保教一体化

【答案】D

4. (　　)是根据幼儿发展、教育内容、教材不同,将幼儿分成若干小组进行活动。

A. 集体活动　　　　　　　　　B. 小组活动

C. 主题活动　　　　　　　　　D. 个别活动

【答案】B

二、简答题

1. 简述幼儿园教师的工作职责。

【参考答案】幼儿园教师的工作职责具体如下:

(1) 观察了解幼儿,依据《幼儿园教育指导纲要(试行)》和《3~6岁儿童学习与发展指南》等国家有关规定,结合本班幼儿的发展水平和兴趣需要,制订和执行教育工作计划,合理安排幼儿一日生活。

(2) 创设良好的教育环境,合理组织教育内容,提供丰富的玩具和游戏材料,开展适宜的教育活动。

(3) 严格执行幼儿园安全、卫生保健制度,指导并配合保育员管理本班幼儿生活,做好卫生保健工作。

(4) 与家长保持经常联系,了解幼儿家庭的教育环境,商讨符合幼儿特点的教育措施,相互配合共同完成教育任务。

(5) 参加业务学习和保育教育研究活动。

(6) 定期总结评估保教工作实效,接受园长的指导和检查。

2. 请简述幼儿园班级管理工作检查调整的意义。

【参考答案】

（1）幼儿园班级管理工作中的检查调整阶段有利于管理人员在管理过程中发现问题，并及时调整改正。

（2）检查调整阶段有利于正确评估幼儿园班级管理工作进展情况。

任务三　幼儿园班级管理工作总结与评价

【任务情境】

学期末的时候，幼儿园要求每个班级的幼儿教师对自己的班级管理工作进行总结评价，王老师认为这项工作没有任何意义，而且觉得一学期的工作内容繁多复杂，就草草了事了；而赵老师对自己这一学期的工作进行了详细的总结与客观的评价，发现了自己在班级管理过程中有比较成功的地方，但也还存在一定的问题，决心下学期发扬优势，改正不足。

思考：从幼儿园班级管理来说，哪位教师的做法较好？为什么？

【任务解析】

1. 理解并重视班级管理中工作总结与评价的意义。
2. 掌握幼儿班级管理工作总结的内容。
3. 能够根据实际工作实施情况，进行客观公正的工作评价。

任务实施

幼儿园班级管理工作总结与评价是对幼儿园班级管理工作情况进行的分析、评估。总结即对上一阶段管理工作的各方面实施情况进行梳理，分析工作有效性及其不足。评价是指依据一定的标准与程序，有目的、有计划、有组织地对幼儿园各个班级的管理工作进行调查，并处理相关信息，做出价值判断的过程。

知识一　幼儿园班级管理工作总结与评价的意义

1）班级管理工作总结与评价有助于管理人员了解自身工作状态，了解工作中的成绩及不足，是提高自身专业能力的重要途径。专业的成长需要扎实的理论基础和丰富的实践经验，二者缺一不可。每位幼儿教师的理论知识也是在实践过程中得以体现，因此，通过对实践工作进行总结与评价，幼儿教师才能够发现自己在计划制订阶段的工作是否科学合理，在工作实施过程中是否达到目标、符合要求，只有找出差距，才能明确发展方向；同时，在总结与评价中也能够发现自己的优势，发扬长处，促进自身专业能力的提升。

2）班级管理工作总结与评价是提高班级管理工作质量的重要形式。任何工作都需要在实践中不断发展。同样，幼儿园班级管理工作中，幼儿教师通过对自身班级管理工作进行总结与评价，总结在实践过程中获得的各项工作的实际操作经验，总结幼儿管理工作的规律，加深对幼儿管理工作的认识，进而不断提升工作质量，提高班级管理效率。因此，幼儿园班级管理工作总结与评价能够有效提高班级管理工作的有效性。

3）班级管理工作总结与评价能够有效调动管理人员工作的积极性与主动性。在幼儿教师专业成长过程中，通过班级管理工作总结与评价，能够帮助幼儿教师发现自身优势与不足，有利于发扬自身长处，改正自身不足，推动幼儿教师进一步学习专业知识、发展专业能力，有效提高工作积极性与主动性。同时，在幼儿教师专业发展过程中，由于能力的不断提升，其工作质量与效率也将不断提升，能够有效提高班级管理工作的质量与效率，促进幼儿更快更好地发展。

4）班级管理工作总结与评价能够有效确保管理人员树立正确、科学的教师观、儿童观、教育观。由于管理工作需要依据国家规定、上级部署等各方面要求进行总结与评价，而这些文件都要求贯彻科学的教师观、儿童观、教育观，因此，通过开展幼儿园班级管理工作的总结与评价，能够有利于确保幼儿园班级管理人员的教师观、儿童观、教育观的科学性、正确性，间接保障幼儿的健康发展。

知识二　幼儿园班级管理工作总结内容

（一）基本情况

工作总结中必须有基本情况的概述，主要简单介绍班级情况，包括班级管理人员情况，如幼儿教师的专业技能、工作经验，幼儿人口结构，幼儿性别比例、年龄差异等，幼儿发展整体情况，班级管理理念等。这部分内容主要是对工作的主客观条件、有利和不利条件以及工作的环境和基础等进行概述。

（二）工作实况

1. 各项工作完成情况

班级管理工作总结当中需要对各项工作的完成情况进行回顾，主要与工作计划当中的工作目标、内容及其要求进行比对，对工作进行梳理，分析哪些工作没有完成、哪些工作超额完成。总结各项工作完成情况有助于管理人员或外部人员清楚地了解本班级管理工作的情况。

2. 各项工作完成质量

工作实况不仅包括各项工作完成情况，还包括各项工作的完成质量。主要可以从以下几方面进行总结：

1）幼儿基本状况。主要包括幼儿身体发育情况，如幼儿身高、体重、视力等基本情况，幼儿的发病情况等。

2）幼儿智力发育情况。主要包括幼儿在健康、社会、艺术、语言、科学五大领域中的发展情况及平时的习惯养成等。

3）家长工作。主要包括对组织实施的家长参与的活动，如家长教师、家长开放日等集体活动及家访等单独活动，幼儿教师也需要对这些家长工作的次数与质量进行记录。

（三）经验总结

在工作实践中，总会获得一定的经验。为便于今后的工作，须对以往工作的经验进行分析、研究、概括，上升到理论的高度，对以往工作中取得的成功的原因加以客观分析，分析其中自身因素、外在因素对工作的成功都起了什么样的作用，以利于今后的工作。对于工作中的失败同样也需要认真总结，分析问题，查找原因，发现不足，不断改进，从而提高今后的工作质量。

  知识拓展

2017—2018年秋季大三班班级工作总结

知识三　幼儿园班级管理工作评价

（一）评价方式

由于幼儿园班级管理工作评价的内容不仅包括管理人员的工作情况，还包括幼儿发展情况，因此评价的方法需要科学严谨，一般有以下几种评价方式：

1. 自我评价与外部评价

根据评价的主体可以分为自我评价与外部评价。自我评价是幼儿教师对自己上一阶段的工作进行审查、评估。自我评价是一种重要的评价形式。对于自己的工作，每个人肯定都会有一定的认识，了解自己哪方面做得好，值得发扬；哪方面做得不好，需要加以改正。外部评价是由其他人员，如园长、幼儿家长、同事、上级领导等对这一阶段的工作进行审查、评估。外部评价是外部人员依据一定的标准对工作进行客观审查的过程。自我评价是一种主观判断，而外部评价相对来说较为客观，但仍属于个体判断，也存在一定的主观性。因此，为确保评价的公平公正，大部分幼儿园采用自我评价与外部评价相结合的方式进行评价。

2. 量性评价与质性评价

根据评价形式可以分为量性评价与质性评价。质性评价主要是通过文字、图片等描述性手段对评价对象的各个方面进行全面的分析评估。量性评价是通过将评价内容以数量进行记录，收集数据，进行数据统计，最后分析数据结果，达到评价的一种方法。质性评价能够全面分析评价对象，但工作量相对较大，而量性评价方便统计，易于梳理，但是评价结果相对刻板。在进行班级管理工作评价时，建议采取质性与量性评价相结合的方式进行。

3. 过程性评价和终结性评价

根据评价时间可以分为过程性评价和终结性评价。终结性评价是指在一定教育阶段结束后为判断其效果而进行的评价,可以在一个单元、一个月、一个学期后进行。过程性评价要求不仅要关注过程,还要关注过程中的结果,从而及时进行判断,找出问题。过程性评价更强调个体内差异评价,更关注幼儿自身成长了多少,而不是区分、比较不同幼儿发展情况。班级管理工作中也需要将过程性评价与终结性评价相结合,涉及幼儿发展的评价主要采用过程性评价,幼儿教师的工作情况可以采用终结性评价。

(二) 评价内容

幼儿园班级工作评价需依照班级管理工作内容展开,主要涉及目标设定是否合理、工作实施情况及人员情况等几个方面。

1. 目标设定是否合理

目标是任何活动的出发点和归宿,在进行工作评价时需要就活动目标的设定是否合理进行分析评定。如果实际结果与活动目标之间差距较大,则需要考虑活动目标设定是否合理。

2. 工作实施情况

班级管理工作首先涉及保教工作。保教工作评价内容可以分为保育和教育两方面。保育方面依照工作内容,可以从环境卫生、幼儿健康、幼儿生活、健康教育、安全设施几个方面进行评价。教育方面主要是对教师工作进行评价,可以从教育活动计划的设计、实施、完成情况几个方面进行评价。

其次,家长工作评价需要对组织实施的家长参与的活动进行评价,需要对这些家长工作开展的次数与质量进行评价分析。

还有其他一些工作情况也需要考虑,如幼儿园班级内环境布置是否安全、是否具有教育意义,区角划分是否合理,活动时间安排是否合理等。

3. 人员情况

人员情况主要包括管理人员(幼儿教师和保育员)、被管理人员(幼儿)。教师方面需要评价其常规性、专业性及发展性,即常规工作完成情况,管理过程中所体现的教师专业能力、专业理念,及管理工作中教师能力、素养的发展情况。同时,还需要对教师在管理工作中的状态进行评价,教师的职业道德、教育理念对班级管理至关重要。

幼儿方面需要对幼儿发展情况进行评价,即对幼儿各方面发展的程度进行梳理,主要对幼儿发展情况进行纵向比较,对幼儿个体内部进行评价,如幼儿的智力各方面发展情况、身体各方面发展情况等。

幼儿园管理工作评价中存在的问题

一、选择题

1. 幼儿园教育工作评价应当（　　）。
   A. 以行政人员评价为主，专家等参与评价为辅
   B. 以园长自评为主，教师等参与评价为辅
   C. 以教师自评为主，园长等参与评价为辅
   D. 以家长评价为主，幼儿等参与评价为辅
   【答案】C

2. 班级管理评价方法按照评价主体可分为他人评价法与（　　）法。
   A. 自我评价　　　　　　　　B. 客观评价
   C. 民主评价　　　　　　　　D. 综合评价
   【答案】A

3. 幼儿园班级管理工作总结应不包括（　　）。
   A. 基本情况　　　　　　　　B. 工作实况
   C. 经验总结　　　　　　　　D. 工作计划
   【答案】D

4. 评价班级管理，不能从以下哪一项进行？（　　）
   A. 幼儿发展状况　　　　　　B. 教育工作状况
   C. 家长工作　　　　　　　　D. 家长喜好
   【答案】D

5. 教师要有效利用（　　），指导下一步教育活动的展开。
   A. 家长反映　　　　　　　　B. 评价结果
   C. 观察记录　　　　　　　　D. 教学反思
   【答案】B

二、简答题

1. 请简述班级管理工作总结与评价的意义。

【参考答案】
（1）班级管理工作总结与评价有助于管理人员了解自身工作状态，了解工作中的成绩及不足，是提高自身专业能力的重要途径；
（2）班级管理工作总结与评价是提高班级管理工作质量的重要形式；
（3）班级管理工作总结与评价能够有效调动管理人员工作的积极性与主动性；
（4）班级管理工作总结与评价能够有效确保管理人员树立正确的科学的教师观、儿童观、教育观。

2. 请简述幼儿园班级管理工作总结内容。

【参考答案】
（1）基本情况，工作总结中必须有基本情况的概述，主要简单介绍班级情况，包括班级管理人员情况；

（2）工作实况，包括各项工作完成情况、各项工作完成质量；

（3）经验总结，为做好今后的工作，须对以往工作的经验进行分析、研究、概括，上升到理论的高度，以利于顺利开展后续工作。

 项目总结

幼儿园班级管理是有目的、有计划、有组织地进行幼儿各方面教育活动的过程，能够有效保证幼儿全面和谐健康发展，是幼儿园工作的主要内容。

本项目主要介绍了幼儿园班级管理中，工作计划制订、实施与调整、总结与评价三个环节的主要价值与主要内容。在学习以上内容时，幼儿教师需掌握全面统筹安排、合理实施、客观评价的能力。

 思考实践

1. 请结合本项目内容，设计一学期的班级管理计划。

2. 请思考幼儿园班级管理过程中容易忽视的细节有哪些。

3. 结合实习经历，请思考一下，幼儿园班级管理过程中可能存在哪些问题，你有什么解决办法吗？

项目 三

幼儿园班级常规工作的组织与管理

项目描述

幼儿园班级的常规工作指教师对幼儿在园的一日活动按照规则进行组织与管理。一日活动是具体的，甚至是琐碎的，它是由各种活动组成，教师应科学有效地组织幼儿进行班级一日活动，幼儿则需要遵守班级中的各项规则与规定。在幼儿园班级中，幼儿需要常规，常规有助于幼儿自我调整，在常规管理中能够建立幼儿生活与学习的稳定性。

本项目主要讲述幼儿园班级一日常规工作的内容、作用，一日常规工作的实施以及一日常规工作的评价。

项目导学

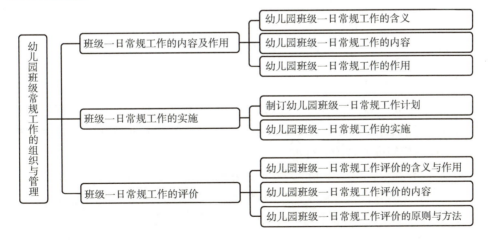

学习目标

1. 初步了解幼儿园班级常规工作的内容。

2. 掌握幼儿园班级常规工作的具体要求、管理策略。
3. 熟练制订幼儿园班级常规工作计划。
4. 理解幼儿园班级常规工作的评价方法。

任务一 班级一日常规工作的内容及作用

【任务情境】

3岁的小班幼儿刚离开爸爸妈妈的怀抱进入幼儿园时,因为自我意识较强,不懂得谦让,经常在诸多环节发生争抢、拥挤的行为。小一班的张老师意识到这些行为潜藏者诸多安全隐患,而培养幼儿良好的秩序意识是十分必要的。为了避免在如厕的过程中出现挤、推、抢行为,张老师避免所有幼儿统一如厕,而是按性别将小朋友分成两组,分别如厕。并创编儿歌:"小朋友,要牢记。上厕所,讲秩序。排好队,挨个去。你不推,我不挤,文明宝宝就是你。"让幼儿懂得如何有序如厕。慢慢地,小一班的如厕环节越来越有秩序。

任务:张老师的做法你赞同吗?她是怎样对如厕环节进行常规管理的?

【任务解析】

1. 能说出幼儿园班级一日常规工作包含的具体内容。
2. 能掌握幼儿园班级一日各类型常规的总体要求和具体要求。
3. 能认识幼儿园班级一日常规工作的作用。
4. 能在幼儿园班级一日常规工作中培养幼儿的良好习惯。

任务实施

知识一 幼儿园班级一日常规工作的含义

所谓常规,"常"是时常、常常、经常的意思;"规"是规则、成例的意思。在《现代汉语词典》中,"常规"则是指沿袭下来的经常实行的规矩、通常的做法。形容一般的、通常状态[①]。因此,我们可以将常规理解为一般的、通常实行的一种规矩,而这种规矩是在一定情境下的一种规章制度或者统一标准。

俗话说:"没有规矩,不成方圆。"可见良好的常规和习惯的重要性,它将伴随人的一生成长。常规的培养是教育当中重要的组成部分,不容忽视。在幼儿园中,常规不仅是幼儿正常生活的保证,更是幼儿生活质量、健康快乐成长的重要保障。

幼儿园班级常规则是指在幼儿园班级当中,一般的、通常的生活活动的规章制度及行为准则。具体是指幼儿园及幼儿园教师在班级管理中对幼儿提出的要求,幼儿应当按照教师的

[①] 中国社会科学院语言研究所词典编辑室. 现代汉语词典 [M]. 北京:商务印书馆,2005.

要求做出相应的行为。例如：
- 幼儿入园时应当向教师主动问好；
- 幼儿能准确找到自己的衣柜储物箱，能自己归置自己的物品；
- 幼儿能自觉地找到自己的位置并安静地享用早餐；
- 教师点名时能够意识到自己的名字并能响亮地答"到"；
- 活动课上能认真听从教师的要求及讲话，能积极主动地参与活动，不与其他幼儿讲话；
- 幼儿想要表达自己的独特见解时，能自觉举手示意教师，得到允许后进行表达；
- 集体活动时，如有事情，譬如想小便、大便、喝水等要先举手报告教师，得到允许后再做；
- 幼儿进餐喝水前或便后能够知道并主动洗手；
- 幼儿进餐时，不挑食、不打闹、不讲话、不把饭菜掉在桌上或地上；
- 幼儿进行区域游戏活动时，能爱护玩具，不与同伴争抢，懂得分享；
- 幼儿在午睡或午睡起床时能自己穿脱衣服，保持安静不大声喧哗；
- 幼儿离园时能主动和教师说"再见"等。

以上列举部分规则是幼儿园班级教师对幼儿进行的日常要求，基本包含常规的内容、规范、秩序、行为等。

幼儿园班级常规工作，具体包括三个方面的含义，一是遵守各种活动和休息的时间及其顺序的规定；二是遵守一日生活各环节具体制度的规定；三是遵守幼儿的一般行为规范的规定[①]。

幼儿园班级一日常规工作是幼儿园班级管理以及幼儿教育的主要内容之一，班级常规工作的组织与管理直接影响到幼儿的生活习惯及行为习惯的建立。

对于幼儿园教师，班级一日常规工作的能力与管理水平直接影响班级的质量，也体现了教师的专业知识与技能水平。教师通过组织、计划、实施、调整等环节，把幼儿园的人、财、物、时间、空间、信息等资源充分运用起来以便达到预定的目的[②]。因此，教师对班级一日常规工作的组织与管理，有效影响着幼儿的生活与学习质量，在一定程度上直接影响幼儿园教育目标的达成。

对于幼儿，可通过幼儿园班级一日常规活动中的各个环节，建立起良好的卫生习惯、生活习惯、学习习惯以及行为习惯，初步形成秩序性与规则性。秩序性可以有效地帮助幼儿遵守纪律、学会尊重他人、学会等待与忍耐等，而规则性则是培养幼儿秩序性的核心要素，缺乏合理的规则就无法建立起有条不紊的秩序。因此，幼儿园班级一日常规工作就是帮助幼儿建立初步的秩序性与规则性的意识。在良好的、和谐的环境中，幼儿才能健康快乐地成长，避免烦躁或攻击性行为等不良举动。

对于班级一日常规工作的组织与管理，幼儿园教师需要明确一日常规工作中的各个环节活动，明确各个环节活动中的具体要求及规则，知晓如何在活动中实施规章制度。科学合理

[①] 张其龙. 幼儿园小班常规探析 [J]. 学前教育研究, 1991 (4).
[②] 唐淑, 虞永平. 幼儿园班级管理 [M]. 南京：南京师范大学出版社, 1999.

地安排与组织幼儿园一日常规工作，是建立良好的班级管理规范和秩序的关键，可提高幼儿在班级的集体适应程度。

 知识拓展

《幼儿园教育指导纲要（试行）》

知识二　幼儿园班级一日常规工作的内容

幼儿园班级一日常规工作内容是指幼儿从早上入园开始到晚上离园的在班级的一天时间里，经历的全部活动与过程。

幼儿园班级一日常规由不同的活动要素组成。按照一日活动的时间顺序，分为入园、进餐、兼餐、喝水、如厕、盥洗、午睡、户外活动、离园等活动。按照幼儿一日活动形式，则分为集体活动、小组活动、个别活动（区域活动）、户外活动等。通常以幼儿园班级常规工作涉及的范围来划分，包括生活活动常规、运动活动常规、游戏活动常规、学习活动常规、自由活动常规。

 知识拓展

某幼儿园中班　　　　　　美国高宽课程
一日活动作息　　　　　　幼儿园一日常
时间表　　　　　　　　　规的内容

（一）生活活动常规

1. 生活活动理念

幼儿园的生活活动主要着力培养幼儿良好的生活习惯，包括作息习惯、睡眠习惯、盥洗习惯、整理习惯、卫生习惯等，帮助幼儿了解初步的卫生常识和遵守有规律的生活秩序，提高幼儿生活自理能力。

2. 生活活动任务

幼儿园班级一日常规工作的管理分别在幼儿进行生活环节时，对幼儿生活自理能力、班

级人际关系处理、自我保护意识、环境卫生整理、生活规则的遵守等方面进行明确的规定，使幼儿在一日生活中建立良好的秩序与规矩。《幼儿园教育指导纲要（试行）》中强调："幼儿园日常生活组织，要从实际出发，建立必要的合理的常规，坚持一贯性、一致性和灵活性的原则，培养幼儿的习惯和初步的生活自理能力。"因此，建立有秩序、有规则的生活活动常规，是幼儿园班级一日常规工作的要点，有利于幼儿健康、快乐、茁壮地成长。

3. 生活活动总体要求

1）目标：使幼儿养成良好的卫生习惯与行为习惯。

2）内容：幼儿的入园、晨检、早操、进餐、盥洗、如厕、午餐、午睡、离园等环节。

3）形式：贯穿幼儿园一日活动之中。

4）时间：幼儿在园期间的每一时段。

4. 生活活动具体要求

（1）入园

不同的地域、季节、幼儿园的教育特色对幼儿入园的时间要求有所不同，大多数的幼儿园入园时间要求为早上7:00—8:30。幼儿入园的基本方式是家长陪同，送到班级的教师处。

对幼儿入园的基本要求：

1）幼儿不哭闹，高高兴兴地入园。

2）幼儿着装适宜、整齐、干净、舒适。

3）幼儿按照教师要求带齐日常需要的生活、学习用品，不带零食、个人玩具及危险品。

4）幼儿见到园长及教师能够主动有礼貌地问好。

5）幼儿入班级时，能够按照教师要求，将个人物品、衣帽、鞋子摆放整齐。

对教师迎接幼儿入园时常规工作的要求：

1）教师应在幼儿入园前，更换好幼儿园教师的园服，将个人物品归纳整理完毕。

2）教师应在幼儿入园前，提前开窗通风，做好卫生保健工作。

3）教师应在幼儿入园前，对室内卫生进行打扫与检查，保证活动区域、卧室、卫生间及盥洗室的整洁。

4）教师应在幼儿入园前，对幼儿进餐使用的餐具、水杯，盥洗使用的毛巾进行消毒，并摆放整齐。

5）教师应在幼儿入园前，对当日的活动教学进行重温，确保一日活动课程的有效进行。

6）教师应检查当日活动课程所涉及的教具、玩具，确保玩教具的卫生及数量。

7）教师在幼儿入园时，面带微笑、热情迎接幼儿的到来，与家长进行交接工作。

8）教师应检查幼儿个人物品的摆放情况，以免在不当位置产生安全隐患问题。

9）教师应进行常规检查，一摸、二看、三问，如幼儿有特殊情况，及时联系保健医生。

10）教师应与家长进行简单沟通，如有身体不适的幼儿或需要吃药的幼儿，要做好药品用量及幼儿姓名的备注记录。

11）当大多数幼儿入园入班之后，教师应组织幼儿进行餐前安静游戏或桌面游戏，并清点人数，做好幼儿出勤记录。

 **知识拓展**

案例重现

（2）进餐

幼儿在幼儿园中需要进行早餐、午餐、晚餐及上午的兼餐和食用下午的水果点心。《幼儿园工作规程》第四章第十八条明确规定："幼儿园应当制定合理的幼儿一日生活作息制度。正餐间隔时间为 3.5～4 小时。"

对幼儿进餐的基本要求：

1）幼儿需在进餐前摆放凳子及做好净手环节并安静入座等待。

2）幼儿在进餐时不打闹、不讲话、不边吃边玩、不随意走动，能够独立进食，一般正餐为 30～40 分钟，兼餐及食用水果点心为 15 分钟。

3）幼儿在进餐时能够正确使用餐具，不挑食、不剩饭菜。

4）幼儿进餐时能够保持桌面及地面卫生，注意衣服清洁。

5）幼儿餐后能够按照教师要求对餐具进行整理，并能自觉擦嘴、洗手、漱口。

6）幼儿餐后能按教师要求进行安静游戏或散步，不剧烈运动。

对教师在幼儿进餐时常规工作的要求：

1）教师应在幼儿进餐前 30～40 分钟组织幼儿进行安静活动，不做剧烈运动。

2）教师应在幼儿进餐前 20 分钟提醒幼儿收拾玩具、放好凳子，做好进餐准备，并组织幼儿洗手。

3）教师应在幼儿进餐前 20 分钟准备清洁消毒桌子，并清点餐具数量。

4）教师应按时组织幼儿进餐，照顾幼儿用餐，培养幼儿文明安静地用餐的习惯。

5）教师应鼓励幼儿独立进餐，提醒幼儿进餐速度、不挑食，并纠正幼儿不良进餐习惯。

6）教师应在幼儿餐后督促幼儿擦嘴、漱口、整理餐具。

7）教师应在幼儿餐后打扫教室及清洗餐具等。

8）教师应在幼儿餐后组织幼儿进行 10～15 分钟的散步或安静游戏，不做剧烈运动。

 **知识拓展**

建立"人性化"班级就餐常规

(3) 饮水

饮水是幼儿生活活动常规不可或缺的一个环节，正常情况下，3~6岁幼儿每千克体重需要70~110毫升的水，如果按照幼儿20千克体重进行计算，幼儿一天的饮水量应达到1 800毫升。但在幼儿进餐时，蔬菜、米饭或水果、奶中均含有水，补充了幼儿需水量的60%左右，剩余需水量要靠饮水来补充。

在幼儿园中，幼儿一般情况下需要在入园时饮水半杯、早操活动后饮水一杯、教育活动后饮水一杯、户外活动前饮水一杯、户外运动后饮水一杯、午睡起床后饮水一杯、区角活动后饮水一杯等，这样教师应组织幼儿饮水850毫升左右，满足幼儿身体发育的需要，但是饮水环节幼儿不一定按照教师的规定进行，也可根据一日生活活动常规的需要随时饮水，饮水时间、次数不限制。

对幼儿饮水的基本要求：

1）幼儿能够形成主动饮水的良好习惯。

2）幼儿在饮水时能正确取水、不浪费水。

3）幼儿在饮水时能自觉使用自己的杯子，不用他人杯具，不边走边喝。

4）幼儿饮水后能把杯具摆放原位，杯口朝上。

对教师在幼儿饮水时常规工作的要求：

1）教师应提醒幼儿饮水，允许幼儿根据个人需要随时饮水。

2）教师应帮助幼儿养成良好的饮水习惯，协助幼儿正确取水。

3）教师应组织幼儿有秩序地取水。

4）教师应做好杯具的清洁及消毒工作。

(4) 盥洗

幼儿在班级一日生活活动常规中离不开盥洗环节，手是人体接触细菌最多的部位，不洗手会造成细菌的传播与感染。尤其是在幼儿园中，很多都是"病从口入"，为防止幼儿生病，应重视盥洗常规。

幼儿园班级盥洗常规工作要求幼儿便后洗手、进餐前后洗手、接触鼻涕、痰液、唾液等洗手。

对幼儿盥洗的基本要求：

1）幼儿能按教师要求有秩序地进入盥洗室洗手，不推不挤，排队洗手。

2）幼儿能正确掌握洗手、洗脸、漱口的要领。

3）幼儿能自觉主动地在饭前饭后、便后、接触脏物后洗手。

4）幼儿能在盥洗时注意不把水洒在地上或衣服上。

5）幼儿盥洗完毕能正确使用毛巾擦干手、脸。

对教师在幼儿盥洗时常规工作的要求：

1）教师能组织幼儿排队并有秩序地进入盥洗室进行洗手等环节。

2）教师能指导幼儿正确地盥洗，提醒幼儿盥洗时参照盥洗图例并学会看懂节约用水的图例。

3）教师能定期对盥洗室进行打扫与消毒，保持地面干燥与清洁。

4）教师应提醒或帮助幼儿在盥洗时保持地面干燥、衣着清洁干爽。

知识拓展

幼儿洗手歌

幼儿洗手六步法：湿、搓、冲、捧、甩、擦

游戏化的盥洗活动

（5）如厕

幼儿在2~3岁就可以进行如厕的训练，每个幼儿如厕的时间不一样，在幼儿园阶段，幼儿有自觉主动如厕的意识，多数幼儿可以自己独立如厕，但少数幼儿需在教师的帮助下如厕。

对幼儿如厕的基本要求：

1）幼儿能够独立进行大小便，有异常情况能及时报告教师。

2）幼儿在大小便时不弄脏衣服。

3）幼儿在便后能用纸自前向后擦屁股并整理衣服。

4）幼儿在便后能自觉洗手。

对教师在幼儿如厕时常规工作的要求：

1）教师能指导幼儿正确使用手纸、整理衣服、便后洗手。

2）教师能帮助有困难的幼儿擦屁股及整理衣服。

3）教师能观察幼儿大便情况，有异常情况及时联系家长及保健医生。

4）教师能及时为遗尿的幼儿更换衣服和清洗。

5）教师能对厕所进行清洁通风及消毒工作。

（6）午睡

对于正在生长发育的幼儿来说，午睡能帮助他们修复机体，对智力、身体的发育也具有重要作用。在幼儿园上午活动过后，午睡可以使幼儿的精力更充沛、帮助幼儿身体生长，也可提高幼儿的免疫能力及缓解幼儿的紧张情绪等。

一般在幼儿园中，午睡在午餐之后的20~30分钟，由于各地域、季节及幼儿年龄的不同，幼儿的午睡时间也各不相同。通常小班幼儿午睡时间为2~2.5小时，中、大班幼儿为1.5~2小时。

对幼儿午睡的基本要求：

1）幼儿自觉保持午睡卧室的安静，自己能有顺序地穿脱衣裤，将自己的衣物放在指定位置。

2）幼儿能安静入睡，不玩玩具，不与同伴说话，不影响他人休息。

3）幼儿睡姿正确，不咬被、不蒙头。

4）幼儿能按时起床，自己穿衣裤鞋袜，整理被褥。

5）幼儿起床后，能快速安静地到活动室自己的座位上。

对教师在幼儿午睡时常规工作的要求：

1）教师应根据季节天气调整室内温度，并根据室内温度及时增减被褥。
2）教师应在幼儿睡前提醒幼儿如厕。
3）教师应在幼儿上床前检查其口袋及嘴里是否含有异物，以免发生不安全事件。
4）教师应在幼儿睡觉前关窗、拉窗帘，营造良好的睡觉情境。
5）教师应指导幼儿正确穿脱衣裤鞋袜，帮助有需要的幼儿。
6）教师应在幼儿睡觉时进行巡视，帮助幼儿盖被子，纠正睡姿不正确的幼儿。
7）教师能及时安慰入睡困难的幼儿，安抚其情绪。
8）教师应在幼儿起床时指导帮助幼儿快速整理衣裤鞋袜及仪表。
9）教师应在幼儿起床后提醒幼儿如厕及盥洗。
10）教师应在幼儿离开卧室后开窗通风、打扫、整理被褥及做消毒工作。

知识拓展

幼儿午睡习惯的养成

（7）离园

在幼儿园一日常规活动中，最后一个环节是离园。幼儿园的离园时间一般为 16：30—17：30，不同地域不同季节离园时间会有所调整。

对幼儿离园的基本要求：

1）幼儿在离园前能在教师指导下安静地活动。
2）幼儿在家长来接时，快速整理好玩具及收拾好个人物品。
3）幼儿能主动与教师、同伴礼貌地说再见。
4）幼儿能知晓不跟陌生人走。
5）幼儿能愉快地与家长交流在幼儿园一日的情况及活动内容。

对教师在幼儿离园时常规工作的要求：

1）教师应在幼儿离园前组织幼儿安静地活动，并清点人数及安抚幼儿情绪。
2）教师应检查幼儿仪表，并提醒幼儿整理玩具及带回家中的个人物品。
3）教师要严格确认接幼儿的家长，如是陌生人，及时与家长电话确认情况。
4）教师应对生病或有异常情况的幼儿与家长进行交接，做好家园沟通工作。
5）教师应面带微笑与每位幼儿道别。
6）教师应在幼儿全部离园后做好次日活动的各项准备。
7）教师应在幼儿全部离园后整理及打扫活动室卫生、检查安全工作及关好门窗。

> 知识拓展

离园具体流程

（二）运动活动常规

1. 运动活动理念

幼儿园班级运动活动要注重幼儿的活动内容的丰富性、灵活性、童趣化及游戏化，采用幼儿自主、开放的形式进行。让幼儿在活动中充分感悟快乐，在轻松愉悦的环境中锻炼体质。

2. 运动活动任务

《幼儿园教育指导纲要（试行）》指出："幼儿园必须把保护幼儿的生命和促进幼儿的健康放在工作的首位。"《幼儿园工作规程》要求要"促进幼儿身体正常发育和技能的协调发展，增强体质，促进心理健康，培养良好的生活习惯、卫生习惯和参加体育活动的兴趣"。因此运动活动就是通过运动在一定程度上保证幼儿健康成长。在运动活动中，能够培养幼儿对运动的兴趣及积极参加运动活动的习惯，增强幼儿的平衡能力、动作协调能力，使幼儿具有一定的力量及耐力，提高幼儿身体素质。

3. 运动活动的总体要求

1）目标：以本班幼儿对运动的兴趣爱好来设计适合幼儿发展的运动活动。

2）内容：根据幼儿园场地、设备条件及特点开展相应的运动活动，充分利用阳光、空气、水等自然因素以及本地自然环境进行活动。

3）形式：采取幼儿自主活动、竞赛、练习、游戏、体验等形式进行活动。

4）时间：户外活动时间不少于2小时，体育活动不少于1小时。

4. 运动活动形式及具体要求

根据幼儿园一日活动常规的要求，运动活动形式多种多样，可分为早操、器械运动、体育运动、户外运动、集体游戏、散步等。

（1）早操

对幼儿早操的基本要求：

1）幼儿应在早操前穿戴适合的衣裤鞋帽。

2）幼儿在早操时认真、动作协调到位。

3）幼儿在早操过程中应听从教师指令，不得私自进行活动。

对教师在幼儿早操时常规工作的要求：

1）教师应在幼儿早操前知晓并熟悉早操内容并对本班场地进行安全检查。

2）教师应在幼儿早操前提醒幼儿做好各项准备。

3）教师应在幼儿早操时着装规范整齐、精神饱满、口令规范，有秩序组织幼儿进行早操。

4）教师应在早操时对幼儿进行详细观察，并对动作不规范的幼儿进行指导。

（2）器械运动

对幼儿器械运动的基本要求：

1）幼儿能够愉快地参与活动，并在活动前进行热身。
2）幼儿能听从教师的活动要求及注意事项，正确使用活动器械。
3）幼儿能遵守活动规则，具有自我保护意识，与同伴友好相处。
4）幼儿能在活动结束后简单地对器械进行整理归位。

对教师在幼儿器械运动时常规工作的要求：

1）教师在幼儿活动前了解场地及活动内容，并检查场地及器械是否安全。
2）教师应在活动前提醒幼儿做准备活动，以免幼儿拉伤，并检查幼儿着装是否符合运动要求。
3）教师应在活动前向幼儿提出活动要求及注意事项，在活动中提醒幼儿严格遵守要求，并培养幼儿的自我保护意识。
4）教师应在活动中观察幼儿的兴趣、动作、安全意识等，及时做出活动的调整。
5）教师应在活动结束后指导幼儿进行器械的简单整理归位并检查器械。
6）教师应在活动后提醒幼儿洗手、增加衣服、饮水等。

（3）户外运动

对幼儿户外运动的基本要求：

1）幼儿积极主动参与活动。
2）幼儿遵守户外活动纪律，在教师要求下进行活动。
3）幼儿在户外活动时不乱跑、不推挤、不做危险动作。
4）幼儿能在活动前在教师的提醒下如厕、增减衣服。

对教师在幼儿户外运动时常规工作的要求：

1）教师应在幼儿活动前对户外场地进行检查，确保场地的安全。
2）教师应在幼儿活动前检查幼儿的衣裤鞋帽是否安全。
3）教师应在幼儿活动时注意对幼儿安全的保护，避免发生意外事故，如有事故发生，须第一时间报告并妥善冷静地处理。
4）根据地域、天气、季节的特征，对幼儿的运动量等进行合理把控。
5）教师应对体质较弱的幼儿进行观察护理，以免发生意外。

（4）散步

对幼儿散步的基本要求：

1）幼儿能不做剧烈运动。
2）幼儿能在散步时按照教师要求进行，不大声喧哗、不嬉戏打闹。

对教师在幼儿散步时常规工作的要求：

1）教师应给幼儿营造一个放松、安静的散步情境。
2）教师应提醒幼儿散步时注意安全。

（三）游戏活动常规

1. 游戏活动理念

游戏是幼儿园活动的基本形式。通过游戏的形式能给幼儿创造一个自由、轻松、愉悦的环境，发展幼儿各方面潜能，使幼儿拥有一个美好的童年。

2. 游戏活动任务

《幼儿园工作规程》指出："幼儿园应当因地制宜创设游戏条件，提供丰富、适宜的游戏材料，保证充足的游戏时间，开展多种游戏。"通过游戏活动，要培养幼儿自主、实践、探索等精神，使幼儿进行自我认识、自我学习、自我建构、自我发现、自我探索、自我完善，充分发挥幼儿的潜能与个性，让幼儿在游戏中体验到自由、自主的乐趣。

3. 游戏活动总体要求

1）目标：根据幼儿年龄特点、生活经验、兴趣爱好、身心发展规律，选择并设计适合幼儿的内容，促进幼儿各方面发展。

2）内容：幼儿自主选择创造性游戏、规则性游戏。

3）方式：幼儿园班级应设有美工区、益智区、表演区、建构区、阅读区、音乐区等不同类型游戏空间，幼儿自主选择游戏类型，平衡每周幼儿游戏的类型。

4）时间：游戏时间不限，其中区角游戏每天安排1次，每次不少于1小时。

4. 游戏活动形式及具体要求

我国把幼儿园游戏分为创造性游戏和规则性游戏。创造性游戏包括角色游戏、结构游戏、表演游戏；规则性游戏包括体育游戏、智力游戏、音乐游戏。

对幼儿游戏活动的基本要求：

1）幼儿能积极主动参与各类游戏活动。

2）幼儿能帮助教师收集与准备游戏材料。

3）幼儿能主动与同伴共同游戏，友好相处，分享游戏材料与游戏经验。

4）幼儿能自主选择自己感兴趣的游戏类型，遵守游戏规则。

5）幼儿在游戏结束后能主动地将游戏材料进行整理归位。

对教师在幼儿游戏活动时常规工作的要求：

1）教师应对幼儿游戏材料等进行安全检查及消毒。

2）教师应制定严格的游戏规则，对幼儿加强安全教育，引导幼儿在活动中建立自我保护意识。

3）教师应制定指导和观察要点，对幼儿游戏中的行为进行记录与分析。

4）教师应定期对游戏用品进行添置或更换。

5）教师应引导幼儿遵守游戏规则，并引导幼儿在活动中与同伴交往与合作。

6）教师应在幼儿游戏遇到困难无法继续时，选择合适的时机介入游戏角色并给予相应的指导。

7）教师应在幼儿游戏活动结束后组织幼儿进行游戏经验的分享与交流，并总结幼儿游戏活动中存在的问题，提出改正建议。

8）教师应在幼儿游戏活动结束后提醒幼儿对游戏材料进行整理归位。

知识拓展

幼儿角色分配

（四）学习活动常规

1. 学习活动理念

幼儿园中的学习活动是为幼儿后续学习和终身发展奠定良好的素质基础，促进幼儿德、智、体、美等各方面的协调发展，以多种活动形式培养幼儿的学习兴趣、学习习惯、学习能力等。

2. 学习活动任务

《幼儿园工作规程》指出：要"发展幼儿智力，培养正确运用感官和运用语言交往的基本能力，增进对环境的认识，培养有益的兴趣和求知欲望，培养初步的动手探究能力"；"综合组织健康、语言、社会、科学、艺术各领域的教育内容，渗透幼儿一日生活的各项活动中，充分发挥各种教育手段的交互作用"；"教育活动的过程应注重支持幼儿的主动探索、操作实践、合作交流和表达表现，不应片面追求活动结果"。因此，幼儿园班级的学习活动应从幼儿情感、态度、能力、知识、技能等不同层面进行。

3. 学习活动总体要求

1）目标：根据幼儿身心发展水平及规律，设计并组织五大领域活动。

2）内容：幼儿园学习活动内容为健康、语言、科学、社会、艺术五大领域，并在活动中关注和培养幼儿学习兴趣、学习能力、动手操作能力。

3）方式：幼儿自主阅读及区角活动，教师组织的集体教学、小组教学。

4）时间：幼儿园小班一节学习活动为15～20分钟，中班一般为20～25分钟，大班一般为25～30分钟。大多数幼儿园一日的教学活动为2次。

4. 学习活动形式及具体要求

（1）集体教学

对幼儿集体教学的基本要求：

1）幼儿能在家长及教师的指导下正确收集和准备活动所需材料。

2）幼儿在活动中能集中注意力，认真听从教师的讲解及要求，积极参与学习活动。

3）幼儿能在活动中乐于分享自己的经验和想法，并且知道在表达或表现自己前举手，得到教师允许后再发言。

4）幼儿在表达自己想法时能够用标准普通话、大方自然、声音响亮。

5）幼儿能在活动中认真听同伴表达，不打断他人说话。

6）幼儿能养成良好的学习习惯，坐、写、画、站的姿势正确，或在教师提醒下自觉纠正错误的姿势。

7）幼儿能在教师的指导下自主准备学习用具、材料，在活动后能进行整理归位。

对教师集体教学常规工作的要求：

1）教师应根据本班幼儿特点、幼儿生活经验，设计适合幼儿的学习活动，并选择正确的学习材料及教学方法。

2）教师能根据幼儿年龄特点掌控活动时间及环节，避免幼儿厌倦。

3）教师能在活动前对学具、教具进行安全检查并消毒。

4）教师在进行集体教学时要注意关注全体幼儿，尽可能给予每名幼儿表达自己的机会并及时反馈。

5）教师应注意在活动中对个别幼儿进行启发、引导、帮助。

6）教师在活动中应注意自己的言语措辞、仪容仪表，教态要亲切自然、情感真挚。

7）教师应在活动后反思，记录并分析幼儿的学习情况及活动成败原因。

8）教师应在活动结束后组织幼儿对教具、学具整理归位，对幼儿的作品标注日期、姓名、班级、主题，并合理保存，及时向家长进行汇总。

（2）小组教学

对幼儿小组教学的基本要求：

1）幼儿能根据自己的兴趣爱好选择活动主题小组。

2）幼儿能按照教师的具体要求与规则自主进行小组活动。

3）幼儿能在小组活动中自主分配角色，并与同伴合作完成任务。

对教师小组教学常规工作的要求：

1）教师能根据本班幼儿兴趣特征等划分不同主题的活动小组。

2）教师能有秩序地组织幼儿进行主题活动分组并提出活动要求。

3）教师能对各个小组的活动地点进行有效安排，避免小组之间互相干扰。

4）教师应在幼儿小组活动时进行巡视，并对遇到困难无法进行活动的幼儿给予相应的帮助与指导。

5）教师能够在小组活动结束后对幼儿进行合理评价，针对活动出现的问题进行原因分析，及时调整活动方案及方法。

（3）个别教学

对幼儿个别教学的基本要求：

1）幼儿在活动中专注，不受他人影响，同时不影响他人。

2）幼儿能在活动遇到困难时，主动举手示意教师，寻求教师的帮助与指导。

3）幼儿能在活动结束后按照教师要求对教具、学具、玩具进行整理归位。

对教师个别教学常规工作的要求：

1）教师应在活动前提供、准备丰富的学习活动材料，并对班级环境进行相应的布置。

2）教师应在活动前对幼儿的教具、学具、玩具进行安全检查并消毒。

3）教师应在幼儿活动过程中鼓励幼儿自主选择活动的区域以及活动时所需的学习材料，并对活动区域确定好活动规则。

4）教师应在幼儿个别学习活动中进行巡视，并细心观察、做好记录，记录幼儿遇到的困难等。

5）教师应在幼儿活动中，针对遇到困难无法继续活动的幼儿给予适当的引导与帮助。

6）教师应在活动结束后提醒幼儿自主整理区域内物品，摆放整齐有序。

7）教师应在幼儿活动后对幼儿活动情况进行总结与分析。

（五）自由活动常规

1. 自由活动理念

通过自由活动形式给予幼儿一定的自主选择权以及自由行为表现，让幼儿自由交往。在促进幼儿多方面能力发展的同时，也能让幼儿在轻松自由的氛围中体验在幼儿园班级中生活的乐趣。

2. 自由活动任务

《幼儿园教育指导纲要（试行）》指出："要给幼儿提供自由活动的机会，支持幼儿自主地选择、计划活动；提供幼儿自由表现、自由表达和创造的机会。"《幼儿园工作规程》指出："幼儿的自由活动时间每天不得少于 0.5 小时"，"幼儿每天户外运动的时间不少于 2 小时"。幼儿进行室内外自由活动，是在一定程度上培养幼儿的独立性、想象力、创造性及社会性发展。

3. 自由活动总体要求

1）目标：以幼儿意愿及兴趣进行自发自主的活动，使幼儿轻松愉悦地度过幼儿园班级一日生活。

2）内容：室内自由活动、室外自由活动。

3）方式：幼儿自主选择游戏的类型、形式、内容。

4）时间：每天不少于 0.5 小时。

4. 自由活动形式及具体要求

幼儿园的自由活动包括室内自由活动和室外自由活动两种形式，室内自由活动主要指幼儿园班级一日活动与活动之间的过渡环节以及幼儿自由游戏环节，室外自由活动主要指户外自由运动、户外自由游戏等。

对幼儿自由活动的基本要求：

1）幼儿能自觉自发地进行自由活动。

2）幼儿在自由活动中能有意识地注意安全，不做危险动作。

3）幼儿在自由活动中能与同伴友好相处、共同玩耍、分享经验。

对教师在幼儿自由活动时常规工作的要求：

1）教师应在幼儿自由活动前提醒幼儿如厕、喝水并做好活动准备。

2）教师应规定自由活动的场地，并在活动前对场地进行安全检查。

3）教师应关注每名幼儿活动过程中的安全，如出现意外，及时处理并启动安全应急预案并上报。

4）教师应根据天气的变化及时提醒幼儿增减衣物。

5）教师应观察每名幼儿自由活动的内容及方式，做好记录，如有遇到困难的幼儿，教师及时给予相应的指导及帮助。

6）教师应在幼儿活动结束后提醒幼儿对物品进行整理归位并清点人数。

7）教师应对幼儿自由活动进行总结与评价。

知识三　幼儿园班级一日常规工作的作用

（一）帮助幼儿建立良好的习惯

曾有一句教育名言说："播下行为，收获习惯。播下习惯，收获性格。"这就说明教育就是培养幼儿的良好习惯，这里的习惯可以指卫生习惯、生活习惯，也可以指学习习惯、行为习惯。叶圣陶先生曾经说："好习惯的养成，一辈子受用，坏习惯的养成，一辈子吃它的亏，想改也不容易。"学前教育阶段正是幼儿模仿能力强、可塑性强的时候，在这个时期，幼儿养成固定习惯是最容易的，因此，我们应该从建立班级一日常规开始，让幼儿遵守常规，从而帮助幼儿养成良好的各方面习惯，不断对幼儿进行正面教育与强化，使幼儿接受好习惯的熏陶，从而形成良好品德和个性发展。

在幼儿园班级中，建立好的一日常规，幼儿的生活质量将随之提高，完善系统的一日常规能给予幼儿安静稳定的生活环境，在一个井然有序的环境中，有利于幼儿良好习惯的形成。

（二）帮助幼儿适应班级集体环境

瑞典教育家爱伦凯说："环境对一个人的成长起着非常重要的作用，良好的环境是孩子形成正确思想和优秀人格的基础。"环境教育是幼儿教育中的重要组成部分，这里的环境教育包含两个层面，一方面是环境对人发展的影响，另一方面就是人对环境的适应程度。如果人不适应生长的环境，就会在一定程度上抑制人的发展。

对于幼儿来说，他们离开家庭生活走向幼儿园生活，就标志着已经走向了班级集体环境，在这一环境中，幼儿是一个独立自主的个体，离开了父母的照顾及宠爱，要独自面对新的物质环境与心理环境，要认识新的教师、新的同伴、新的生活规律等。这个崭新的环境成为幼儿新的转折点。

从几个人组建的氛围自由的家庭生活走向几十人的班级集体生活，这样环境的转变会使幼儿极度不适应，那么，班级一日常规的建立，能够缓解幼儿对陌生环境紧张、焦虑的情绪，尽快帮助幼儿适应这样的环境，帮助幼儿重新建立起安全感和愉悦的心情。

例如，教师的态度和管理方式应有助于幼儿形成安全、温馨的心理环境，在入园时，教师微笑着迎接幼儿，使幼儿感受到母亲般的亲切感；温馨而舒适的班级，能让幼儿乐于上幼儿园；在集体教学中，各环节的规则及要求，能让幼儿增进对各领域的活动课程的认识以及对学习活动的喜爱；在游戏活动中，各个游戏区域常规的建立，也能让幼儿感受到班级生活的快乐以及与同伴和谐共处的良好关系，提升幼儿对于班级环境的适应能力。

（三）帮助幼儿学习在集体中生活

在人的成长过程中，一定离不开集体。我们都是依赖于集体的个体，我们通常在集体中进行交往、学习、生活、游戏，从而丰富着我们的精神生活。

在幼儿园中，以班级为单位构成了不同的小集体，幼儿在班级这个小集体里进行一日常规活动，很多方面的好习惯也来源于集体生活的培养。

教师在组织集体常规活动时，要规范幼儿的行为，还要让幼儿明白在集体生活中需严格遵守规则与制度。俗话说"习惯成自然"，所以教师在集体中建立常规，能帮助幼儿意识到自己是集体中的一员，不能扰乱班级集体秩序，要对自己有自我管理能力与控制能力，约束自己的行为。教师应给幼儿建立一个"有准备的环境"，能让幼儿在集体中感受秩序与快乐。

集体生活能培养幼儿多方面的能力。首先，培养了幼儿规则意识。在班级生活中，幼儿渐渐地懂得了顺应教师的指令，无论在生活常规还是学习常规中，幼儿能逐渐形成遵守班级活动规章制度的意识。其次，培养了幼儿自我管理能力。幼儿在集体中，不能完全依赖教师的关注与照料，大部分时间需要自己的事情自己做，幼儿在集体中生活一段时间后，意识到自己管理自己的重要性，并且能够对自己的生活、学习、游戏等环节进行自我管理。再次，培养了幼儿动手操作能力。在集体中幼儿需要自己完成某些事情，锻炼了幼儿自己动手操作的能力，比如有的幼儿在家中需要父母喂饭，但在幼儿园集体生活中，教师无法对每名幼儿进行单独喂饭，所以大部分幼儿学会了独立进餐；再比如幼儿在家中穿衣，多数由家长帮助，而在集体中，幼儿也渐渐地学会自己穿衣，有时我们会发现，动作快的幼儿还会帮助动作较慢的幼儿。最后，促进了幼儿社会性发展。《幼儿园教育指导纲要（试行）》中指出："幼儿同伴群体及幼儿园教师集体是宝贵的教育资源，应充分发挥这一资源的作用。"在幼儿园班级中，幼儿的人际交往关系主要有两个方面，一是与教师，二是与同伴。幼儿在集体中慢慢懂得人际交往关系的建立与维护，幼儿在交往中，逐步培养了分享、同情、关心、合作的良好品质，同时也使幼儿建立起责任感、归属感、集体荣誉感与社会性发展。

（四）有助于教师组织班级活动及维持班级活动秩序

《幼儿园教育指导纲要（试行）》中指出：要"科学合理地安排和组织一日活动"，"建立良好的常规，避免不必要的管理行为，逐步引导幼儿学习自我管理"。因此，幼儿园班级一日常规有助于教师科学合理地组织班级活动，还有助于教师维持班级的秩序。

第一，班级常规的制定按照幼儿在班级一日生活的时间顺序，将幼儿在班级的作息时间按照科学合理的形式划分，包含入园、晨检、早操、进餐、活动、午睡、如厕、盥洗、饮水、离园等环节，按照每个环节的具体需要以及要求进行，这样有助于教师维持班级保教秩序和促进幼儿发展。如果班级一日常规的各个环节出现问题，那么教师也会花费大量精力进行秩序维护，幼儿的生活质量自然也随之下降。

第二，班级常规的制定按照幼儿的年龄特点、身心发展特点及规律，科学合理地将班级一日常规活动进行分门别类，包含生活活动、运动活动、学习活动、游戏活动、自由活动等，按照各个活动实践的要求有条不紊地实施一日常规，有助于教师有目的、有组织、有计划地进行班级一日常规工作。

常规培养中存在的问题

一、选择题

1. 为了建立并维持健康的班级环境，幼儿园应安排多样的体育锻炼内容，每日户外活动时间不少于（　　）小时。

　　A. 2　　　　　　B. 1　　　　　　C. 0.5　　　　　　D. 3

【答案】A

2. 要建设良好的幼儿园班集体，（　　）是前提。

　　A. 纪律　　　　B. 爱　　　　C. 常规　　　　D. 班风

【答案】C

3. 活动区活动该结束了，可是晨晨的"游乐园"还没有搭完，他跟老师说："老师，我还差一点就搭完了，再给我5分钟好吗？"老师说："行，我等你。"一边说，一边指导其他幼儿收拾玩具……教师的做法体现了幼儿园一日活动安排应该（　　）。

　　A. 与幼儿积极互动　　　　　　B. 根据幼儿活动的需求灵活调整

　　C. 按作息时间表按部就班进行　　D. 随时关注幼儿的活动

【答案】B

4. 下列不属于幼儿教师工作职责的内容是（　　）。

　　A. 观察了解幼儿，制订教育工作计划

　　B. 指导调配幼儿膳食，检查食品安全

　　C. 创设良好的教育环境，合理组织教育内容

　　D. 与家长保持经常联系，共同完成教育任务

【答案】B

5. 下列关于制定幼儿园一日生活日程的叙述，表述错误的是（　　）。

　　A. 幼儿年龄越小，安排的睡眠时间应越短，次数应越多

　　B. 游戏是幼儿的基本活动，应保证他们的游戏时间

　　C. 制定作息制度要考虑到不同地区的差异

　　D. 安排幼儿一日生活作息制度，要考虑到家长的配合

【答案】A

二、简答题

1. 请简述幼儿园班级管理的原则。

【参考答案】

（1）主体性原则。

明确教师对班级管理的职责和权利，作为班级管理者的教师，应充分了解并把握班级的各种管理要素，还应正确理解和处理与幼儿之间的关系。

（2）整体性原则。

教师对班级的管理，不仅是对整体的管理，也是对每个幼儿个体的管理，教师应充分利用班级作为一个集体的熏陶作用和约束作用。

（3）参与性原则。

教师参与活动应注意角色的不断变换，以适应幼儿活动的需要。

（4）高效性原则。

班级管理目标要合理，计划要科学；班级管理计划的实施要严格和灵活；班级管理方法要适宜，管理过程中重视检查反馈。

2. 请简述幼儿园班级一日常规工作的作用。

【参考答案】

（1）帮助幼儿建立良好的习惯；

（2）帮助幼儿适应班级集体环境；

（3）帮助幼儿学习在集体中生活；

（4）有助于教师组织班级活动及维持班级活动秩序。

任务二　班级一日常规工作的实施

【任务情境】

为了培养幼儿自觉遵守规则，培养幼儿养成良好习惯，大一班的刘老师开展了"轮流做小小值日生"活动，小值日生的任务是检查同伴执行规则的情况。当选的值日生一般是自主能力较强的幼儿，通过能力强的值日生带领能力较弱的幼儿进步。于是，班级中就有了进餐后的"放碗检查员"、午睡后的"仪表检查员"。这项活动受到孩子们热烈欢迎，纷纷主动争当值日生。值日生定期更换，既帮助幼儿体验规则，也增强了幼儿的责任感，培养了幼儿良好的行为习惯。

任务：小刘老师的做法你赞同吗？她采取了怎样的策略进行班级一日常规工作？

【任务解析】

1. 能知道幼儿园班级一日常规工作计划制订的原则及步骤。
2. 能明确幼儿园班级一日常规工作计划制订的具体内容。
3. 能掌握幼儿园班级一日常规工作的组织与管理策略。
4. 能在班级常规工作管理中明确注意事项。

任务实施

知识一　制订幼儿园班级一日常规工作计划

有秩序的班级与教师的组织与管理是息息相关的，作为班级的管理者，在组织与管理的过程中需要有科学合理的工作计划作为指导，在撰写班级常规工作计划时要结合班级及幼儿的实际情况，了解班级幼儿的兴趣习惯，掌握幼儿身心发展规律与特点。通过制订科学合理的班级一日常规工作计划，建立严谨健全的班级制度，运用精准有效的常规管理策略，为幼儿提供一个安静、有序、温馨、愉快的班级氛围，使幼儿在这样健康、丰富的环境中享受美好的童年生活。

（一）幼儿园班级一日常规工作计划制订的意义

从管理学的角度来解读计划，第一层含义指工作计划，是根据对组织外部环境与内部条件的分析，提出在未来一定时间内要达到的组织目标以及实现目标的方案及途径；第二层含义指计划形式，是指用文字和指标等形式所表述的组织以及组织内不同部门和不同成员在未来一定时期内关于行动方向、内容和方式安排的管理文件。那么，幼儿园班级一日常规工作计划则是幼儿园教师在组织与管理班级之前预先拟定的具体的内容和步骤，确定行动前的纲领和方案，从而进行有计划、有目的的组织与管理，达到拟定的教育目标。

一日常规工作计划是帮助教师有效开展班级组织与管理工作的首要任务，对班级一日的生活活动、学习活动、游戏活动、运动活动等的顺利进行有着至关重要的作用与意义。

1. 一日常规工作计划的制订有助于教师有秩序地组织活动

制订班级一日常规工作计划首先要基于幼儿园中一日常规中的各个环节的要求，再结合本班幼儿年龄特点及身心发展水平的实际情况进行整合。

幼儿园教师需要明确一日常规的每个活动常规及各个环节的工作要点及对幼儿的要求，进而从宏观、中观、微观的角度进行合理的计划。在计划制订时，幼儿园教师需要对一日活动常规进行整体把握，这样在一日活动常规实施过程中，可以井然有序地将每个环节安排得当，使幼儿参与的各项活动得到科学的过渡；教师能够对时间进行相对稳定的把控，既有利于班级一日常规的秩序形成，同时也满足了幼儿的需要，使幼儿得到相应的发展。

2. 一日常规工作计划的制订有利于班级教养计划的顺利实施

教养是指表现在行为方式中的道德修养状况，是文化和品德修养的集中体现。学前期是幼儿成长的关键时期，帮助幼儿养成良好的文明习惯、培养幼儿健全的人格是幼儿园教育的重要内容。班级一日常规工作计划是为幼儿在一日活动中的教养表现确定工作目标，并提出达到该目标的教学与管理方法。对幼儿常规活动的要求与制约也是对幼儿一些行为进行约束，能够帮助教师更好地实施幼儿的教养教育。

幼儿园教师在制订常规工作计划时，要特别注意将教养知识及教养行为贯穿到生活活动、学习活动、游戏活动等各个环节，在幼儿进行正常的一日活动常规中为了让幼儿养成良好的习惯，对于一些容易出现行为问题的环节，教师的常规计划中要有预设及解决办法，这样能及时纠正幼儿错误的行为，进行规范教育，促进幼儿良好教养的发展。

（二）幼儿园班级一日常规工作计划制订的原则

幼儿园班级一日常规工作计划的制订是一项重要而复杂的工作，要求教师不仅要对一日常规各环节流程及注意事项熟知，而且还要掌握幼儿的年龄特点以及发展规律，除此之外，要想制订一个科学合理的计划作为常规工作指导，还应遵循以下原则：

1. 整体性与目标性原则

班级一日常规工作计划要将班级中各组成要素及一日活动中各环节要素有机结合。因此，要处理好一日活动中教师、幼儿、物品、时间、空间等之间的关系，从整体角度，协调统一，共同作用于一日常规。

在整体考虑的基础上，也要注重计划中各组成部分，设定明确的目标可以帮助教师有效地进行组织与管理。合理科学的目标包含两方面：一是符合幼儿的身心发展特点与规律，遵循"最近发展区"原理，制定适合幼儿的目标；另一方面，要促进幼儿的全面发展，全面教育要贯彻到幼儿一日生活中的各个环节。

2. 灵活性与差异性原则

虽然在班级活动的实施过程中，要遵循常规工作计划，但计划要具有灵活性，一方面是随着突发事件的出现，教师要根据实际状况临时做出调整，因此，在制订一日常规计划时，教师要将一日活动的各个环节中容易出现的细微问题进行预设，并制定好紧急解决办法；另一方面，班级中的幼儿由于生活环境、家庭状况、个性养成等因素的影响，具有差异性，面对不同类型的幼儿要给予不同的教育与常规要求，做到因材施教，符合幼儿的个性发展。

3. 指导性与可操作性原则

班级一日常规工作计划最核心的思想是对教师的组织与管理具有高指导性，因此计划应从国家、地方、幼儿园、班级四个维度进行设定。高度贯彻国家培养幼儿的目标及标准，切合地方教育行政部门对幼儿一日在园的要求，遵循幼儿园的办学理念与特色，在满足班级一日常规组织与管理的可操作原则的基础上，进行一日常规工作计划的撰写。

4. 保教结合原则

《幼儿园工作规程》和《幼儿园教育指导纲要（试行）》中多次提出"保教结合"的原则，明确指出保教结合是一日常规中的重要根本原则。"保"是保护幼儿的健康，"教"则是对幼儿进行德、智、体、美等方面的教育。

尊重幼儿的主体地位，以幼儿的发展为核心，在班级一日常规中，涉及保育与教育的各个方面。幼儿的一日生活、卫生习惯以及智力的发展等都离不开保教结合的理念与指导。所以，教师在制订常规工作计划时，都要围绕"保中有教、教中有保"这一中心进行。

（三）幼儿园班级一日常规工作计划制订的步骤

幼儿园班级一日常规工作计划的制订是一项十分重要的工作，制订计划要考虑周全，从不同的角度看待幼儿一日常规。教师的思想高度与专业深度直接影响幼儿一日生活的质量，幼儿园教师对常规工作计划的重视程度也将直接影响组织与管理的秩序。因此，在幼儿园教师制订班级一日常规工作计划时，需要从全方位、多方面、多角度进行。

1. 贯彻落实国家教育方针

《幼儿园教育指导纲要（试行）》《幼儿园工作规程》《3～6岁儿童学习与发展指南》《幼儿园管理条例》是国家颁布的有关幼儿教育的重要纲领性文件，对幼儿教育及教养工作做出了详细、科学的指导。

《幼儿园工作规程》于2016年3月1日起执行，是为加强幼儿园的科学管理，规范办园行为，提高保育和教育质量，促进幼儿身心健康，依据《中华人民共和国教育法》等法律法规制定的。

《3～6岁儿童学习与发展指南》是我国2012年10月9日颁布，为深入贯彻《国家中长期教育改革和发展规划纲要（2010—2020年）》和《国务院关于当前发展学前教育的若干意见》，指导幼儿园和家庭实施科学的保育和教育，促进幼儿身心全面和谐发展而制定的。

《幼儿园教育指导纲要（试行）》于 2001 年 9 月试行，是为推进幼儿园实施素质教育，全面提高幼儿园教育质量而颁布的。

《幼儿园管理条例》于 1989 年 8 月 20 日颁布，是为加强幼儿园的管理，促进幼儿教育事业的发展而制定的。

一日常规工作计划是班级一日活动的指南针，能够为教师在忙乱的一日生活中指引方向，也能对幼儿的行为加以引导。大多数教师凭借自己带班的经验与对幼儿的了解制订工作计划，而没有贯彻国家文件的精神，在某些方面容易受到其他因素的影响而出现偏差，制订的计划与国家的教育方针完全脱节，不利于幼儿的发展与成长，也缺乏科学性。

幼儿园教师在制订班级一日常规工作计划前应深入学习有关文件，把握国家教育方向，领会国家教育精神，理解教育实质与内涵，用国家的教育要求指导班级一日常规工作实际，制订出理论联系实践的常规工作计划，更好地为幼儿服务。

2. 认真学习园务管理计划

幼儿园园务管理计划体现了本幼儿园的办园理念与特色。幼儿园的园务管理计划一般是遵循国家纲领性文件，结合本园的保育与教育的实际情况而制订的。园务管理计划对幼儿园的整体发展方向与学期目标以及班级各项工作的具体内容提出进一步的要求。园务管理计划为全面实施幼儿的素质教育，为全园教师提供了工作的方向与目标。本园的全体教师应认真学习并深入研究园务管理计划，领会其精神，将班级一日常规工作计划与园务管理要求相结合、保持一致，从一日常规的全过程与多维度组织管理，进一步完善常规工作计划。

3. 深入分析班级实际情况

每个班级都有自己的特点。在教师对国家文件及园务管理计划有了深入了解后，应对本班的整体表现情况进行评价与分析。

首先，基于上学期的班级常规工作总结，整理存在的不足，进行合理归因，在归因中寻找解决问题与处理的办法。

其次，基于班级幼儿的特点进行归类，对不同类别的幼儿设计不同的常规计划，因材施教，这不仅有助于班级整体性的组织与管理，也能提高教师的工作效率，使幼儿得到最适合的教育方式。

4. 共同商讨工作计划内容

幼儿园班级通常有三位保教人员。一位为主班教师，主要负责统领班级的各项事务；一位为配班教师，主要负责协助主班教师进行各项活动的组织与管理；一位为保育员，主要负责班级的保育工作，协助两位教师进行班级的常规管理。

班级一日常规工作计划应由三位保教人员共同完成。三位保教人员应对自己负责的相关工作内容及目标进行规划，并共同商讨将部分化为整体，最终形成班级的一日常规工作计划。在商讨中，应注意进行三阶段的评价。

首先进行诊断性评价，在编制计划和实施前做出评价，其目的是考察在制订计划前的准备状况，从而使常规工作计划具有针对性与可行性。

其次进行形成性评价，在计划尚处于发展和完善阶段时进行评价，其主要目的在于发展和完善工作计划，在制订过程中结合幼儿一日常规活动所涉及的方方面面的问题进行归总，进一步修订一日常规工作计划。

最后进行总结性评价，在后续的班级一日常规管理中，对幼儿行为与表现进行合理的观察与评价，总结组织与管理中遇到的困难与突发事件，随时进行合理调整，为下一次制订一日常规工作计划提供依据。

这也体现了一日常规工作组织与管理的科学性与合理性，保教人员的合作与统一将有利于班级的正常运转。

5. 撰写班级常规工作计划

经过以上环节的学习与研讨，由班级主要负责此项工作的教师承担班级一日常规工作计划的撰写任务，其他人员进行相应的补充与完善。

（四）幼儿园班级一日常规工作计划制订的内容

1. 一日常规组织与管理计划的内容对象

幼儿园班级一日常规工作的组织与管理主要涵盖对教师的管理、对常规内容的计划与要求以及对幼儿一日生活的管理。

（1）班级教师的管理

班级中一日共有三位保教人员进行班级组织与管理，三位保教人员的工作职责各不相同，在计划中，相应一日教育或保育的内容应对应主要负责的保教人员，分工要明确，三位保教人员要协同合作，勇于承担工作责任，发挥各自的特长，在处理幼儿一日生活问题时，要相互沟通、配合与协作，共同促进幼儿的发展。

（2）常规内容的管理

班级常规内容的管理以班级为基本单位，建立一日各环节的规章制度。教师为指导幼儿正确地活动，要严格按照规则实施，以保证幼儿一日内的生活活动、学习活动、运动活动、游戏活动以及自由活动的顺利进行。

例如在幼儿就餐时，要求幼儿在进餐前洗手、安静地等待食物的发放、进餐时不允许嬉戏打闹，指导幼儿不挑食等。

一日常规中的每一环节都有相应的活动流程、步骤与具体要求，教师要对这些规则进行详细的制定并及时基于幼儿的特点变化做出相应的调整，以保证班级各项活动的顺利开展。

（3）幼儿的管理

对幼儿的管理主要涉及幼儿各项活动的具体要求，在尊重幼儿、关爱幼儿的基础上，对幼儿提出合理要求，规范幼儿在园的各项行为。

在不同的一日常规环节中，都能对幼儿规定细致的基本要求，并指导与帮助幼儿按照常规执行，确保幼儿良好卫生习惯、行为习惯、生活习惯的养成以及在班级生活的质量。

2. 一日常规工作计划的具体内容

一日常规工作计划的具体内容是对一日中的细节进行指导与规范，为班级建立班规、制定目标与实施措施等提供基本保障。教师制订计划也是完成组织与管理工作的重要组成部分。一日常规计划具体包括以下内容：

（1）班级的基本情况分析

教师在日常的保教活动中，最重要的是遵循两个原则，一是因材施教原则，针对不同集体与个体，实施不同的教育模式，提供多元化的教育方式。因此，对班级的基本情况分析就是计划的重中之重，要依据每个班级的集体特点以及班级内幼儿的个性发展制订一日常规工作计划，这样既能满足幼儿的个性化发展，又能为教师的组织与管理提供有效的依据。

二是要遵循幼儿的"最近发展区"原则，即了解幼儿在一日常规活动中的各项技能与学习水平，并分析在教师指导下能够达到的水平，根据这些设计常规的难易程度与标准。

（2）班级一日常规基本情况分析

教师在计划中应对一日环节中的每一项目进行分析，每一细小环节中需要注意的问题是什么，对教师的要求是什么，对幼儿的要求是什么都需要详细考量。这样才能确保实施过程中，每一常规都能顺利进行，幼儿都能得到良好的规范。

（3）班级一日常规工作的主要目标

一日常规工作的主要目标是计划的统领部分，也是在国家教育方针、幼儿园园务管理计划的研究总结基础上，与本班实际情况相结合进行设定的。这是对于一日常规工作的方向指引。班级的生活常规、运动常规、学习常规、游戏常规等都要形成主要目标及任务，在制定目标时，教师应做到突出重点。

（4）班级一日常规工作的具体要求

在制定整体一日常规工作目标之后，对于具体的实施过程以及措施也要进行计划说明。需要对各项常规活动分门别类进行完善，在每项常规活动下，每一环节具体实施及采取的措施也要简明扼要地进行汇总，明确每位保教人员负责的常规部分的职责。

知识二　幼儿园班级一日常规工作的实施

（一）幼儿园班级一日常规工作的组织与管理的内涵

组织是指由若干个人或群体组成的、有共同目标和一定边界的社会实体。它有三层含义：一是组织必须是以人为中心，把人、财、物合理配合为一体，并保持相对稳定而形成的一个社会实体；二是组织必须具有为本组织全体成员所认可并为之奋斗的共同目标；三是组织必须保持一个明确的边界，以区别于其他组织和外部环境。

管理则是指一定组织中的管理者，通过实施计划、组织、领导、协调、控制等职能来协调他人的活动，识别认同自己一起实现既定目标的活动过程。

班级一日常规工作的组织与管理就是幼儿园教师把班级一日常规活动当中涉及的人、财、物等融为一体，为实现共同目标而进行的计划、组织、领导、协调、控制的活动。在一日常规活动的组织与管理中，班级内各组成要素分别是：幼儿、保教人员、一日活动类型、物品、空间、时间、规矩等，必须将这些要素科学合理安排，协调好各要素之间的联系，给予幼儿一个完整的常规活动过程。

（二）幼儿园班级一日常规工作的组织与管理的策略

全国养成教育总课题组组长林格先生指出："养成教育就是从行为训练入手，综合多种教育方法，全面提高孩子的素质，从而达到其最终的目的——形成良好的习惯。"[1]

---

[1] 林格. 教育，就是培养习惯（上）[M]. 北京：清华大学出版社，2007.

1. 陶冶教育

陶冶教育是通过创设良好的情境，潜移默化地培养幼儿的一种有效方式，能使幼儿在班级一日活动中通过耳濡目染养成遵守纪律与规则的良好习惯。

在情感陶冶层面，首先教师应该做到"三心"，即有爱心、有耐心、有责任心。通过这种爱给幼儿建立一个温馨的环境，让幼儿放松、充满信任地去活动。其次，教师应给幼儿创建不同情境，使幼儿在情境中学习与记忆。心理学认为幼儿信息加工的三种尝试记忆，分别是情境记忆、语义记忆及程序记忆。在"情境记忆"中强调幼儿个体对自己特定的时空内经历的事件，与之相联系的各种时空信息的记忆，即对个人亲身经历的、发生在一定时间和地点的事件（情境）的记忆[①]。那么，可以推断出，幼儿的学习与养成教育跟情境有很大的关系，幼儿具体形象思维发展中的很多记忆都来源于情境记忆，因此，教师在进行教育时可以多创设相应的情境，帮助幼儿记忆，从而达到教育的目的。

 知识拓展

案例

2. 榜样教育

榜样教育是以行为规范良好的教师、幼儿或其他人影响幼儿的方法。3~6岁幼儿正处于模仿能力较强的阶段，他们对事物的认识水平较低，对于是非判断大多是基于教师的反应。在对幼儿进行教育的时候，要注意多正面教育，使幼儿知道正确的做法是什么，什么是应该做的事情。

在榜样教育中，首先教师要以身作则，成为幼儿学习的好榜样。在一日常规工作中的每个环节，教师都要严格要求自己，按照班级行为规范进行约束，这样可以潜移默化地影响幼儿按照要求做事情。

其次，教师在班级内要正确选择学习的榜样，树立幼儿榜样的威信，通过表扬表现好的幼儿，激发幼儿对榜样幼儿的敬仰，使榜样幼儿对其他幼儿产生积极作用，让其他幼儿进行行为模仿，都去达到教师一日常规的要求。

最后，教师可以选择幼儿生活中熟知的榜样进行感染教育，这些榜样可以是幼儿喜欢的电影明星，也可以是动画片中的典型人物。通过幼儿喜欢的角色进行榜样教育，这样幼儿更容易在情感上接受，能产生良好的教育效果。

---

① 杨治良. 简明心理学词典 [M]. 上海：上海辞书出版社，2007.

知识拓展

案例

3. 奖惩教育

奖惩教育是指教师对幼儿一日常规的言行举止做出判断,这是对幼儿的教养教育的一种强化。处于学前期的幼儿自觉性、自控能力较差,通过对幼儿行为的肯定与否定予以激励或抑制,从而控制与改正幼儿的不良习惯。

行为派的学习理论认为,学习的本质就是形成刺激与反应之间的联结。斯金纳的学习实验研究表明,强化是操作性行为形成的重要手段,如果一个操作发生后,接着呈现一个强化刺激,则这个操作的强度就增加。认为学习和行为的变化是强化的结果,控制强化就能控制行为。强化就是塑造行为或保持行为的关键①。因此,在塑造幼儿行为或想让幼儿保持某种行为时,教师应通过奖惩方式给予幼儿刺激与强化,帮助幼儿进行学习。

教师在使用奖惩教育方式时,应注意建立科学公平的奖惩机制,以奖励为主,惩罚为辅,主要是正面教育,纠正幼儿的错误行为,重视引导幼儿做出正确行为。

4. 锻炼能力

锻炼能力是指让幼儿在实践中养成良好行为习惯,在实践中锻炼思想,在反复练习中明确是非对错。

人的社会性行为都是后天习得的,班级组织中的规范性行为或不规范性行为都是社会性行为,因而都是后天习得的②。在认知学派的学习理论中,格式塔通过黑猩猩的学习实验表明,学习是通过顿悟实现的,而这种顿悟也是依赖情境中的实践形成的③。

在幼儿能力锻炼中,教师要注意使幼儿感受到实践锻炼是有必要的、有价值的,启发幼儿自觉做到教师一日常规中的要求;除此之外,教师还要注意在幼儿锻炼过程中,在适当的时机予以适当的指导,随时检查与监督幼儿的行为。

5. 家园共育

《幼儿园教育指导纲要(试行)》第三部分第八条指出:"家庭是幼儿园重要的合作伙伴,应本着尊重、平等、合作的原则,争取家长的理解、支持和主动参与,并积极支持、帮助家长提高教育能力。"家庭是幼儿成长的第一环境,父母是影响幼儿启蒙教育的重要人物,家庭对幼儿的影响是不能忽视的,也是不可替代的。

幼儿的一日常规的养成也依赖家庭的教育,需要家长的高度配合。如果幼儿园教师与家

---

① 路海东. 教育心理学 [M]. 长春:东北师范大学出版社,2013.
② 李学农. 班级管理 [M]. 北京:高等教育出版社,2010.
③ 路海东. 教育心理学 [M]. 长春:东北师范大学出版社,2013.

长对于行为规范不统一，会造成幼儿思想混乱、行为偏差，对幼儿有一定消极影响，还会使幼儿在长久不统一的指令下形成双重人格，严重的还可造成心理问题。

所以，在幼儿常规的训练与养成过程中，教师应多与家长联络，定期与家长进行沟通，取得家长的理解与支持，与家长统一规则，使幼儿在家庭环境与班级环境中都能按照要求进行行为举止的规范。在教师与家长的共同努力下，寻找幼儿出现问题的原因及解决方案，形成教育合力，帮助幼儿进步与发展。

 知识拓展

家园共育培养小班幼儿良好生活常规

（三）幼儿园班级一日常规工作的组织与管理的注意事项

1. 制订班级一日常规工作计划注意事项

（1）注意常规内容的目标性与针对性

教师在制订常规工作计划时，要注意两方面：一是内容要有明确目标，对于不同类型的常规活动，要根据目标制定相应的内容，计划的内容也要指向目标，内容的难易程度要符合幼儿年龄段特点，还要符合班级的实际情况以及符合物质、空间上的要求；二是内容要有针对性，针对性是指班级的一日活动常规不同，对幼儿的行为举止规范也不同。

（2）注意班级教师要求统一性

在制订计划时，班级的三位保教人员要勤于沟通、统一意见，尤其是在一日常规养成计划部分，要保持目标一致、内容一致、要求一致等，否则，不同的规范指令会使幼儿不知所措，会对幼儿习惯养成起到消极作用。

例如，在班级游戏活动中，不同的区域内游戏规则不同，那么，无论哪位教师在进行组织与管理时都要要求一致。首先，遵循幼儿的兴趣爱好选择相应的活动场地与主题；其次，根据幼儿的选择对不同的区域游戏进行细节要求；最后，在游戏结束时，要幼儿自己动手对玩具进行整理归位。

（3）注意常规目标的分解与整合

斯金纳的程序教学提出"小步子原则"，是指把学习的整体内容分解为许多知识片段构成的教材，把这些知识片段按难度逐渐增加排成序列，使学生循序渐进地学习[①]。那么，不同难度的片段指向相应的目标，目标的达成也就进行了分解。因此，一日常规的目标需要分解为不同的小目标，当幼儿达成一个小目标后，再向下一个小目标前进，循序渐进、按部就班地养成良好行为习惯。

---

① 路海东. 教育心理学 [M]. 长春：东北师范大学出版社，2013.

知识拓展

案例

2. 组织与管理实施过程注意事项

（1）注意发挥幼儿的主体性

主体性是指幼儿在其活动中表现出来的自主性、能动性和创造性。现代教育理念提倡"以儿童为中心"，也就是在班级活动中以幼儿为主体、教师为主导。主体性是幼儿自身成长、发展的重要标志，也是新世纪人才必备的重要个性品质。

陈鹤琴曾经说过："一切为了孩子，为了孩子一切，为了一切孩子。"这句话也涵盖了幼儿主体性的思想。在幼儿教育中，认识幼儿主体性、树立幼儿主体性观念，在教学工作中贯彻实施，关系到幼儿的发展。

在教师对一项活动要求进行说明时，有的幼儿认真听讲并按照要求做，有的幼儿没有认真听，行为会出现错误。虽然幼儿与幼儿之间的表现有差异，但都能体现幼儿的主体性，也都是幼儿主观能动性的表现。幼儿能否达到教师所期望的标准都是幼儿的主体性的一种体现。但是在班级一日常规活动中，教师希望幼儿自觉地遵守班级规章制度，能够自我管理，学会自我教育。在这个过程中，教师应注意多与幼儿进行交流，在沟通中让幼儿懂得什么事情是该做的，什么事情是不该做的；也可以在制定班规时让幼儿共同参与，共同探讨哪些行为是积极有利的，哪些行为是有害的，如果做错事应该怎么办。这样，幼儿就能够分清楚哪些行为会被赞赏，哪些行为不被允许，有利于幼儿认识到如何进行自我管理。

（2）注意常规教育的一贯性

好的习惯并非一朝一夕养成的，都需要经过连续不断的培养过程。这里强调的常规教育的一贯性，一方面指对幼儿的教育要保持一致性，包括态度、要求、方法，对幼儿的要求要坚持一贯性，不能朝令夕改，更不能忽宽忽严。

另一方面则是一贯性体现在教育要坚持不懈、贯彻始终。幼儿的常规要一直伴随幼儿的成长。对于幼儿来讲，我们在一日常规中应设定一个远景式的目标，然后就这个目标分时期为幼儿设立阶段性的目标，在这个过程中，教师就要保持观念、方法上的连贯性，才能使幼儿沿着设定的正确目标前进，最终达到我们预想的结果。

（3）注意常规教育的灵活性

所谓的灵活性又可以理解为变通性。大多数幼儿园教师在一日常规教育时，都以说教的形式进行，乏味不堪，有时幼儿也很难理解，所以，在对幼儿进行常规教育时，教师要把握教育的灵活性，用多元化的方式去为幼儿提供更多可能性，使幼儿在游戏中、操作中进行学习。

教师可以运用音乐进行秩序的组织与管理,当我们需要向幼儿下达某些指令时,可以借助音乐的力量。譬如,放一段欢快的音乐,规定幼儿快速到门口站队,让幼儿感受到要进行户外活动了;放一段舒缓的音乐,规定幼儿安静地散步,让幼儿明白这时需要调整自己的呼吸,可能要进行午睡了。除此之外,我们还可以运用不同类型的音乐与儿歌来进行行为规范的约束,这种方式比教师用语言的方式效果更好。

  知识拓展

案例

还可以运用儿歌、童谣、故事、游戏的形式促进或强化幼儿的行为规范。对于一些常规的要求,可以编成朗朗上口的儿歌、童谣,对幼儿的行为进行约束,这样能有效促进幼儿常规的养成,当幼儿每次破坏规矩时,通过诵读儿歌进行自我管理。

 知识拓展

儿歌

一、选择题

1. 幼儿园日常生活组织,要从实际出发,建立必要的、合理的常规,坚持(   )。
A. 一贯性、一致性和启蒙性的原则
B. 一贯性、一致性和综合性的原则
C. 一贯性、一致性和全面性的原则
D. 一贯性、一致性和灵活性的原则
【答案】D

2. 对于入园初期适应困难的孩子,幼儿园教师可(   )。
A. 允许他们上半天,如中午午饭后由家长接回,再逐渐延长在园时间
B. 要求幼儿严守幼儿园一日生活制度,按时入园离园
C. 多批评爱哭闹的孩子

D. 通知家长接回孩子

【答案】A

3. 在一日活动中，教师应创造环境和条件让幼儿充分展示、自由表达、深刻体验、独立操作，这反映了制定一日常规的（　　）。

A. 平等性原则　　　　　　　　B. 参与性原则
C. 主体性原则　　　　　　　　D. 合作性原则

【答案】C

4. 对幼儿良好的行为给予肯定、鼓励、表扬以增强其行为的方法，是幼儿园班级管理的（　　）。

A. 及时强化法　　　　　　　　B. 情感熏陶法
C. 互动指导法　　　　　　　　D. 榜样示范法

【答案】B

5. 要让幼儿学会穿脱衣服鞋袜、洗漱等生活技能，教师最好采取（　　）。

A. 示范讲解法　　　　　　　　B. 集中训练与个别指导
C. 动作训练法　　　　　　　　D. 随机教育法

【答案】C

二、简答题

1. 请举例说明如何在幼儿园一日活动中实施"动静交替"原则。

【参考答案】《幼儿园工作规程》指出，幼儿一日活动的组织应动静交替，注重幼儿的直接感知、实际操作和亲身体验，保证幼儿愉快的、有益的自由活动。

动静交替原则中的"动"指课堂教学活动的一种活跃状态，"静"则是指课堂教学活动中的相对安静状态，幼儿园一日活动中，不能一直处于动态也不能一味安静，应动静交替，以避免疲劳和单调。

（1）一日活动整体安排上的动静交替具体如下：

动态的晨间早操—安静的晨间谈话—动静结合的教学活动和区域活动—动态的户外游戏—安静的餐前活动—午餐—安静的饭后活动—午睡—起床、吃点心、喝水—动态的角色游戏—动态的离园准备，实现动静交替，避免连着几个活动均为活跃状态或安静状态。

（2）某一具体教学活动的动静交替：户外游戏等动态的活动之后应该适时地安排一些安静的环节，比如玩"老鹰抓小鸡"的游戏，按人分组，玩完一轮后休息几分钟再玩第二轮。开展以老师讲课为主的教学活动时，老师讲解一段时间后，可以安排提问环节，鼓励幼儿踊跃回答问题。

2. 请简述幼儿园一日生活组织与管理实施过程注意事项。

【参考答案】

（1）注意发挥幼儿的主体性；
（2）注意常规教育的一贯性；
（3）注意常规教育的灵活性。

任务三　班级一日常规工作的评价

【任务情境】

安静是最重要的规则吗？在对教师的采访中，你会发现，大多数教师都认为"安静"在幼儿园似乎从来都是一项很重要的规则。那么，是不是所有情况下都有必要安静呢？吃饭时，幼儿偶尔轻声说话违反了安静的规则吗？午睡时，让不能入睡的幼儿，出去做点别的事，可不可以呢？

任务：你认为"安静"这一规则是否有价值？如何让幼儿更好地理解和接受这一规则？

【任务解析】

1. 能理解幼儿园班级一日常规工作评价的含义及作用。
2. 能掌握幼儿园班级一日常规工作评价的具体内容。
3. 能明确幼儿园班级一日常规工作评价的具体方法。
4. 能通过评价方法对幼儿行为等方面进行正确评价。

任务实施

培养幼儿的一日常规的过程是幼儿养成良好习惯的重要部分，在这个过程中，不仅仅是教师规范幼儿的各方面行为表现，还要重视借助于评价的手段，检查监督幼儿常规的养成，在评价中正确认识幼儿的行为表现，及时发现问题与不足，从而进行下一步一日常规工作的改进与完善。

知识一　幼儿园班级一日常规工作评价的含义与作用

（一）幼儿园班级一日常规工作评价含义

幼儿园班级一日常规工作评价是幼儿园班级管理评价的一部分，幼儿园班级管理评价又是幼儿园教育评价的一种。因此，班级一日常规的评价对于整个幼儿园教育来讲，起着重要的作用。

幼儿园班级一日常规工作评价分为两个部分：一是对教师的班级一日常规组织与管理进行评价；二是在班级一日常规活动中，教师对幼儿行为进行评价。

（二）幼儿园班级一日常规工作评价作用

幼儿园班级一日常规工作评价旨在全面系统地分析幼儿在园的一日常规情况，从生活常规、运动常规、学习常规、游戏常规以及自有常规中的不同环节的积极影响与消极方面，对幼儿行为做出科学价值判断，从而进行完善与改进。

班级一日常规工作评价对于幼儿园来说，可以记载幼儿生活习惯、学习习惯、行为习惯的养成过程与结果，定期向幼儿家长报告与反馈，使幼儿家长了解幼儿在班级的实际情况。

对于幼儿园教师而言，可以及时了解并掌握每名幼儿的习惯养成情况和获得效果的反馈信息，然后基于此分析教师在一日常规工作中的组织与管理的优缺点，能够及时完善管理方式，提高教师的组织与管理水平。

对于幼儿来说，通过教师的纠正与规范，懂得自己在不同的活动中、不同的环节中应该做哪些事情，不应该做哪些事情，明确自己的问题，从中受到教师与家长的鼓励，更好地遵循秩序，进行学习。

对于幼儿家长而言，能够进一步了解幼儿的行为特征，更好地配合幼儿园、教师进行教育，形成教育合力，共同帮助幼儿养成良好的习惯。

知识二　幼儿园班级一日常规工作评价的内容

幼儿园班级一日常规工作的评价内容，一般包括幼儿的生活常规、运动常规、学习常规、游戏常规以及自由常规，在每一类活动常规中，又包含着不同的环节，对于这些环节中幼儿的表现都要进行有效的评价。评价时应将每名幼儿每个时期的表现与发展变化进行详细记录，作为重要的评价信息和改进工作的主要依据。

班级一日常规工作细则（幼儿评价表）

知识三　幼儿园班级一日常规工作评价的原则与方法

（一）幼儿园班级一日常规工作评价原则

评价原则是对幼儿园班级一日常规工作进行评价时，无论是对教师组织与管理的评价，还是教师对幼儿行为表现的评价都必须遵循的基本要求。

1. 客观性原则

评价要客观公正，科学合理，不能主观臆断，掺杂个人情感，否则就失去评价的真正意义。

2. 计划性原则

评价要结合教师制订的班级一日常规工作计划的目标进行，评价的内容要与计划中的内容相切合；在评价时，还要注意控制评价的次数及总量，要根据实际情况进行评价，不要给教师与幼儿造成负担。

3. 发展性原则

在班级一日常规工作评价中，一方面着眼于幼儿在常规的规章制度中的习惯养成及进步，另一方面着眼于教师对一日常规工作的组织与管理能力的提高。

4. 多元化原则

评价的目的是让教师更好地提升组织与管理的能力，也是为了更好地帮助幼儿规范各方面常规的行为。因此，在进行评价时，要用多种评价主体的不同眼光和视角，用适用于不同个体需要的多元评价标准，用多种手段搜集信息，来评价不同的个体，这样会使评价更具有科学性与全面性，评价的结果相对更客观。

（二）幼儿园班级一日常规工作评价方法

1. 他人评定法

他人评价法在班级一日常规工作评价中通常指教师对幼儿的评价，教师针对幼儿园班级内一日的各项常规内容的完成度进行评价。这种评价通常可以起到镜子的作用，可以更科学、真实地让被评价的幼儿看到自身的情况。

幼儿园教师可以用观察法及测验法进行评价：

（1）观察法

观察法可以说是最直接认知幼儿行为的最好方式。它适用于在班级一日常规活动中不易量化的行为表现的方面，教师根据幼儿的表现判断幼儿的等级水平。

例如，教师通过观察幼儿的某种行为，将幼儿的行为表现划分为一等、二等、三等，或将幼儿的行为表现划分为优、良、中、差以及合格、不合格。

观察法进行评价的优点在于简单易行，获得的结果可靠性较高。有时，我们还可以通过评价的项目延伸到其他项目，对幼儿的整体评价性较高。当然，这种评价方式也有局限性，教师的评价受到一定的时间和空间的限制，不能因为幼儿在特殊情境下的反应判断幼儿的常规的一般性行为，因此，有时教师的评价具有片面性。

（2）量化法

量化法指在教师评价过程中用数字评分的方式对幼儿进行评价，用分数对幼儿的表现、行为特征等因素进行描述。

量化的结果通常是用分数将幼儿的行为做总结。这样做的好处是能够反馈给家长，家长可以根据幼儿的实际情况进行相应的补充性教育，也让家长知道幼儿在班级一日常规的各种表现。但这种评价方式在一定程度上会对幼儿造成伤害，行为习惯不太规范的幼儿容易丧失自尊心与自信心，放弃自己。

2. 自我评价法

自我评价通常是指在幼儿园中教师对自己班级一日常规工作的评价。一般自我评价可以分为内隐性和外显性两种形式，内隐性的自评是通过内部的思想反省、检讨、总结等形式体现出来的，并没有体现在具体的语言或文字上，这种评价通过自我的行为改善或之后的自我表述得以体现；外显性的自评通常是通过自我评分和鉴定体现出来[1]。

---

[1] 柳海民. 教育学原理[M]. 北京：高等教育出版社，2017.

 小试牛刀

一、选择题

1. 研究者根据一定的研究目的、研究提纲，用自己的感官和辅助工具去直接观察被研究对象，从而获得资料的一种方法，称为（　　）。

　　A. 实验法　　　　B. 比较法　　　　C. 个案法　　　　D. 观察法

【答案】D

2. 教师写下自己教学中发生的重要事件，回顾自己教学过程中出现的问题，这种评价方法是（　　）。

　　A. 课堂观察法　　B. 反思法　　　　C. 作品分析法　　D. 档案评估法

【答案】C

3. 教师提出"你叫什么名字？""你今年几岁了？""你是男孩还是女孩？"这样的问题让幼儿回答，这种幼儿发展评价的方法是（　　）。

　　A. 测验法　　　　B. 谈话法　　　　C. 观察法　　　　D. 档案评估法

【答案】B

4. 对幼儿发展状况进行评价的目的是（　　）。

　　A. 选拔　　　　　　　　　　　　　　B. 教师反思性成长

　　C. 提高保教质量　　　　　　　　　　D. 了解幼儿的发展需要

【答案】D

二、简答题

1. 请简述幼儿园班级一日常规工作评价原则。

【参考答案】评价原则是指对幼儿园班级一日常规工作进行评价时，无论是对教师组织与管理的评价，还是教师对幼儿行为表现的评价都必须遵循的基本要求。

（1）客观性原则：评价要客观公正、科学合理，不能主观臆断、掺杂个人情感，否则就失去评价的真正意义；

（2）计划性原则：评价要结合教师制订的班级一日常规工作计划的目标进行；

（3）发展性原则：在班级一日常规工作评价中，一方面着眼于幼儿在常规的规章制度中的习惯养成及进步，另一方面着眼于教师自身能力的提高；

（4）多元化原则：在进行评价时，要用多种评价主体的不同眼光和视角，用适用于不同个体需要的多元评价标准，用多种手段搜集信息，来评价不同的个体，这样会使评价更具有科学性与全面性，评价的结果相对更客观。

项目总结

幼儿园班级一日常规工作的组织与管理是幼儿园班级管理的中心环节。一日常规中的生活活动常规、运动活动常规、游戏活动常规、学习活动常规、自由活动常规贯穿幼儿园一日

生活的方方面面，是幼儿一日在班级不可或缺的部分。

本项目介绍了幼儿园班级一日常规工作的内容及作用、一日常规工作计划的实施、一日常规工作的评价等内容。在学习以上内容时，幼儿园教师要学会关注幼儿、爱护幼儿，帮助幼儿建立良好的一日常规习惯，并能独立进行班级一日常规工作各个方面的组织与管理工作。

 思考实践

1. 请你根据所学知识，为即将进入小学的大班幼儿制订班级一日常规工作计划。
2. 请搜集相关儿歌，帮助幼儿培养良好的一日生活活动各环节的常规行为。
3. 请对你实习或见习中一位幼儿园班级教师所做的一日常规管理进行评价与分析，谈谈你的想法。

项目四

幼儿园各年龄班的管理

项目描述

在我国，幼儿园一般以幼儿的年龄作为划分班级的主要依据，分为大、中、小班，小班是3～4岁的幼儿，中班是4～5岁的幼儿，大班是5～6岁的幼儿。不同年龄段的幼儿具有不同的发展特点，因此，各年龄班的管理工作需要针对不同年龄段的幼儿的特点而采取不同的管理策略。

本项目针对不同年龄段幼儿发展特点，对不同年龄班的生活常规、游戏常规、教育常规的管理工作进行了详细阐述。

项目导学

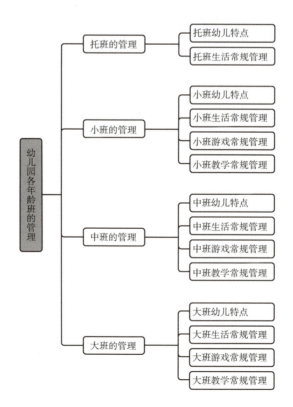

项目四　幼儿园各年龄班的管理

 学习目标

1. 了解各年龄班的幼儿发展特点及幼儿常规管理内容。
2. 能够针对不同年龄班幼儿特点，开展相应各方面常规管理工作，采取相应有效措施。
3. 树立科学的幼儿班级管理理念，认识到幼儿的发展性、阶段性，合理管理幼儿。

任务一　托班的管理

【任务情境】

由于父母工作较忙的原因，很多2岁多的宝宝进入了幼儿园托班。由于新入园，很多宝宝难以适应，在早上入园时会哭着不让父母离开；在就餐时，不能自己吃饭、喝水；在游戏时，不愿与其他小朋友友好合作……幼儿教师不仅需要处理好上述种种问题，还需要让幼儿迅速熟悉并爱上幼儿园。

思考：幼儿教师应当如何采取措施，根据幼儿发展特点进行管理？

【任务解析】

1. 了解托班幼儿发展特点。
2. 掌握托班幼儿生活常规管理内容。
3. 能够针对托班幼儿特点采取相应管理措施。

【任务实施】

托班幼儿是指2～3岁的幼儿。托班是幼儿跨入集体生活的一个转折点，是人一生中生理、心理发展都较为关键的时期，也是开始进行常规教育的重要阶段。在幼儿园中养成良好的常规习惯，对于幼儿园的管理和幼儿在园期间的学习、生活和发展都有积极的作用。

知识一　托班幼儿特点

（一）动作发展

2～3岁的幼儿处于大肌肉迅速发展阶段，小肌肉控制不稳定。这一阶段的幼儿可以熟练地行走，可以进行跑步、拍球、踢球等活动。同时，这一阶段的幼儿由于身体的耐力较差，不能进行长时间的活动。

（二）认知发展

1. 处于直觉行动思维阶段

2～3岁的幼儿处于直觉行动思维阶段，即通过直接对物体的感知和自身行为产生思维活动。由于这一思维特点，幼儿通常只能在感知事物或行动的过程中进行思考，一旦脱离了

幼儿的感知或行动，幼儿便无法进行与之相关的思维活动。如这一阶段的幼儿不能在画画之前明确地告诉你他画的是什么，他们通常都是边想边画，画出来他觉得像什么，才会告诉你他画的是什么。

由于处于直觉行动思维阶段，幼儿的活动容易受到外部条件的干扰。因此，这一阶段的幼儿，注意力集中时间较短，即使是自己感兴趣的事物也无法保持长时间、稳定的注意。如一个人正在给幼儿讲故事，另一个人给幼儿一个布娃娃，幼儿会摆弄布娃娃，而不听故事了。

幼儿对事物的理解，由于直觉行动思维的限制，也停留在较为表面、浅显的特征上面。如2岁的幼儿能够看图片说出动物的名称，而成人说出动物让幼儿进行描述，幼儿通常只能说出明显的特征，兔子有红眼睛、鸟有羽毛等。

2. 自我中心特征明显

从2岁开始，幼儿出现自我中心这一特征，即幼儿只能够从自己的立场与观点去认识事物，而不能从客观的、他人的立场和观点去认识事物。如幼儿与他人从不同的角度观察同一座山，幼儿会认为他人看到的与自己看到的是一样的（皮亚杰"三山实验"），并且这一特征会出现在整个学前阶段（2~6岁）。随着年龄的增长，幼儿的自我中心化逐步减弱。

（三）语言发展

2~3岁的幼儿语言发展处于多词句阶段，即用简单的词句表达其想法和需要。在说话中，幼儿还能使用包含代词"我、你、他"，形容词"好、坏、多、少"等的短语来进行表达，并且开始发展完整的造句系统，如"娃娃睡觉"主谓结构、"爸爸坐下玩"简单的主谓宾结构等。这一阶段的幼儿开始发展复合句，即由两个或两个以上的意思关联较密切的单句合起来构成的句子，如"小狗有爪子，害怕"，以及类似的由几个结构较为松散的单句构成的句子。

（四）社会性发展

社会性，即人与人在交往过程中产生的愿意参与社会生活的倾向。幼儿的社会性发展是去自我中心化的过程，而幼儿的游戏在社会性发展过程中起着重要作用，幼儿通过游戏开始了解到他人的需要，从而逐步理解他人、理解社会生活中的方方面面。

帕顿根据社会性发展将幼儿的游戏进行了分类。2岁幼儿开始有兴趣观看他人进行游戏，自己则不会参与到游戏之中，这是旁观游戏；2岁半开始能独自进行游戏，但专注于自己的游戏活动，即使旁边有同伴也不会与之发生交集，仿佛没有意识到同伴的存在，这是独自游戏阶段。这两个阶段中幼儿不存在社会性发展。2岁半到3岁时常会选择与旁人一样的玩具、材料、玩法，但依旧专注于自己的游戏，这是平行游戏。这一阶段，幼儿的社会性开始发展，如女孩会自顾自地玩洋娃娃，而男孩会玩自己的小汽车。

2~3岁的幼儿自主性开始发展，会产生自己处理事情的愿望，而抵制成人的帮助，甚至会对成人要求做的事情说"不"。如幼儿愿意自己穿衣服、自己吃饭，会摆脱成人的帮助，甚至会对成人的帮助生气。

（五）情感发展

托班幼儿在刚入园时，由于年龄较小，对亲人的依赖性较强，初次离开父母，会出现较强的分离焦虑。并且这一阶段的幼儿情绪较不稳定,很容易因为小事十分激动,而且激动起来就难以控制。

(六)行为习惯发展

刚入园的托班幼儿通常在行为习惯方面发展较弱。尤其在生活习惯方面,自理能力较差,不会自己穿脱衣服、鞋子,不会正确地运用勺子吃饭,有的幼儿还不会主动要求大小便,经常会尿裤子等。在与他人交往时,缺乏礼貌用语的运用,并由于幼儿常常以自我为中心、以自己的需要为中心,一旦得不到满足,就可能出现与他人争夺玩具、打人等情况。

知识二 托班生活常规管理

(一)管理内容

1. 来园
1)高高兴兴上幼儿园,不哭闹。
2)向老师问好。
3)在成人帮助下,将书包、外衣、帽子放在固定地方。

2. 盥洗及如厕
1)在教师指导下学习擦肥皂并将手冲洗干净,不玩水。
2)饭前、便后、手脏时要洗手。
3)认识厕所,知道大小便去厕所,有大小便要求及时告诉老师。
4)学会大小便使用蹲坑,鼓励幼儿自己穿裤子、鞋子、脱衣等简单动作。

3. 饮水及进餐
1)认识自己的水杯标志,能用自己的水杯喝水。
2)学习正确的喝水方法,坐在桌边双手端杯,一手拿杯把,一手扶着杯子,一口一口地喝水。身体坐正,不洒水,不玩水杯,喝完水把杯子放回原处。
3)餐前洗手,安静入座。
4)逐步掌握独立进餐的技能,基本可以独立、愉快、安静地进餐。
5)进餐过程中,不挑食,不用手抓食物,不东张西望,不大声讲话。

4. 午睡
1)认识床铺,安静入睡,不哭闹。
2)不带物品上床。

5. 离园
1)将脱下的衣帽带回家。
2)主动和老师、小朋友说再见。

(二)管理要点

1. 创建亲子般的师生关系
对于刚入园的托班幼儿来说,基本都是初次离开父母,面对完全陌生的环境,容易产生焦虑不安的情绪，这时的他们通常情绪都十分不稳定，有的幼儿会一直叫着找妈妈，有的幼儿会大哭大闹。这种情况下，幼儿教师一定不能严格按照幼儿园规章制度管理，他们需要的是母亲般的关怀爱护，因此可以在入园初期允许幼儿只上半天，或者允许幼儿晚一会儿入园，允许幼儿携带自己的玩具等。在这个陌生的环境当中，他们能够依靠的只有幼儿教师，这就意味着幼儿教师要成为他们可以依靠、能够获得帮助与支持的角色，幼儿教师要与幼儿建立亲子般的师幼关系才能够帮助幼儿更好地适应幼儿园的集体生活。

2. 教师示范，进行正面引导

由于托班幼儿的思维属于直觉行动思维，并且具有喜欢模仿、喜欢重复的特点，这便意味着幼儿教师的言行会对幼儿产生重要影响，幼儿教师是幼儿学习过程中的重要榜样。在幼儿教师有目的、有计划、有组织的引导下，幼儿能够学习幼儿教师教授的内容，甚至学习幼儿教师无意识的动作，因此，幼儿教师需要谨言慎行、以身作则。在进行习惯培养过程中，幼儿教师应当尽量采取正面引导的方式，表扬表现好的幼儿，树立正确的榜样等，让幼儿明确知道自己应当怎么做，知道什么是正确的。

知识拓展

案例

3. 循序渐进，创造幼儿练习机会

幼儿从家庭生活进到集体生活当中，需要遵守一定的集体生活规则，形成良好的行为习惯，但这样的转变不是一蹴而就的，有一个循序渐进的过程。由于幼儿的记忆能力有限，所以需要幼儿在日常生活中不断反复练习，才能够更好地掌握生活技能、形成行为习惯等。因此，幼儿教师应当尽量为幼儿创造练习的条件、提供练习的机会。如在教育活动中教幼儿洗手童谣，在洗手时帮助幼儿巩固正确洗手的方法，按洗手歌谣的顺序来洗手；在来园和午睡后，指导幼儿学会自己穿脱衣服等生活技能等。通过多种形式的练习，能够有效帮助幼儿提高生活能力，建立生活常规。

4. 注重家园合作

托班幼儿生活常规的建立需要家长的密切配合。由于托班幼儿年龄较小，在幼儿园与家庭双方一致的要求下，才能够更快更好地养成幼儿生活技能、行为习惯。家园标准不一致会让幼儿产生困惑、产生矛盾。如幼儿园规定定点限时吃饭，主张幼儿自己吃，但是在家庭中，家长为了不让幼儿掉饭、弄脏衣服、桌子，就不让幼儿自己吃，家园不一致的生活要求不利于幼儿生活技能的养成。幼儿教师需要密切关注幼儿的状态，与家长随时沟通，让家长熟悉幼儿园的常规要求，双方合作，才能够更好地促进幼儿全面发展。

知识拓展

生活常规儿歌

知识拓展

三山实验

1. 对幼儿如厕，教师最合理的做法是（　　）。
   A. 允许幼儿按需自由如厕　　　　B. 要求排队如厕
   C. 控制幼儿如厕次数　　　　　　D. 控制幼儿如厕的间隔时间
   【答案】A

2. 对于入园初期适应困难的孩子，幼儿园教师可（　　）。
   A. 允许他们上半天，如中午午饭后由家长接回，再逐渐延长在园时间
   B. 要求幼儿严守幼儿园一日生活制度，按时入园离园
   C. 多批评爱哭闹的孩子
   D. 通知家长接回孩子
   【答案】A

3. 新入园的幼儿主要的心理倾向是（　　）。
   A. 喜悦　　　　B. 悲伤　　　　C. 愤怒　　　　D. 焦虑
   【答案】D

4. 3岁前的幼儿的思维主要是（　　）。
   A. 具体形象思维　　　　　　　　B. 抽象逻辑思维
   C. 直觉思维　　　　　　　　　　D. 直觉行动思维
   【答案】D

5. 能辨别上下的年龄是（　　）。
A. 2~3 岁　　　　B. 4 岁　　　　C. 5 岁　　　　D. 7 岁
【答案】A

6. 3 岁前的幼儿一般不能进行（　　）。
A. 独自游戏　　　B. 合作游戏　　　C. 平行游戏　　　D. 动作游戏
【答案】B

二、简答题

1. 请简述托班幼儿年龄特点。

【参考答案】

（1）动作发展方面：2~3 岁的幼儿处于大肌肉迅速发展阶段，小肌肉控制不稳定。

（2）认知发展方面：幼儿处于直觉行动思维阶段，通过直接对物体的感知和自身行为产生思维活动；自我中心特征明显，幼儿只能够从自己的立场与观点去认识事物，而不能从客观的、他人的立场和观点去认识事物。

（3）语言发展方面：2~3 岁的幼儿语言发展处于多词句时期，即用简单的词句表达其想法和需要。在说话中，幼儿还能使用包含代词"我、你、他"，形容词"好、坏、多、少"等的短语来进行表达，并且开始发展完整的造句系统。

（4）社会性发展方面：幼儿通过游戏开始了解到他人的需要，从而逐步理解他人、理解社会生活中的方方面面；2~3 岁的幼儿自主性开始发展。

（5）情感发展方面：托班幼儿在刚入园时，由于年龄较小，对亲人的依赖性较强，初次离开父母，会出现较强的分离焦虑。这一阶段的幼儿情绪较为不稳定。

（6）行为习惯发展方面：刚入园的托班幼儿在行为习惯方面发展较弱，尤其在生活习惯方面，自理能力较差；在与他人交往时，缺乏礼貌用语的运用，并由于幼儿常常以自我为中心、以自己的需要为中心，一旦得不到满足，就可能会出现与他人争夺玩具、打人等情况。

任务二　小班的管理

【任务情境】

朵朵今年刚刚满 3 岁，父母把朵朵送进了幼儿园，刚进入幼儿园的朵朵自理能力很差，不会拿杯喝水，不会拿勺吃饭，不会自己穿衣服，对老师的指令也不听。为此，幼儿教师与家长协商，根据朵朵特点制订计划，采取多种方式进行引导。一段时间后，朵朵自理能力明显提升，也能够按照活动规则与其他幼儿开展活动。

思考：像朵朵一样刚入幼儿园的小班幼儿，都有什么样的特点？又该如何进行管理呢？

【任务解析】

1. 了解小班幼儿发展特点。
2. 掌握小班幼儿生活常规管理内容。
3. 能够针对小班幼儿特点采取相应管理措施。

> 任务实施

小班幼儿一般是3~4岁幼儿，处于常规教育的关键期。小班同样是幼儿跨入集体生活的一个转折点，常规培养是小班教育过程中不可忽视的一部分。

知识一　小班幼儿特点

（一）动作发展

小班幼儿身体发育迅速，动作发展较快，在粗大动作发展方面，具有一定的身体平衡能力，动作协调、灵敏，能沿着地面直线或在较窄的低矮物体上走一段距离，能双脚灵活交替上下楼梯。同时这个年龄段的幼儿具有一定的力量和耐力，能单手投掷、单脚连续跳，能阶段性行走1公里左右。幼儿精细动作也处于发展当中，能够一手捧碗一手拿勺子吃饭，能够用笔简单涂画。

（二）认知发展

1. 认识活动靠行为进行

由于3岁的幼儿仍然以直觉行动思维为主，就导致了幼儿的认识活动仍然主要通过行动获得，并且对于事物的认识也停留在其外部特征上，如对猫的认识仅限于猫的叫声和明显的外部特征。当幼儿无法感知到物体时，幼儿的认识活动常常也就随之停止，转移到新的物体上，开始新的认识活动。如幼儿比较不容易理解抽象的数字4，但是给幼儿4个苹果，他可以通过点数知道苹果有4个。可见，小班幼儿的认识活动靠行为进行。

2. 存在"泛灵论"特征

"泛灵论"又称"万物有生论"，主张一切物体都具有生命、感觉和思维能力。幼儿在小班阶段，这一特征尤为明显，具有把无生命物体看作是有生命、有情感的认识倾向。例如，3岁的幼儿会把娃娃当作自己的好伙伴，会与娃娃说话；看到冷冻的鸡，会觉得它冷，还会找自己的衣服给它盖上，一边盖一边说"这样就不会冷了"。3~6岁的儿童都会将某些无生命体看作是和人一样有生命、有意识的东西，随着年龄的增长，泛灵观念的范围会逐渐缩小。

3. 掌握简单的概念

这一阶段的幼儿在生活学习过程中，由于认知活动的开展，开始掌握一些日常生活中的概念。例如五官、身体部位、颜色等简单的概念，大小、多少、高低等较复杂的概念。

4. 强烈的好奇心

3~4岁幼儿会对周围世界产生强烈的好奇心，对日常事物都会产生兴趣，喜欢向成人提出各种各样的问题，这对其认知的发展有极大的启迪作用。并且由于注意力的发展，幼儿开始专注自己感兴趣的事物，如看到新奇的事物，会主动探索其中的奥秘。

5. 容易把想象当作现实

3~4岁幼儿的想象力不断发展，但是他们很容易把想象与现实混淆，所以在与他人交流过程中会出现与现实不相符或过于夸张的情况,这就是幼儿将自己的想象融入现实情景所产生的结果。不了解的成人可能会觉得幼儿在"说谎"或者"吹牛",但事实只是幼儿想象与现实分不清而已。如一个幼儿说"我妈妈给我生了一个小妹妹",另一个小朋友可会说"我妈妈给我生了十个小妹妹",而事实上,第二个小朋友就是将想象与现实混淆了。

(三)语言发展

3~4岁的幼儿基本可以听懂日常对话、进行交流,并具有一定的想法和表达。3~4岁是幼儿掌握词汇较为迅速的一个阶段,这一阶段的幼儿词汇量在1000个左右;同时随着词汇量的增加,幼儿说话句子的复杂性也开始提升,会增加一定的修饰语,以表达自己的需要和想法。这一阶段的幼儿仍然以简单句为主,复合句开始发展,已经可以运用完整句进行表达。

(四)社会性发展

1. 开始去自我中心化

在幼儿园这样的集体生活中,教师会对幼儿进行统一管理,对幼儿发出统一的指令,小班的幼儿开始听从老师的指令,并按指令进行行动,这就是幼儿去自我中心化的开始。

2. 开始接纳同伴

由于幼儿的社会交往范围开始扩大,不再仅仅是父母、亲人,幼儿开始在集体中生活,在这样的环境中的幼儿开始出现与他人交往的意愿,如与教师和同伴交往。幼儿经常会与老师说话或者进行一些肢体动作,表达自己想与老师亲近、交往的意愿。幼儿也开始认同同伴,与同伴进行交往,但通常游戏过程中较少出现分工合作的情况。

3. 游戏活动

根据帕顿对游戏的社会性分类,3岁半到4岁以上,幼儿出现联合游戏,即幼儿与小伙伴交换玩具、一起玩游戏,但是还没有明确的游戏目的和组织分工意识。如幼儿会在一起玩积木,但游戏过程都没有明确的目的。

(五)情绪情感发展

小班幼儿的情绪很不稳定,很容易受外界环境的影响。看见别的孩子都哭,自己也会莫名其妙地哭起来,然而,老师拿来一些玩具哄一哄,马上又高兴起来。并且,幼儿的行为也会受到情绪的影响,情绪激动时,会不听老师的话。小班幼儿行为也会受到情感影响,如喜欢哪位老师,就特别听那位老师的话。

(六)行为习惯发展

刚入园的小班幼儿大都还没养成行为习惯,自理能力也较差,同托班的幼儿相似,不会自己穿衣服、鞋袜,不会自己吃饭,需要老师关注,在幼儿园的生活活动中开始逐步学习良好的行为习惯。

知识二　小班生活常规管理

(一) 管理内容

1. 来园
1) 来园时不哭闹，学习向老师、同伴问好。
2) 能在成人引导下不惧晨检。
3) 在成人帮助下，将书包、外衣、帽子放在固定地方。

2. 盥洗及如厕
1) 逐步掌握洗手的方法。
2) 认识自己的毛巾标志，能够洗手后自己擦手。
3) 知道饭前便后、手脏时要洗手。
4) 知道大小便去厕所，有大小便要求能及时告诉老师。
5) 大小便基本自理。

3. 早操
1) 愿意做操，精神饱满，情绪愉快。
2) 听到指令后，在教师指导下，能够排好队，不说话，不打闹。
3) 上下楼梯时，要靠右行走，步行时，要扶扶手有序下楼，不牵手，不打闹。
4) 站在固定位置，不乱走动。
5) 集中注意力，学习早操动作。

4. 饮水及进餐
1) 认识自己的水杯，能够自己取水杯，能用自己的水杯喝水。
2) 学习正确的喝水方法，不洒水，不玩水杯，喝完水把杯子放回原处。
3) 餐前洗手，安静入座。
4) 正确使用餐具，基本可以独立、愉快、安静地进餐。
5) 进餐过程中，细嚼慢咽，不挑食，不用手抓食物，不东张西望，不大声讲话。保持桌面、地面、衣服干净，不掉饭菜。

5. 午睡
1) 保持寝室安静，能在教师指导下有序穿脱衣裤、鞋袜。会整理自己的东西，放在固定位置。
2) 安静入睡，睡姿正确，不玩物品。

6. 离园
1) 坐在椅子上安静地等待，老师叫到名字后离开。
2) 将脱下的衣帽带回家。
3) 主动和老师、小朋友说再见。

(二) 管理要点

1. 创设良好的生活环境
家庭环境的生活氛围相对幼儿园来说更为温馨，更令人愉快、轻松自在。因此，对于年龄较小的幼儿班级，幼儿教师在进行生活常规管理时，要注重环境创设，营造轻松愉快的氛围，这有助于幼儿更好地适应幼儿园的生活环境。如幼儿教师刚严肃批评了捣乱的幼儿后，其他幼儿会显得格外的"乖"，不敢主动回答教师问题，也不敢主动亲近教师，这便是由于批评造成了严肃的氛围，导致幼儿不敢主动参与集体活动，或因为害怕而对教师产生抵触。因此，创设轻松愉快的生活环境，有利于幼儿融入和适应集体生活。

2. 采取多种形式进行生活常规管理

幼儿教师可以用幼儿喜欢的方式引导生活常规的学习。

儿歌以幼儿为主要对象，它的内容贴近生活，易于理解，语言生动，富有童趣，朗朗上口，幼儿非常喜欢这种文学形式。幼儿教师可以将生活常规内容编成儿歌，让幼儿学习。如《洗手歌》："小朋友，爱洗手。洗前先卷衣袖口，打开龙头湿湿手，抹点香皂搓搓手，手心手背都要搓，再用清水冲冲手，冲干净，甩三下，一二三，去擦手。"在朗诵的同时增加动作示范，加强幼儿记忆，可以强化正确的行为规范。

故事对幼儿也有巨大的吸引力，好的故事能够在潜移默化中激发幼儿的兴趣，促使幼儿学习。幼儿教师可以有选择性地进行故事阅读，或者编创故事将生活常规涉及的内容融入其中。生动有趣的故事能够帮助幼儿更好地理解生活常规内容。

小班的幼儿十分好模仿，幼儿教师也可以根据这一特点，树立榜样，表扬表现好的幼儿，或者进行奖励，如贴小红花、小星星等。正面榜样能够促使幼儿学习榜样行为，从而改正自己不好的行为习惯。

3. 注重个别教育

幼儿由于受到家庭、社会各方面的影响，生理、心理发育会有所差异，尤其是小班的幼儿，刚刚脱离家庭环境，生活能力较差，幼儿教师要根据不同幼儿的不同情况进行管理。如对于刚入园的幼儿，可以允许他们携带自己喜欢的玩具、零食等，这有助于稳定幼儿情绪；幼儿园里经常会出现幼儿挑食的情况，幼儿教师可以根据幼儿特点采取不同方式进行引导，使他们养成不挑食的好习惯，但是不能一味强制要求。

知识拓展

衣服也会做早操

琳琳进步了

知识三　小班游戏常规管理

（一）管理内容

1）喜欢参与各种游戏，对游戏活动感兴趣。

2）在游戏中，和小朋友一起玩，不争抢玩具。

3）认识各种游戏材料，知道各种材料的使用方法。

4）在游戏中玩具轻拿轻放，不随地乱扔。

5）有分类摆放和整理游戏用具的意识，并学会整理。

（二）管理要点

1. 注意游戏材料投放

小班幼儿游戏以个人游戏为主，小班幼儿比较喜欢搭积木、玩乐高、玩沙子等。针对这一情况，幼儿教师要投放更多结构游戏材料。结构游戏由于没有固定的游戏规则，能够充分发挥幼儿的想象力。同时，由于这一阶段幼儿缺乏自主性、有意性，会盲目模仿他人游戏，一个幼儿玩积木，可能其他小朋友看到了也会过来一起玩积木。幼儿教师在游戏材料投放时，游戏材料类型满足幼儿需要即可，但是每一种材料的数量要充足。

2. 加强幼儿游戏安全意识培养

幼儿教师需要引导幼儿在游戏过程中注意自身安全。安全是幼儿教师需要注意的重点工作。在幼儿游戏时，由于幼儿园师幼数量差距较大，看管的人员相对较少，可能会存在看顾不过来的情况。在游戏过程中，幼儿教师要不断向幼儿强调安全，增强其安全意识。如不把花生豆、纽扣等小圆物体放在嘴里，不拿木棍、铲子等危险物品伤人，遇到危险情况，第一时间告诉幼儿教师等。尤其是幼儿在玩大型玩具时，一定要向幼儿强调要排队、有序，在游戏时不与他人争抢。

知识四 小班教学常规管理

（一）管理内容

1. 健康

1）了解正确的生活习惯，有基本的生活自理能力。

2）有简单的安全保健常识，知道在外要保护自己。

3）喜欢参加体育活动，动作基本协调，能够进行短时间的走、跑、跳跃等。

4）有良好的进餐习惯，不挑食、不偏食。

2. 语言

1）能够听得懂日常对话，在熟人面前说话，大方地打招呼。

2）喜欢听故事、看图书，并能复述简短的故事。

3. 科学

1）对周围事物产生好奇，能够对感兴趣的事物进行观察。

2）运用感官，亲自动手进行探究活动。

3）初步理解环境自然生活现象。

4. 艺术

1）喜欢并愿意参加艺术活动，在其中能够体验到愉快的感受。

2）会随音乐做简单律动，要鼓励幼儿大胆表现歌曲的内容、情感，逐步对歌曲的开始和结束做出正确反应。

3）喜欢自然环境中的美，喜欢生活环境中的声音，并能够依据这些进行初步的艺术创作，描绘简单的线条，模仿自然界中的声音。

5. 社会

1）乐于与人交往，对待他人有礼貌，初步具有同情心。

2）乐于参与各种活动，并能够遵守简单的规则。

3）初步理解家庭成员的关系和社会常识。

（二）管理要点

1. 形式多样，创设丰富的教育环境

由于小班幼儿的思维处于直觉行动思维到具体形象思维的过渡阶段，认知发展仍然要依靠行动，因此，教育需要通过看、摸、听、尝等多种途径，用幼儿感兴趣的形式进行。此外，幼儿教师要创设有利环境，使幼儿与环境不断接触，以促进幼儿全面发展。如认识水果主题，幼儿教师可以提供真实的水果，通过看、尝、问、摸等方式，让幼儿亲自进行观察、认识水果。同时，要考虑到幼儿的特点，在进行环境创设时，要保证材料的丰富性，以满足幼儿各方面的需要。

2. 融合教育

幼儿的学习与生活社会教育联系密切，因此，幼儿的学习不能像中小学一样分科教学。一般来说，幼儿园的教育划分为五大领域，其教育内容相互融合、相互渗透，目的在于帮助幼儿获得更多方面的知识，对事物产生更全面的认识。如认识动物主题，幼儿教师可以采用绘画形式，用笔或其他材料进行动作创作，融入艺术创作；绘本阅读，可以阅读跟动物相关的书籍，融入科学知识；体育活动，可以组织学习动物行走的姿势等。多种形式的学习，能够帮助幼儿加深对事物的认识，促进幼儿身体、认知、社会交往等全面发展。

一、选择题

1. 幼儿园小班人数一般为（　　）。

A. 25 人　　　　B. 30　　　　C. 35 人　　　　D. 40 人

【答案】A

2. 下列哪一项不属于入园常见的不适应的现象？（　　）

A. 依恋亲人，不愿入园，情绪不稳，哭泣不止

B. 与其他幼儿游戏

C. 攻击其他幼儿，任性专横

D. 行为散漫，生活不习惯

【答案】B

3. 自我意识的萌芽时间是（　　）岁。

A. 5　　　　B. 4　　　　C. 3　　　　D. 2

【答案】C
4. 下列哪一项不符合幼儿游戏活动设置依据。（　　）
A. 兴趣需要　　　B. 年龄特点　　　C. 特殊要求　　　D. 发展目标
【答案】C
5. 在教学活动中，教师要提供更多的机会，支持促进幼儿主动学习，但不包括（　　）。
A. 操作探索　　　B. 社会实践　　　C. 交流合作　　　D. 表达表现
【答案】B

二、简答题

1. 请简述学前儿童游戏特点。
【参考答案】
（1）游戏是自发的、自愿的；
（2）游戏是自由自在的；
（3）游戏是愉快的；
（4）游戏是充满幻想和创造性的。
2. 请简述幼儿社会性教育的策略。
【参考答案】
（1）为幼儿创设接纳、关爱、支持的环境；
（2）尊重幼儿的兴趣、需求，引导其发展；
（3）让幼儿感受、体验与他人交往行为的意义；
（4）寓社会性教育于一日生活中。

任务三　中班的管理

【任务情境】

在沙土区，中班的明明、乐乐和小秋在一块儿兴趣盎然地玩沙子，三个幼儿分工合作，一起用沙土堆城堡。明明作为"总指挥"，指挥着乐乐和小秋，让乐乐加固"城堡"，在"城堡"下面多加沙土；让小秋建"城堡"的围墙，建成长城的烽火台那样，城墙上面有高有低。幼儿教师一直在旁仔细观察明明、乐乐和小秋三个幼儿的合作游戏，时不时地进行引导。

思考：对于中班幼儿游戏常规的建立，幼儿教师应该如何做？

【任务解析】

1. 了解中班幼儿发展特点。
2. 掌握中班幼儿生活常规管理内容。
3. 能够针对中班幼儿特点采取相应管理措施。

任务实施

中班幼儿一般是 4~5 岁幼儿。幼儿园中班是整个幼儿园教育中承上启下的一个阶段，中班的幼儿各方面发展相对于托班、小班来说更为明显，并且中班的幼儿已经在幼儿园生活了一段时间，对幼儿园常规已有一定的认识。幼儿教师分析、掌握中班幼儿各方面特点，将有助于幼儿各项常规的建立。

知识一　中班幼儿特点

（一）动作发展

中班的幼儿动作发展相对于小班幼儿来说，活动持久性增加、体力增强，这一阶段的幼儿可以抓单杠吊起，可以间断行走1.5公里；同时幼儿的身体平衡性也进一步发展，能以匍匐等多种方式钻爬，能助跑跨跳过一定距离，能与他人玩追逐、躲闪跑的游戏。中班幼儿更加活泼好动。

同时，中班幼儿的精细动作发展也较为迅速。能够运用剪刀进行直线的裁剪，能够用笔画出直线构成的简单图形，也能将纸边线基本对齐进行折叠。

（二）认知发展

1. 具体形象思维发展

具体形象思维是依靠表象，即依靠事物的具体形象的联想进行的，这一阶段的幼儿能够脱离行为，通过事物的具体的形象进行思考。这时的幼儿头脑中事物的形象都是具体生动的，如老奶奶总是白头发的，树叶就是绿色的，只有小孩才是"儿子"等。

例：一天，在幼儿园，小朋友问老师，为什么金鱼今天不爱动了，老师随口答道："它们感冒了。"不多久，老师发现金鱼都死了，经过询问得知，原来是李阳小朋友往鱼缸里面倒开水了。老师找到李阳小朋友问他为什么要把开水倒入鱼缸把小金鱼烫死，李阳睁着一双无辜的眼说："我感冒时妈妈告诉我多喝白开水就会好的，现在金鱼感冒了，我给它们喝开水。"

由于幼儿具体形象思维的发展，中班幼儿对概念的理解开始加深，能够按事物的表面属性进行概括分类，但是其概括能力还较差，其分类也仅仅依据事物的表面属性进行。如在长方形、正方形、梯形、圆形中，幼儿会因为前三个都是直线而把它们分为一类；会因为都是黄色的而把玉米、芒果、香蕉分为一类。

2. 目的性增强

学前阶段的幼儿以无意为主，但是中班幼儿的目的性开始增强，注意的持续性增加。中班幼儿能够听从成人的指令，进行某项活动。如中班的幼儿可以在午睡结束后，帮助老师给其他小朋友分发加餐；可以学当"科学员"，给科学角的植物浇水等。同时，在区角活动中，幼儿也会有意识地选择自己喜欢的区角进行活动。

（三）语言发展

4～5岁的幼儿愿意主动交谈，并能够基本清晰地与人交谈。中班的幼儿词汇量丰富，可以达到2 000个左右，句子结构较为完整，甚至能够较为完整地讲述自己经历过的事情，但因为记忆能力有限，会出现夸大或遗漏的情况。有时他们也能运用较为复杂的句子进行表达，如幼儿会说"我把鸡腿放在桌子上，还没吃，但是狗狗吃了。"

（四）社会性发展

中班幼儿的规则意识开始萌芽。在集体生活中，由于幼儿众多、资源有限，需要幼儿遵守一定的规则，才能迅捷便利地开展各项活动。如幼儿能够有意识地排队上厕所，依次取水杯喝水，在各种游戏过程中遵守游戏规则。

同时中班幼儿的合作意识也逐步发展起来。根据帕顿对游戏进行的社会性分类，4岁半以后，孩子逐渐有了与伙伴分工合作进行游戏的意识和能力，有游戏目标和日渐稳定的游戏主题。中班幼儿的游戏活动通常需要与其他幼儿相互协作配合，如各种球类运动、娃娃家等都属于合作游戏。

（五）行为习惯发展

中班幼儿已在幼儿园生活了一段时间，已经具有一定的自理能力，能自己穿脱衣服、鞋袜，系简单的扣子，能简单整理自己的被子、枕头，能够在饭前便后主动洗手。同时，幼儿也具有良好的习惯。中班的幼儿在与他人相处时，会用礼貌的方式表达自己的想法，受到别人帮助时会主动说"谢谢"，不小心弄坏了别人的东西会主动说"对不起"等。

知识二　中班生活常规管理

（一）管理内容

1. 来园

1）情绪愉快入园，主动向老师、同伴打招呼。
2）配合老师晨检，身体不适知道告诉老师。
3）不携带危险物品入园。
4）能够自己穿脱衣帽，并放在指定位置。

2. 盥洗及如厕

1）能够掌握正确洗手的方法，按步骤正确洗手，用自己的毛巾擦手。
2）饭前、便后、手脏时要洗手。
3）大小便能够自理，会使用便纸。

3. 早操和课间操

1）愿意做操，精神饱满，情绪愉快。
2）听到指令后，在教师指导下，能够排好队，不说话，不打闹。
3）上下楼梯时，知道靠右行走，扶扶手有序上下楼，不牵手，不打闹。
4）集中注意力，学习早操动作，动作逐步到位。

4. 饮水及进餐

1）能够主动在渴的时候告诉老师，自己取水杯喝水，喝完水把杯子放回原处。
2）餐前洗手，安静入座。

3）正确使用餐具，细嚼慢咽，不挑食，不用手抓食物，不东张西望，不大声讲话。保持桌面、地面、衣服干净，不掉饭菜。

4）餐后能主动将自己的餐具放到指定位置。

5. 午睡

1）保持寝室安静，能够正确有序穿脱衣裤、鞋袜，会整理自己的东西，放在固定位置。

2）安静入睡，睡姿正确，不玩物品。

3）午睡结束后，能够自己起床，学习整理床铺。

6. 离园

1）整理玩具，将玩具放回原位，整理自己的衣帽。

2）主动和老师、小朋友说再见。

（二）管理要点

1. 关注日常生活，进行随机教育

幼儿教师需要观察幼儿的生活，在幼儿的一日生活中，经常会出现各种情况，而恰恰在这些情况中蕴含着丰富的教育契机，把握这些时机，进行随机教育，能够帮助幼儿巩固好的行为习惯，促进常规的建立。

随机教育可分为集体教育和个别教育。幼儿教师可以根据实际情况进行随机教育，如冬天幼儿容易出门不戴帽子、不穿好衣服，教师可以利用晨间谈话的机会和幼儿说说关于感冒的事。幼儿教师也可以根据幼儿中的典型问题，对幼儿进行集体的随机教育，如两个幼儿因为玩具争吵，幼儿教师可以就这个情况向全班幼儿讲解和睦相处的良好品德。随机教育中的个别教育就是针对个别幼儿的情况，对该幼儿进行针对性的教育，如某个幼儿不小心摔坏了同伴的玩具而没有道歉，幼儿教师应当针对这一情况，对该幼儿进行礼貌教育。

2. 树立正确榜样，纠正幼儿不良行为

树立正确榜样，给予鼓励，是一种引导幼儿学习的十分有效的方式。幼儿教师夸奖表现好的幼儿，其他幼儿就会依照榜样，规范自己的行为，从而达到规范幼儿行为、纠正幼儿不良行为的目的。但要注意榜样的选择以及鼓励的方式，首先要选择行为规范的、能够起到示范作用的幼儿，并针对其具体行为或表现进行鼓励。对出现正确行为的其他幼儿或改正不良行为的幼儿，也要及时进行回应。

案例

知识三 中班游戏常规管理

（一）管理内容

1）丰富幼儿的生活经验，加深对游戏角色的理解，提高角色扮演水平，促进幼儿社会交往能力的发展。

2）尝试让幼儿看图示折纸，在折纸活动中培养孩子的探究能力及自我探索力；在剪纸过程中培养孩子的模仿能力和对传统剪纸活动的审美兴趣。

3）能根据自己的意愿选择活动内容，能自始至终完成活动，不影响别人，坚持性和意志力进一步提高。

4）引导幼儿在与环境的相互作用过程中，获得有关形、量、时间和空间的感性经验，使幼儿逐步形成一些初级的数学概念。

5）懂得材料的使用规则，习惯于和同伴一起使用物品，爱护物品，能独立整理物品。

（二）管理要点

1. 寓教育于游戏

游戏是幼儿活动的主要方式。由于中班幼儿的认知、社会性、对于事物的理解得到初步发展，因此他们更加热衷于各种各样的游戏。首先，游戏需要有目的、有计划、有组织地进行，不能随意选择游戏，游戏也需要有一定的教育意义。如角色游戏能够激发幼儿创造力、想象力及社会性的发展；"小白兔拔萝卜"这类体育游戏能够促进幼儿平衡能力及跳跃动作的发展。其次，幼儿教师需要把握游戏过程中的教育契机。由于幼儿的不确定性，游戏过程中可能会出现各种各样的情况，教师要把握好其中的教育契机，对幼儿进行引导。如户外活动，引导幼儿排队取活动用具，培养幼儿有礼貌、守规则的良好习惯；游戏过程中，出现争抢玩具的情况，要引导幼儿和睦相处、相互谦让等。

2. 为幼儿提供合作的机会，培养幼儿亲社会行为

合作与分享是幼儿同伴之间和睦相处的重要因素，也是建立良好的人际关系的重要条件，因此，幼儿教师需强化幼儿的合作意识，让幼儿学会合作与分享。中班的幼儿开始以合作游戏为主，开始乐于与同伴交往、合作、分享，幼儿教师要为幼儿提供能够合作的机会。在合作游戏中，幼儿之间会相互协商、相互合作，开始考虑同伴的想法，开始体验合作与分享，因此，幼儿教师要引导幼儿开展友好的合作，让幼儿在合作游戏过程中感受到合作的优势和分享的快乐，进而促进幼儿亲社会行为的培养。

 知识拓展

案例

知识四　中班教学常规管理

（一）管理内容

1. 健康

1）在成人指导下，逐步培养幼儿生活能力，懂得自己的事情自己做。

2）精细动作程度明显提升，逐步形成正确的行走、坐卧、阅读及书写姿势。

3）掌握有关体育活动知识，能较自觉地遵守规则，有一定的集体意识。

2. 语言

1）愿意倾听并能理解他人讲话内容，能主动有礼貌地与他人交谈，能大方地在众人面前说话。

2）喜欢看书听故事，能独立看懂书中故事的主要情节，初步理解图书构成，养成爱护图书的习惯。

3）能根据图书内容产生喜悦、担忧等相应情绪，体会作品所表达的情绪、情感。

3. 科学

1）对周围产生好奇，在成人指导下，能够观察并发现事物的变化。

2）学习物体的分类，能够区别高矮、粗细、大小、长短、前后。

3）喜欢观察自然现象，感受自然与人之间的关系，爱护自然。

4）喜欢种植物、饲养动物，观察它们的特征、习性及生长变化。

4. 艺术

1）初步学习感受和发现周围生活中和艺术作品中的美，对美有一定的认识。

2）自然愉快地唱歌，能随音乐做游戏、表演等，并在其中感受到快乐。

3）会用各种乐器进行演奏，能够进行简单的音乐创作。

4）能够初步运用线条、色彩、构图进行美术表现活动。

5）能够使用多种手工材料和工具，做简单的纸工、泥工等。

5. 社会

1）初步学会与同伴友好交往、合作，愿意接纳他人，会分享、谦让。

2）学习自觉遵守生活常规、游戏规则等，初步形成良好的生活行为习惯。

3）有集体意识，愿意承担集体服务劳动，初步养成爱劳动的习惯。

4）学习关爱并尊重父母、教师、长辈，关爱弱小。

（二）管理要点

1. 强化幼儿合作意识

随着社会性的发展，幼儿开始与同伴产生交流，幼儿的合作意识在中班开始显现，开始出现合作游戏，能够与同伴进行交流，与同伴一起游戏或活动。在合作意识形成之初，幼儿教师需要引导幼儿以正确、恰当的方式进行合作，强调合作给幼儿带来的好处，要帮助幼儿体验到合作互助的乐趣，让幼儿体验到合作的优势。如中班语言活动"我的好朋友"，目的在于帮助幼儿了解同伴的优点，体验与同伴和睦相处的快乐，培养幼儿与同伴之间合作互助的友情，能够尝试用较完整的话来表达自己的情感。

2. 教育过程中注意细节引导

中班幼儿各方面发展较为迅速，幼儿教师在进行教育的过程中，需要注意对各方面细节的引导。如中班幼儿语言发展迅速，基本可以说出完整的句子，这时，在幼儿说出不完整句子时，幼儿教师要引导幼儿把缺失的部分补充完整，重新说一遍。如老师问："你画的是谁？"有的幼儿可能会直接把好朋友的名字说出来，幼儿教师则要引导幼儿说"×画的是×××"。此时，幼儿会将句子补充完整："我画的是×××。"

一、选择题

1. 许多研究表明在（　　）是幼儿合作水平提高最快的时期，也是合作形成的关键期。
A. 2～3岁　　　　　B. 3～4岁　　　　　C. 4～5岁　　　　　D. 5～6岁
【答案】C

2. 某中班一次美术活动"画熊猫"，教师制定的目标之一是：让幼儿掌握画圆和椭圆的技能。这一目标属于幼儿园的（　　）。
A. 中期目标　　　B. 近期目标　　　C. 活动目标　　　D. 长期目标
【答案】C

3. 中班幼儿教育活动时间应安排在（　　）。
A. 5～10分钟　　B. 10～15分钟　　C. 20分钟　　D. 25～30分钟
【答案】C

二、简答题

1. 请简述如何帮助幼儿建立良好的交往与人际关系。

【参考答案】
（1）培养幼儿关心、理解、赞赏他人的态度；
（2）鼓励幼儿积极交往，指导幼儿学习并掌握基本的交往技能；
（3）帮助幼儿学习协调自己与他人的兴趣和想法，学会与人友好相处；
（4）帮助幼儿理解和接受基本的社会行为规范，自觉遵守规则。

2. 请简述中班幼儿身体动作发展状况。

【参考答案】中班幼儿动作发展相对于小班幼儿来说，活动持久性增加、体力增强，这一阶段的幼儿可以抓单杠吊起，可以间断行走1.5公里；同时幼儿的身体平衡性也进一步发展，能以匍匐等多种方式钻爬，能助跑跨跳过一定距离，能与他人玩追逐、躲闪跑的游戏，更加活泼好动。

同时，中班幼儿的精细动作发展也较为迅速，能够运用剪刀进行直线的裁剪，能够用笔画出直线构成的简单图形，也能将纸边线基本对齐进行折叠。

任务四　大班的管理

【任务情境】

夏天到了，幼儿园组织大班幼儿认识一些夏天特有的动植物，因此，幼儿教师在科学角，放置了一些小蝌蚪，让幼儿观察并用图画记录小蝌蚪每天的变化情况，对此，大班的幼儿非常积极活跃，科学角经常吸引很多幼儿观察、记录。一段时间后，幼儿教师将幼儿的记录成果进行展示，对记录仔细又认真的幼儿进行了奖励。

思考：大班幼儿的教学常规内容包括什么？应当如何建立教学常规？

【任务解析】

1. 了解大班幼儿发展特点。
2. 掌握大班幼儿生活常规管理内容。
3. 能够针对大班幼儿特点采取相应管理措施。

任务实施

大班幼儿一般是 5~6 岁的幼儿。大班的幼儿经过 2~3 年的幼儿园生活，各方面常规的建立都比较完善，同时随着年龄的增长，大班幼儿的身体、心理各方面的表现都比小班、中班幼儿更为"成熟"。

知识一　大班幼儿特点

（一）动作发展

大班幼儿大肌肉动作的灵活性较中班幼儿有明显的提升，能够躲避他人扔过来的球；平衡能力明显提升，能够攀爬、滑行；体能增强，能够在户外进行更长时间的活动；精细动作发展也明显增强，基本可以控制自己的手指，进行一些精细的活动，有的幼儿可以用筷子夹菜吃饭，可以熟练地运用剪刀等简单工具，可以熟练地用笔画出稍复杂或精细的东西。

（二）认知发展

1. 能够理解简单的抽象概念

大班幼儿的思维仍然以具体形象思维为主，但是相对于小班、中班，大班的幼儿已经能够掌握"左右"这样简单的抽象概念；对于简单的因果关系能够理解，如"因为你今天打了别的小朋友，所以你今天没有小红花"。

2. 好奇、好问、好探究

学前后期的幼儿对周围的环境会存在这样那样的好奇与疑问，有着较强的求知欲，总是会问"为什么"。如:"鱼儿没有鼻子,它在水里是怎么呼吸的?""为什么每天太阳都会升起来再落下去?""为什么冬天不会下雨而是下雪?"等等。除此之外,幼儿还十分热衷于自己去探究,去观察蝌蚪变青蛙,去搜集不同的树叶,去进行"乌鸦喝水"的实验等,他们愿意用自己的行动去发现自然、探究世界。

(三)语言发展

大班的幼儿开始对阅读表现出浓厚的兴趣。这一阶段的幼儿的理解能力较强,幼儿通过观察能够注意到读本当中的细节,包括人物的表情变化、四周环境变化、人物的衣物变化等,从而能够较为准确理解读本的内容。这一阶段的幼儿对文字开始产生兴趣,已经认识一些简单的字,但对于文字的含义有时还是无法理解。如小朋友认得"飞"这个字,当成人问幼儿这个字什么意思的时候,幼儿却无法回答。此外,由于幼儿注意力持久度的提升,对于自己喜欢的读本,能够进行较长时间的阅读活动。

(四)社会性发展

1. 合作意识明显

在与同伴交往的过程中,大班幼儿的合作意识明显增强。根据帕顿对游戏的社会性分类,大班幼儿的游戏以合作游戏为主。这一阶段的幼儿会选择自己喜欢的同伴,进一步开展合作,有的幼儿甚至能够有效领导同伴开展游戏活动,相互之间协商、合作进行游戏。

2. 自我评价能力发展

大班幼儿自我意识发展迅速,是自我意识明显提高的一个转折点。小班幼儿往往不假思索地轻信成人的评价,他们的自我评价仅仅是简单地重复成人的评价,大班幼儿逐渐学会独立评价自己的能力。大班幼儿的自我评价,主要停留在对自己外部行为的评价上,但也表现出从外部行为向内心品质转化的倾向。幼儿自我评价从带有主观情绪性到初步客观,从比较笼统到比较细致。如问幼儿:"你是好孩子吗?"幼儿会说:"我是好孩子,我听老师的话,今天跟小朋友一块儿搭了城堡。"大一点的孩子会说:"我是好孩子,因为我帮助其他小朋友了。"

(五)情绪情感发展

大班的幼儿开始能够控制自己的情绪。大班的幼儿情绪更加稳定,他们的行为受情绪的影响开始减少,可以控制自己的情绪。如男孩跑步摔倒,摔疼了,会对自己说:"我是男子汉,不怕疼,不能哭。"但是,这一阶段的幼儿仍然不能时时刻刻控制自己的情绪,在需要没有得到满足时,还是会出现情绪激动的情况。

(六)行为习惯发展

大班幼儿的自理能力和劳动能力明显增强。在自理能力方面,能够选择自己喜欢的衣服,独立穿脱,能够独立吃饭,而不需要成人监管,也能够安静地入睡而不打扰别人。这一阶段的幼儿能够进行简单的劳动,并且能够简单了解劳动的意义,会在家里整理自己的东西,也能在幼儿园做一些值日劳动,给植物浇水、喂养小动物等。

知识二 大班生活常规管理

（一）管理内容

1. 来园

1）按要求准时入园，情绪愉快，主动向老师、同伴打招呼，知道有事有病时要请假。
2）配合老师晨检，身体不适知道告诉老师，能够将自己的药品交给老师。
3）不携带危险物品入园。
4）能够自己穿脱衣帽，并放在指定位置。
5）主动参加擦桌椅等简单的劳动。

2. 盥洗及如厕

1）能够正确洗手，并用自己的毛巾擦手。
2）知道饭前、便后、手脏时要洗手。
3）大小便能够自理，会使用便纸，会将大便纸扔在纸篓内，保持地面清洁。

3. 早操和课间操

1）愿意做操，精神饱满，情绪愉快。
2）听到指令后，能够较快地排好队，不说话，不打闹。
3）上下楼梯时，知道靠右行走，扶扶手有序下楼，不牵手，不打闹。
4）做操时动作认真，姿势正确。

4. 饮水及进餐

1）餐前洗手，安静入座。
2）正确使用餐具，细嚼慢咽，不挑食，不用手抓食物，不东张西望，不大声讲话。保持桌面、地面、衣服干净，不掉饭菜。
3）餐后能主动将自己的餐具放到指定位置。

5. 午睡

1）保持寝室安静，能够正确有序穿脱衣裤、鞋袜，整理好自己的东西，放在固定位置。
2）安静入睡，睡姿正确，不玩物品。
3）午睡时间到，能够迅速起床，自己整理床铺，离开寝室。

6. 离园

1）整理玩具，将玩具放回原位，整理自己的衣帽。
2）主动和老师、小朋友说再见。
3）清楚地记住教师要求自己做的事情，并能向家长重述。

（二）管理要点

1. 在生活中加强幼儿教师的引导作用

大班幼儿基本掌握各种生活技能，如进餐、洗手、穿衣等，但是会经常出现认为自己技能已经学会而松懈的情况。如正确洗手要求六步，而有的幼儿觉得自己已经会洗了，就简单擦一下香皂就冲手了。这就需要幼儿教师进行引导，可以告诉幼儿细菌的危害，让幼儿意识到问题的重要性。除此之外，尽管是大班幼儿，其有意注意的时间仍然较短，经常会因为其他事情的发生而转移注意力。如吃饭时，会吃着吃着就开始玩掉在桌上的米粒，针对类似的情况，幼儿教师可以设计相应活动，纠正幼儿不良行为习惯。

2. 把握教育契机

在幼儿园生活过程中，幼儿处于一个学习、掌握、巩固生活技能的阶段，这个过程容易出现各种各样的问题。如进餐时，幼儿总是掉饭菜，这时幼儿教师就要抓住教育契机，对幼儿进行教育：粮食是农民伯伯春种秋收辛苦的结晶，我们应当心存感激，不能浪费粮食。有的大班幼儿一遇到自己解决不了的问题就找老师帮助，幼儿教师也应当进行独立性教育。幼儿的行为习惯、生活技能都是在不断强化、不断练习过程中掌握的，幼儿教师需要在幼儿出现问题时，进行及时的纠正，促进幼儿更好地成长。

知识三 大班游戏常规管理

（一）管理内容

1）选择自己喜欢的区域，能与同伴协商进行游戏。
2）乐于游戏活动，能够积极参与游戏，爱惜玩具材料，乐于与他人交往。
3）区域游戏中，遵守游戏规则，不影响他人游戏。
4）能够知道每个区域都可以学到不同的知识。
5）与同伴友好合作，主动想办法克服困难。
6）活动后将玩具材料分类摆放整齐。

（二）管理要点

1. 投放丰富多样的游戏材料

大班的幼儿自主性、有意性行为发展迅速，会有目的地选择自己喜欢的游戏。游戏是幼儿活动的主要形式，要满足幼儿各方面发展的需要，幼儿教师就需要保证投放的材料丰富多样。因此，为了与各方面发展迅速的大班幼儿相适应，幼儿教师在进行玩教具投放时，要注重其丰富性及多样性。如科学角投放分类材料时，要能够满足各类活动的需要，同时要保证同一类型的材料的充足。

2. 尊重幼儿，鼓励幼儿

大班幼儿的自主意识不断增强，有自己的想法、有主见，幼儿教师需要考虑到大班幼儿这一特点，尊重幼儿的选择及想法。如在区角活动中，有的幼儿喜欢科学角，有的幼儿则喜欢娃娃家，幼儿会有自己不同的选择，幼儿教师避免强行安排，要尊重幼儿选择，支持幼儿选择。同时，幼儿教师要在幼儿游戏活动过程中鼓励幼儿，正面引导。如在幼儿游戏过程中经常会出现同伴之间发生矛盾的问题，教师需要鼓励幼儿主动去与同伴交流、解决问题。

知识拓展

案例

知识四　大班教学常规管理

（一）管理内容

1. 健康

1）保持生活卫生，服装整洁，养成保持卫生整洁的习惯。

2）能够安全使用简单的工具，认识日常生活中的安全标志，在遇到危险时，掌握简单的自救方法。

3）在体育活动中，增强走路、跑步、跳跃、投掷、平衡等方面的发展，体能、协调能力等有所增强。

2. 语言

1）能够结合情景听懂、理解他人讲话。

2）愿意与他人讨论问题，并能在众人面前使用正确的词汇、语调、声调说话。

3）能够独立朗诵诗歌，能够较为完整地复述故事。

4）对于图书内容感兴趣，能够专注阅读图书，并与他人交流图书内容。

3. 科学

1）热爱大自然，能够观察周围事物，养成好探索、爱思考、爱提问的习惯。能够初步理解简单的自然现象及其中的关系，如风、雨、雪，能够感知自然现象对人们生活产生的影响。

2）能够自己动手操作，细心、专心观察，在实验中积极思考。

3）在日常生活中，能够从不同角度、在不同时间进行连续观察，能够发现变化原因，能够从不同角度对物体分类，掌握初步概括能力。

4）能够掌握量的守恒、图形运动、图形转换、简单的方位。

5）能够认识并正确书写10以内数字，并能够进行生活情境下简单的加减应用。

4. 艺术

1）喜欢并愿意参加艺术活动。

2）能够感知不同风格的音乐、舞蹈，能够感知不同类型的美。

3）正确使用乐器，进行独自和集体表演，并具有初步即兴创作的能力。

4）能够利用多种绘画材料，会简单的泥塑、纸工。

5. 社会

1）在各种活动当中，能够以正确、恰当的方式表达自己的情感，并对他人关心、关爱、主动、友好、礼貌地与周围人交往。

2）理解并能够掌握简单的社会行为规则，初步认识自己与他人的关系，能够尊重他人的意愿，能够客观地评价自己与他人。

3）具有初步责任感，做事有始有终，能够考虑到集体、他人。

（二）管理要点

1. 创设自由宽松的学习环境

大班的幼儿由于认知的不断发展，开始对越来越多的事物产生好奇，喜欢刨根问底，愿意自我探索。针对大班幼儿这一特点，幼儿教师需要为幼儿创设自由宽松的探究环境，尽可能地为幼儿的探究提供条件。尤其是对科学领域的内容，大班的幼儿会有较强的探索欲望与兴趣，可以准备科学实验材料，让幼儿亲自参与科学实验，亲自动手，思考原理，促进直接经验的获得，以利于幼儿知识的掌握和认知的发展。

2. 把握幼儿特点，形式灵活多样

由于大班幼儿快速发展，他们已经能用自己已有的经验解决问题，往往会对幼儿教师的严格管理产生抵触甚至逆反的情况。幼儿教师需要根据幼儿不同的特点，采取多样的教育方式。如当性子比较急的幼儿出现抵触情绪时，幼儿教师要尽量以温和的态度进行沟通，教师温和的态度能够有效减弱幼儿急躁的情绪，有利于问题的处理。同样，幼儿教师也要充分考虑幼儿的需要，不能强行要求幼儿。

  知识拓展

案例

一、选择题

1. （   ）幼儿出现抽象思维的萌芽。
A. 3~4 岁　　　B. 4~5 岁　　　C. 5~6 岁　　　D. 6~7 岁
【答案】C

2. 儿童开始能以自身为中心辨别左右是在（　　）。
A. 2、3 岁　　　B. 4 岁　　　　C. 5 岁　　　　D. 7 岁
【答案】C

3. 大班幼儿教育活动时间应保持在（　　）。
A. 5~10 分钟　　B. 10~15 分钟　C. 20 分钟　　　D. 25~30 分钟

【答案】D

二、简答题

1. 请简述如何帮助幼儿理解社会教育中的社会环境。

【参考答案】

（1）丰富幼儿对家庭、幼儿园、社区、家乡、祖国的认识，形成积极的社会性情感；

（2）引导幼儿认识并理解人与环境之间相互依存的关系，培养其爱护环境的意识；

（3）引导幼儿关注并参与周围社会生活，萌发社会小公民意识；

（4）适当向幼儿介绍我国的民族文化，使他们对本民族文化有认同感。适当介绍我国主要民族和世界其他主要国家和民族，使其感知人的多样性和相似性，学习以理解、尊重、平等的态度对待差异。

2. 请简述生活管理的意义。

【参考答案】

（1）生活管理具有引导功能，能保证幼儿园每天进行的各项活动，保证幼儿活动有规律、有节奏、有劳有逸，保证幼儿园生活、学习保持正常、稳定的节奏。

（2）生活管理具有卫生保健的功能，对班级卫生保健工作的实施具有重要意义，是班级卫生保健的主要内容。

（3）生活管理具有保证幼儿身体锻炼的功能，利用自然因素，如日光、空气、水进行锻炼，能增强幼儿体质。

不同年龄的幼儿在身体发育、行为习惯、生活技能、情绪情感、社会发展方面都会有所不同，为了保证不同年龄的幼儿能够达到最高效的发展，在班级管理上，需要根据幼儿不同年龄，开展相应管理。

本项目主要介绍了托班、小班、中班、大班四个年龄班，分别在生活常规管理、游戏常规管理、教学常规管理三个方面的管理内容及管理要求。在学习以上内容时，幼儿教师需要充分结合幼儿发展实际，做到因地制宜、因材施教。

1. 请结合本项目所学知识，思考对各年龄班幼儿在生活管理上有何不同。
2. 针对各年龄班幼儿特点，如何采取有效方式进行班级管理？
3. 请分享你在实习过程中发现的不同年龄班管理上的差异。

项目五

幼儿园班级安全管理

项目描述

对于正在健康发展中的幼儿来说,生命安全是重要前提,夸美纽斯说:"儿童比黄金更为珍贵,但比玻璃还脆弱。他易于被震荡和受伤,甚至成为不可补偿的损伤。"① 处于发展过程中的幼儿,是无比脆弱的,无论生理还是心理,都缺乏自我保护能力及意识。幼儿在家庭以外,最多的时间是在幼儿园中度过的,因此幼儿园班级是幼儿的第二个家,在这个"家里",他们进行生活、学习等活动,教师有责任且有义务保障幼儿在园健康成长,最大限度确保环境的安全,为幼儿营造一个愉悦、放松的环境。

本项目主要从班级安全管理的内涵与意义、班级各环节安全管理内容、安全事故的应对管理等方面进行阐述,从而帮助幼儿园教师科学适宜地开展班级安全工作。

项目导学

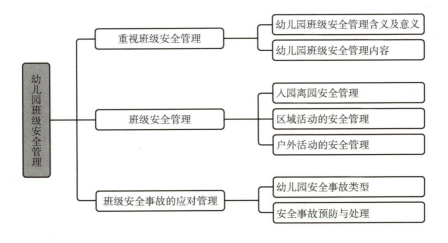

---

① 夸美纽斯. 夸美纽斯教育论著选 [M]. 任宝祥,译. 北京:人民教育出版社,2005.

学习目标

1. 熟悉幼儿园班级安全管理内容。
2. 掌握幼儿园班级入园离园、区域活动、户外活动的安全管理。
3. 能够科学地对安全事故类型进行分析，并能进行危机处理。

任务一　重视班级安全管理

【任务情境】

某一天快要到放学离园时间，幼儿正在进行区域自主活动。王老师下班后准备与远道而来的朋友小聚，这时朋友给她打来电话询问路线，因嫌幼儿声音太吵，她随手关上门走到教室外讲电话，隔着门玻璃看着幼儿的动态，可是不巧的是一个幼儿在教室奔跑，摔倒了，额头撞到了桌子上，最终缝了五针。

任务：王老师是否存在工作漏洞？你怎么看待？

【任务解析】

1. 能知道班级安全管理的含义及意义。
2. 能掌握班级安全管理的具体内容。
3. 能制定班级安全应急预案。

任务实施

《幼儿园教育指导纲要（试行）》中明确要求："幼儿园必须把保护幼儿的生命和促进幼儿的健康放在工作的首位。"《幼儿园工作规程》中对幼儿园各方面都有安全要求。《幼儿教师专业标准（试行）》中指出，幼儿园教师应高度重视幼儿的生命与健康，并对幼儿园教师提出具体要求。由此可见，幼儿的安全问题是幼儿园工作的重中之重，保证幼儿在幼儿园期间的生活、学习、游戏等活动的安全，是幼儿园教师的主要职责。

知识一　幼儿园班级安全管理含义及意义

（一）幼儿园班级安全管理的含义

安全指人没有遭受威胁、危险、危害、损失，人类整体与生存环境资源和谐相处，互不伤害，不存在危险的隐患，是免除了不可接受的损害风险的状态。

幼儿园班级安全管理是指以班级为单位，幼儿园保教人员为避免发生损害、危险等事故而进行的有计划、有组织的协调、控制、指挥等管理的过程。

（二）幼儿园班级安全管理的意义

幼儿年龄小，对周围环境有较强的好奇心，喜欢独自探索周围的世界。在幼儿探索的过程中，由于自身的知识经验、生活经验不足，会出现对事物及事件判断不准确的情况。因此，幼儿面对危险时，几乎没有安全意识与自我保护的能力，如果幼儿园教师没有在第一时间进行照顾与协调，极有可能出现意外事故。安全管理是班级管理的重要组成部分，把幼儿的生命与健康放在首位，就是对安全进行预警。幼儿园教师应提高责任心，加强班级的安全管理，消除一切班级内安全隐患，使幼儿健康、放心、快乐地在园在班活动。

1. 提高保教人员的安全意识

安全是一切幼儿园班级活动的前提，若不能保证幼儿的安全，那么一切教育活动就失去了应有的意义。因此，要求保教人员要具有安全意识，提高警惕性，针对幼儿可能发生的安全问题及幼儿可能接触到的物品进行逐一排查，确保给幼儿提供一个安全的活动环境。

2. 加强保教人员的责任心

保教人员还要加强责任心，首先，要帮助幼儿建立自我安全防护意识，在危险情况下，幼儿能有自我保护意识；其次，保教人员应高度警惕，严格按照幼儿园班级安全管理规程进行操作，杜绝不安全因素。

3. 家园协作共建安全班级

家园协作是家庭教育与幼儿园教育的相互配合，幼儿园班级的安全管理，除保教人员之外，家长也应全力配合。要开展以幼儿园为中心的家园安全教育活动，帮助家长更好地了解安全常识，提高安全意识，促使家长与幼儿园协作，共同培养幼儿的安全意识，共建和谐班级。

知识二　幼儿园班级安全管理内容

（一）幼儿园班级环境安全管理

安全的环境能给予幼儿健康的生活，如果环境存在安全隐患，会直接导致幼儿受到伤害。幼儿园班级环境安全管理主要涵盖两个方面：一是物质环境，比如桌椅、玩教具陈列柜等；二是精神环境，譬如人际关系、自我保护意识等。

1. 物质环境

幼儿园班级要对班级内陈设物品进行逐一检查，确保没有安全隐患，避免意外事故发生。创设安全的物质环境也是确保幼儿健康生活与活动的有效途径。

（1）合理规划班级区域

对幼儿活动区、安全通道等空间进行合理分配，对陈列柜、教具玩具、桌椅、床、教学设备、钢琴等物品的摆放要注意位置、方向等，合理安排，确保幼儿活动空间安全。

（2）定期检查班级设备

对多媒体教学设备、门窗及栏杆等进行及时修复与检查，确保幼儿在安全区域活动。

（3）定期消毒幼儿玩教具

每日保证通风，对洗手间进行严格规范的消毒，对幼儿经常触摸的玩具、教具、餐具等进行消毒。

(4) 合理摆放危险物品

剪刀、刻刀、别针、图钉等做手工需要的用品，要分类摆放，并告知幼儿安全使用。

(5) 张贴安全标识

在容易发生安全问题的地方张贴安全告示或做合理的防护措施，例如幼儿园应购买圆角桌椅；电线、插座、灭火器需有危险标识牌，确保幼儿不随意触摸。

(6) 药品安全管理

如有幼儿身体不舒服，保教人员要按照家长的要求帮助其服药，需让家长写明药品名称、药品用量、服药时间、注意事项并签名。教师不可自作主张给幼儿喂药。药品需放在幼儿不能拿到的地方，以免幼儿胡乱用药。

2. 精神环境

精神环境主要指幼儿园班级中的人际关系，教师应帮助幼儿处理人际关系，营造一个放松、快乐、安全的生活学习环境，使幼儿自由、愉悦地健康成长。

1) 建立和谐的班集体，保教人员做出榜样，以尊重、平等为原则，以身作则，建立良好的师师关系、师幼关系、幼幼关系，给予幼儿精神放松的环境。

2) 保教人员要以理服人，不得体罚、辱骂幼儿，不能给幼儿造成心理、精神负担，使幼儿在班级内具有安全感。

3) 保教人员应注意自己的言谈举止与情绪，不要把个人的负面情绪带到幼儿园班级中，不给幼儿造成消极情绪的影响。

4) 保教人员对班级内暴躁、欺凌等行为要及时制止与合理疏导，避免造成无法挽回的后果。对于情节严重的幼儿，及时与家长联系。

(二) 幼儿园班级安全教育活动

《幼儿园教育指导纲要（试行）》中指出，要"密切结合幼儿的生活进行安全、营养和保健教育，提高幼儿的自我保护意识和能力"。幼儿园通过专门的安全教育活动与其他活动中的安全防护，提高保教人员与幼儿的安全意识，避免意外事故。

1. 幼儿园班级活动

幼儿园一日活动包括入园、进餐、活动、兼餐、喝水、如厕、盥洗、午睡、户外活动、离园等活动。在这些活动中，各个细节都需要遵守班级安全管理细则。

例如：在进餐活动中，幼儿的肠胃比较脆弱，不宜吃刺激性较强的食物；教师在幼儿进餐中要密切关注，防止幼儿进餐时因嬉戏打闹而导致噎呛事故发生；如果食物太烫，提醒幼儿慢点进食，以免烫伤。

再如：午睡活动中，有些幼儿喜欢带着玩具进入寝室，教师在午睡前应检查幼儿是否携带了不安全物品，以免幼儿在午睡时造成安全隐患；个别幼儿睡觉姿势不良，也会发生磕到床栏杆或掉在地上等安全事故。

幼儿的一日活动安全是幼儿园班级生活的重要方面，一日活动中的各个环节都事关重大，因此，教师要注重每一个环节的安全管理，预防各种可能发生的安全事故，排查彻底。

2. 幼儿园班级安全教育

（1）教师帮助幼儿提高安全意识

幼儿园班级的安全教育，不仅是社会领域知识层面的学习，也是帮助幼儿增加相应的安全常识与认识，培养幼儿自我保护能力。教师可以以绘本故事、阅读等形式进行教育活动，长时间的渗透可以使幼儿提高安全意识，从而有效保护自己。

（2）教师指导幼儿学习自我保护的措施

在日常生活中，幼儿难免会遇到这样或那样的安全问题，教师应该帮助幼儿了解这些安全问题，并告知幼儿如何做。譬如，身体不舒服要及时告诉成人、过马路要遵守交通法规、玩电玩火危险、不随便与陌生人说话等。

（3）教师指导幼儿学习危险自救方法

幼儿园班级安全教育中，教师应对幼儿进行不同安全问题的自救方法教育。例如，遇到危险时，首先拨打求助电话110、120或119；在商场或游乐园与父母离散，应立即寻找服务台广播或让工作人员与父母联系等。

（三）幼儿园班级安全制度及应急预案制定

在幼儿园班级安全管理中，教师应对班级安全制度进行归纳，做好事前预防工作。在一日活动中，难免会出现安全事故，在出现意外事故时，教师不能慌张，要做好应急处理。因此，不断完善与修订安全制度与应急预案，是班级安全管理中不可或缺的一部分。

1. 安全制度的制定

根据幼儿园班级一日活动的具体安排及特点，应该建立详细具体的安全制度，并且要操作性强、责任细致，使保教人员能够严格、科学地执行。这个环节尤为重要，它是把安全隐患与危险扼杀在摇篮里，防患于未然，做好事前准备工作，大幅度降低意外事故发生概率的重要措施。

在制定安全制度时，需要注意细节，幼儿涉及的每个活动区域、活动区域中的物品等都需要详细检查，避免事故发生的可能性。

 知识拓展

幼儿园安全制度

2. 应急预案的制定

根据幼儿园班级可能发生的安全事故，事先制定应急预案，这样在意外事故发生时，能够高效地进行应急处理，也能使保教人员尽快冷静，有秩序地进行操作，确保幼儿的安全。在制定应急预案的同时，幼儿园班级还应定期进行演练，使保教人员与幼儿熟悉基本章程与流程，避免紧急情况突发时，由于知识缺失或情绪失控错失挽救机会。

常见的应急预案内容包括火灾、地震、踩踏、食物中毒、意外伤害等。

在班级遇到安全事故时，保教人员首先要求助于医务室、向上级领导报告，其次救治受伤幼儿，再次保护班级现场，最后报告家长。

知识拓展

幼儿园火灾事故应急预案

（四）家园协作增强安全意识

《幼儿园教育指导纲要（试行）》中指出："家庭是幼儿园重要的合作伙伴。应本着尊重、平等、合作的原则，争取家长的理解、支持和主动参与，并积极支持、帮助家长提高教育能力。"《幼儿园工作规程》中也提出："幼儿园应当主动与幼儿家庭沟通合作，为家长提供科学育儿宣传指导，帮助家长创设良好的家庭教育环境，共同担负教育幼儿的任务。"

幼儿的安全教育工作离不开家长的大力支持与配合，家园合作共同育儿，能够将幼儿园教育与家庭教育相结合，促进幼儿快速成长。家园协作增强安全意识，教师可通过活动进行。基本的活动形式包括亲子活动模式、家园联系平台等。

1. 安全教育的亲子活动模式

亲子活动是家园合作的基本方式，在安全教育活动中，组织亲子活动可以让家长明确幼儿园安全教育的内容、方式，帮助家长快速学习，以便于开展相应的家庭安全教育。例如，在进行消防演练、地震演练中，邀请家长与幼儿一起参与，在活动中使家长学习关于火灾、地震自救的知识，在家长参与的过程中，家长也能提高自己的安全意识，为幼儿起到表率作用。只有家长与幼儿园合作，才能共同增强幼儿的安全意识。

2. 建立家园合作平台

教师应积极建立家园合作平台，在这个平台上，促进家长与幼儿园的联系。在平台上多宣传安全教育知识，告知幼儿园的做法，请家长们大力配合，做好幼儿的家庭安全教育。另外，教师还可以搜集有关幼儿园班级安全防护知识，这样既能提高家长们的认识与重视程度，同时还能帮助幼儿学习自我保护知识。教师应积极联络家长，家园合作共同培养幼儿的安全防护意识。

小试牛刀

1. 无论何种事情发生，首先要保证（　　）的生命安全。
A. 家长　　　　　B. 幼儿　　　　　C. 教师　　　　　D. 保育员
【答案】B

2. 管理好幼儿的午睡，严格执行岗位责任制。幼儿午睡时不离岗，不串岗，不做私事，不闲谈，每隔（　　）分钟巡视观察一次，天冷勤盖被，天热勤擦汗，对情绪不安的幼儿

耐心抚慰，发现异常，及时处理。

A. 25　　　　　　B. 20　　　　　　C. 15　　　　　　D. 10

【答案】C

3. 药品登记中注意事项：家长必须在服药登记表上认真填写幼儿（　　），所带药品名称、服用时间、服用剂量、服用方法及服药注意事项，并让家长签署姓名，向当班教师交代清楚。

A. 年龄　　　　　B. 标记　　　　　C. 姓名　　　　　D. 记号

【答案】C

4. 由于幼儿身心发育尚未成熟，有时会出现意外事件，这就要求教师具有（　　）。

A. 合作能力　　　　　　　　　　B. 沟通能力
C. 组织教育活动的能力　　　　　D. 急救和处理能力

【答案】D

二、简答题

1. 请简述幼儿园班级安全管理的意义。

【参考答案】

（1）提高保教人员的安全意识，对幼儿可能发生的安全问题及幼儿可能接触到的物品进行逐一排查，确保给幼儿提供一个安全的活动环境；

（2）加强保教人员的责任心，对幼儿负责；

（3）家园协作共建安全班级，帮助家长更好地了解安全常识，使家长提高安全意识，促使家长与幼儿园协作，共同培养幼儿的安全意识，共建和谐班级。

2. 请简述如何进行幼儿园班级环境安全管理。

【参考答案】

（1）物质环境：①合理规划班级区域；②定期检查班级设备；③定期消毒幼儿玩教具；④合理摆放危险物品；⑤张贴安全标识；⑥药品安全管理。

（2）精神环境：①建立和谐的班集体，保教人员做出榜样，以尊重、平等为原则；②保教人员要以理服人，不得体罚、辱骂幼儿，不能给幼儿造成心理、精神负担，使幼儿在班级内具有安全感；③保教人员应注意自己的言谈举止与情绪管理，不要把个人的负面情绪带到幼儿园班级中，不给幼儿造成消极情绪的影响；④保教人员对于班级内暴躁、欺凌等行为要及时制止与合理疏导，避免造成无法挽回的后果。对于情节严重的幼儿，及时与家长联系。

任务二　班级安全管理

【任务情境】

5岁的佳佳由父母送到幼儿园门口，经过保健医检查身体后，独自进入幼儿园三楼的教室，但经过三楼时，碰倒了走廊中装满了开水的水桶，这开水是隔壁班保育员刚从食堂打上来的，因为突然有急活，随手放在了走廊上，结果却造成了佳佳重度烫伤。

任务： 佳佳的受伤是意外吗？谁应该为佳佳的受伤负责任？

【任务解析】

1. 能知道入园离园、区域活动、户外活动的安全隐患。
2. 能掌握入园离园、区域活动、户外活动的安全措施。
3. 能在班级管理中明确家园协作的重要性以及家园协作内容。
4. 能在班级安全管理中形成安全意识。

任务实施

《幼儿园教育指导纲要（试行）》中指出："教师应当了解幼儿发展中易出现的问题与适宜的对策，科学照料幼儿的日常生活，指导和协助保育员做好班级常规保育和卫生工作，有效地保护幼儿。"在幼儿园班级一日活动中，保教人员承担着科学照护幼儿的职责，保教人员也是幼儿在班级一日的照料者，是幼儿健康的守护者。

幼儿在园在班级的一日生活环节中，包括入园、早操、盥洗、如厕、餐饮、睡眠、各类活动、游戏、离园等，安全隐患随时会出现，保教人员应做好相应的防护工作。

知识一　入园离园安全管理

入园是幼儿在园一日生活的开始，离园是幼儿在园一日生活的结束，也是家长与幼儿园保教人员进行沟通交流的环节。保教人员应尽可能细致地工作，确保来园时幼儿的各方面状况良好，也能在离园时与家长做好相应的交接工作，确保幼儿一日在班级的安全。

（一）入园离园的安全隐患

1. 入园时的安全隐患

（1）幼儿身体健康情况

幼儿年龄较小，免疫力与抵抗力都较弱，在幼儿园发生流行病、传染病的概率很高，因此，早上入园时需要对幼儿的身体健康进行检查，尽可能切断传染源，防止外界病菌带入幼儿园班级内。要向家长询问幼儿是否有不舒服的地方，确保万无一失。如果保教人员疏忽大意，那么就可能带来健康隐患。

常见的幼儿传染病有流行性感冒、水痘。流行性感冒的症状是咳嗽、发热、乏力等；水痘则是身体各部位出现红色病毒疱疹、发热。如果入园时发现此类症状，保教人员应及时与家长沟通，及早隔离，防止病毒在幼儿园班级的传播。

（2）危险物品

在幼儿园中，会发现有些幼儿喜欢藏匿一些危险物品，比如小玩具、小物件或是自己喜欢吃的糖果等食物。这些东西虽然不起眼，但有时候若不注意，可能会造成严重后果，因此教师在入园时应对此情况进行详细检查。

例如：幼儿藏小物件，比如图钉、别针、纽扣、夹子、药片等，幼儿在不注意的情况下，在运动时图钉、别针、夹子可能会扎到自己或其他小朋友，造成危险；有的幼儿藏药片，不知道药片的作用，有的药片外表还是糖衣，比较甜，幼儿可能当成糖块入口，这样可能会造成生命危险；有的幼儿私藏零食、纽扣等，有时会呛到自己或噎在嗓子里，严重者可能导致窒息，会给幼儿带来严重后果。

为此，入园时，危险物品的检查环节不容忽视，也是幼儿园保教人员对幼儿一日生活的重要责任，家长也应配合教师，在入园前对幼儿的书包、衣裤口袋仔细检查。

（3）重视晨检

在幼儿园一日活动中，晨检也是重要活动之一，但不少幼儿园流于表面，晨检渐渐成为一种形式。幼儿园保教人员应重视晨检环节，要做到认真仔细，这是对幼儿自身、幼儿园班级、家长负责。幼儿园应该对保教人员进行系统晨检培训，晨检的流程、做法要严谨规范，确保幼儿入园之后的安全。

2. 离园时的安全隐患

（1）场面混乱

离园是一日生活活动中很重要的一个环节，幼儿在班级一日，很渴望尽早见到父母回到家中，而家长也十分期盼尽早接到孩子，因此，在离园环节中，容易出现家长一拥而上的混乱局面，有些家长与教师正在沟通幼儿的表现，一些家长急于回家，就私自把幼儿接走，没有告知教师，这也成为教师工作中的盲点，如果这时有不法分子利用混乱场面带走幼儿，后果不堪设想。

（2）幼儿情绪

幼儿园离园有规定的时间，但有些家长由于工作等各种原因没有及时到园，而家长没及时来接的幼儿看到人来人往的家长和同伴的喜悦之情，自己难免有失落感，有不少幼儿因缺乏安全感，形成心理落差，针对这样的问题，教师应及时进行疏导，使幼儿安静地等待家长。

（3）幼儿活动安全

在离园时候，很多家长都前来与教师沟通幼儿在班级一日的表现，这时候还未被接走的幼儿会因为嬉戏打闹而发生事故，比如奔跑过猛、摔倒磕伤等。

（二）入园离园的安全措施

1. 入园时的安全措施

（1）教师专门迎接入园幼儿

幼儿园保教人员要在幼儿入园前进行充分准备，整理教室活动区等。通常要求保教人员在6:40左右到班级（各地区幼儿园要求不同），利用半小时时间进行个人整理与班级整理，7:10左右由专门的保教人员在班级门口准备迎接幼儿入园。一般来讲，早上入园时，一名专职教师站在门口与家长对接，负责检查幼儿的入园情况；另一名专职教师则在教室中组织已到幼儿进行安静的活动，确保已到幼儿能够正常活动，被及时引导；保育员则在小厨房或厕所进行整理。

（2）注意幼儿情绪

有部分幼儿从心理上排斥上幼儿园，很多幼儿在入园时情绪低落，想妈妈或不想上幼儿园，幼儿有时会追父母到班级外，教师对这部分幼儿应该及时关注，并进行心理疏导，确保幼儿的安全。

（3）注意做备注卡片

有些幼儿出现身体不舒服等情况，家长给幼儿带了药品。在入园时，家长将药品交给教师，请教师在一日中负责幼儿的用药。针对此情况，教师要认真谨慎记录，不可用头脑记忆，一旦出现偏差，会造成不可挽回的严重后果。

在接到幼儿药品时，首先，教师应核对家长提供的信息——幼儿姓名、药品名称、药品用量、用药时间、注意事项等进行核对，确保信息无误；其次，将确认的信息填到备注的药品卡片上，进行详细记录，以免班级的其他保教人员不知情造成不良后果；再次，填写信息后，请家长进行核对，确认后请家长签字；最后，将药品放在班级幼儿触碰不到的地方，以免其他幼儿错拿错吃，造成危险。

（4）认真仔细晨检

晨检也是幼儿入园的第一道安全屏障，目的是确保幼儿健康，排除安全隐患。一般情况下，晨检应请专门的医护人员进行，但由于幼儿园的幼儿较多，专门的医护人员可能无法满足，幼儿园也会对保教人员进行专门培训，由保教人员进行。

晨检的四个方面：一看、二摸、三问、四查。

1）看：看幼儿面色是否正常，五官、皮肤是否健康，如眼结膜有无异常、喉部有无发炎、有无异常皮疹等。

2）摸：一摸幼儿额头、手心是否发热，二摸幼儿的腮腺是否肿大、扁桃体是否发炎。

3）问：问幼儿在家饮食、睡眠、大小便等情况。

4）查：检查幼儿是否携带危险物品或食品。

幼儿园保教人员通过严格的晨检，确定幼儿是否正常，有异常及时与家长进行沟通，无异常将指导幼儿安全进入班级进行活动。

2. 离园时的安全措施

（1）教师分工明确

幼儿园班级通常情况是三位保教人员，在傍晚离园时，三位保教人员应明确分工。一名教师负责在门口核实家长身份，以便接走幼儿；一名教师在教师活动区域内负责看管幼儿，以免出现安全事故；保育员可以机动，帮助教师看管幼儿或帮助教师核实家长身份。

如教师遇到不是幼儿父母来接幼儿时，无论是否能准确说出幼儿个人信息，都要拒绝，并向家长打电话询问情况，如是家长委托，需要家长写书面委托情况说明并签字。

（2）安抚幼儿情绪

保教人员应在晚饭后、离园前时间段组织幼儿活动，可以是区域活动，也可是阅读活动，使幼儿情绪稳定地等待家长。发现有幼儿情绪急躁、低落时，应及时询问原因或进行疏导，排除幼儿不良情绪。有部分幼儿在离园前会出现嬉戏打闹行为，教师应及时制止，并组织幼儿有秩序地进行安静的活动，以防发生意外伤害。

（3）与家长合理沟通

在幼儿离园时，教师应与家长进行简单沟通。在此，教师要控制好与每位家长沟通的时间。如果幼儿在一日中有身体不适或表现异常，要向家长做简要交代。如幼儿在园期间发生突发事故，一定要第一时间向家长进行情况说明并讲明原因。如家长过多，可告知家长，具体情况可稍后电话或微信沟通交流，要确保与家长沟通时，幼儿的安全。

（4）离园后续安全工作检查

教师确保所有幼儿离园后，才能离园。在离园前需要对教室各区域进行最后检查，确保所有插座断电、所有多媒体关闭、关好门窗及灯。

（三）入园离园的家园要约

为减少幼儿入园离园的安全隐患，家园协作共同努力是必要的，也是双方的责任。幼儿入园离园要有教师与家长双方的交接协议，双方也应该按照各自的要求执行，这样能够保证幼儿的健康安全。

1. 入园时的家园要约

1）未到入园时间，家长不得过早将幼儿送入幼儿园，不得未与教师进行交接，就把幼儿独自留在教室。

2）在送幼儿时，尽量是幼儿的父母，这样便于教师与家长的有效沟通。

3）在入园检查时，家长不得隐瞒幼儿的身体健康情况，要如实告诉教师，因家长隐瞒而导致幼儿园班级内发生安全事故，由家长负全责。

4）家长在幼儿入园前，需配合教师对幼儿进行危险物品的检查，确保幼儿没有携带家中的危险物品，如发现幼儿口袋中有危险物品，请立即取出，并对幼儿进行相应的安全教育。

5）如幼儿需白日用药，请家长详细标注并签字，如果是隔辈家长（如爷爷奶奶、姥姥姥爷）送幼儿入园，请父母打电话告知教师，并进行书面用药说明签字，以防隔辈家长传递错误信息，造成危险。

6）家长应按照幼儿园规定的入园时间送幼儿入班，原则上不能迟到，如果幼儿因病或其他原因不能入园，应及时向班级教师请假。

2. 离园时的家园要约

1）幼儿须由父母亲自接送，如有特殊情况，家长无法亲自接幼儿，须事先与教师联系，如委托其他人接幼儿，需要持家长的书面委托书。

2）离园时间接幼儿的家长过于集中，因此，家长需要有秩序排队，防止幼儿脱离教师视线。

3）家长与教师交接完毕后，告知家长在走廊注意安全，不要跑跳，尽快离开幼儿园教学楼。

4）接完幼儿在操场上嬉戏玩耍，其安全由家长负全责，家长应看管幼儿，防止户外意外事故发生。

5）幼儿园应把离园安全责任告知书以书面形式告知家长，在双方对协议无异议的情况下，家长签字确认，协议生效。

知识拓展

儿歌

知识二　区域活动的安全管理

幼儿园区域活动指在班级内各个区域空间进行的各种游戏活动。在这个活动的过程中，幼儿为主体，主要进行自主游戏，保教人员在幼儿遇到困难时，及时引导并提供帮助。在区域活动时间，班级二十几名幼儿在同一空间的不同场景同时进行活动，会出现一些安全隐患，因此，保教人员应事先排查区域内的安全隐患，制定安全管理制度，避免可能出现的安全问题。

（一）区域活动安全管理内容

在幼儿园班级，区域活动几乎每一天都要进行，条件较好的幼儿园有专门的区域主题活动教室，一般的幼儿园在班级也有3~5个不同的区域活动角。在区域活动中，安全管理的内容主要包括区域中的材料，比如教具、玩具、工具等；区域中场景管理，例如医院主题的场景、超市主题的场景所包含的东西；不同类型的活动安全管理，譬如美工活动所需注意问题、科学探索活动所需注意问题。

（二）区域活动中材料的安全管理

1. 区域活动材料的种类

区域活动的种类繁多，因此在活动过程中涉及的材料也多种多样，面对不同的活动类型，需要准备的材料也各不相同。活动材料基本可包含教具、玩具、工具（卡纸、剪刀、别针等）。主要材料来源基本有以下几个：一是幼儿园统一采购的；二是教师或幼儿自己动手制作的；三是收集的废旧材料。

（1）教具

教具是用来讲解说明某事物的模型、实物、标本、仪器、图表等，它具有直观性、实践性，幼儿可以通过教具进行区域活动，在活动中以游戏的形式学习相应的知识。

比如，各种各样的科学实验材料；军舰、汽车的仿真模型；生物标本、数字算盘等。

（2）玩具

玩具泛指可用来玩的物品，玩玩具在人类社会中常常被作为一种寓教于乐的方式。在幼儿园区域活动中，玩具也是主要的一部分。玩具的类型多种多样，具体来说，包含拼图玩具、游戏玩具、文字算盘类玩具、益智组合玩具、积木、卡通玩偶等。

比如，娃娃家中的玩偶、过家家用到的生活用品、建构游戏中的积木等。

（3）工具

工具是指为达到、完成或促进某一事物的手段，在这里是指幼儿在进行区域活动时，为完成某项任务而使用的东西。

譬如，在美工区域中使用的卡纸、彩泥、剪刀、别针等。

2. 区域活动材料的安全隐患

区域活动中涉及的材料种类繁多，有些材料可能存在异味，有些玩具材料还可能铅汞超标，含有毒成分，有的毛绒玩具容易藏带细菌，有些有棱角的教玩具或工具也会在幼儿不小心时划伤幼儿，小珠子等小件物品也容易被幼儿误食造成气管伤害，剪刀刻刀这些工具存在使用不当造成误伤的隐患。

3. 区域活动材料的安全措施

1）幼儿园购买教具、玩具、工具要通过正规途径，不能贪图便宜，要注意用品的质量，不要带有异味，不能含有毒成分，要选择环保材料。

2）在幼儿园区域角，尽量不要摆放毛绒、毛毡物品，毛绒毛毡容易藏带细菌，如果消毒不彻底，可能会将细菌传给幼儿。

3）区域角中的工具，要进行适当处理，选用的剪刀刻刀等不宜过于锋利，尽量选择圆头工具，以免划伤幼儿。

4）图钉、别针等工具，要收纳好，放在专门的地方，上面标有警示语，告知幼儿不要随便触碰，以免造成安全事故。

5）区域角中的木质材料物品、金属材料物品，尤其是拼接的玩教具，要定期检查稳固性，以免破裂划伤幼儿。

6）区域角中小物件需要单独存放，例如小珠子、小颗粒玩具，尽量存在密闭的箱子或盒子中，不让幼儿随意触碰，以免造成误食、气管异物等危险事件。

7）有些区域角的布置或用品是利用废物制作的，对塑料瓶、废旧纸壳、废旧包装袋等要进行消毒，消毒彻底后方可使用，以免带有细菌。

8）区域角内，教师利用废旧物品制作的玩教具，首先要检查稳固性，确保安全，其次要注意塑料瓶等剪裁之后不能出现尖锐的边角，以免划伤幼儿。

9）区域角内的教具、玩具、工具的数量要适当，不要因为数量不够造成幼儿争抢。

（三）区域活动中场地的安全管理

1. 区域活动中场地的安全隐患

目前，很少有幼儿园拥有单独的区域活动教室，大部分幼儿园采用班级区域角，那么面临最大的问题就是班级的空间较小，幼儿数量较多，会存在一些安全隐患。

2. 区域活动中场地的安全措施

（1）区域活动空间要布置得科学合理

班级的区域活动空间虽然紧凑狭小，但这不一定影响区域活动的质量。不少幼儿园班级采用一月一布置的方式进行区域角的更换。在选择活动区域的时候，要注意对幼儿的适合性，并不是地方越大越好，而是适合做此项活动，确保幼儿在活动区域内不拥挤，也不因过于宽敞而跑跳打闹。一般活动区域选择班级角落的位置，既不影响正常的学习活动、生活活动，又能有功能作用。

（2）区域活动场地丰富多样

区域活动不同于集体活动，不需要容纳班级所有幼儿，而是能够满足小组活动即可，在同一时间内，不同的幼儿会选择不同的区域进行活动。在活动区域内，可随实际场地空间来确定参加人数，避免幼儿在场地中拥挤、跑跳、打闹而造成意外事故。场地内的摆设要符合幼儿园安全管理标准，不因物品布置不当、材料不符合要求等损伤幼儿健康。

（3）教师要合理引导

区域活动中，幼儿较为分散，教师要做好引导工作，要对不同区域的幼儿进行观察与指导。不同的区域在班级不同的方位，教师应选择所有区域都能在视线范围内的位置进行观察，还应移动到不同区域内及时给幼儿提供帮助，这样才能确保幼儿在各个场地内活动安全。

（四）区域活动中不同类型活动的安全管理

不同的主题区域活动，对幼儿的安全要求也不同，教师应事先制定区域活动中不同类型活动的安全管理要求，张贴在区域角内，并对幼儿进行安全教育，讲明活动要求与注意事项，引导幼儿增强安全意识及自我保护能力。

1. 角色扮演活动区

1）角色扮演一般有确定的人数，教师应先告知幼儿故事情境、需要的人数、展示角色分工卡片，让幼儿懂得角色扮演的人数规定，以免幼儿人数过多，无法正常有序进行游戏活动，或因拥挤、争抢造成碰撞。

2）角色扮演中的材料使用安全事项，教师应事先向幼儿讲解。比如，医院角色扮演，医生使用的针头、听诊器等怎样正确使用，切勿用力过大造成幼儿皮肤伤害；娃娃家角色扮演中，"妈妈"做饭的食物是玩具模型，不可放入嘴里，注意卫生。

3）在角色扮演中，有一定的情节，要提醒幼儿这不是真实的，不要因此互相争吵、打闹，要互相理解、互相沟通，以免造成不可挽回的后果。

2. 建构活动区

1）建构区中的玩具多数为积木、大颗粒乐高玩具等，教师要每日进行积木消毒，也要告知幼儿不能放在嘴里，以免细菌传播。

2）对于木质材料的积木，要确保表面光滑，以免木刺扎伤幼儿。

3）在活动前，教师要告知幼儿不得用积木等玩具向同伴乱扔，以免误打到幼儿造成损伤。

3. 科学探究活动区

1）科学探究区内的材料要分类逐一摆放，科学材料中有部分涉及化学、物理方面的，要按照说明进行收纳，危险物品应放在幼儿触摸不到的地方，以免造成伤害。

2）在科学探究前，教师应对幼儿进行安全教育，告知任何材料都不能食用，如不慎进入眼睛里，要及时报告教师，寻求医务人员帮助，不得自行解决。

3）幼儿在进行科学探究时，教师必须在旁指导，不得让幼儿自行操作，以免幼儿操作不当带来不可挽回的意外事故。

4）科学区域内的植物，应选择无味无毒无刺的。

5）在科学区域活动结束后，应有秩序地组织幼儿洗手。

4. 美工活动区

1）美工区内彩泥、卡纸、橡皮泥应采用环保的，确保无毒无味。

2）在美工活动前，告知幼儿剪刀、刻刀、图钉、别针等工具的安全使用方法，不得向其他小朋友扔投工具，不得拿剪刀等工具在教室中跑跳，以免造成伤害。

3）在美工制作过程中，告知幼儿彩泥、橡皮泥等不要放进嘴里，颜料等不要泼向其他幼儿。

4）在创作过程中，如颜料等进入眼睛，马上报告教师，寻求医务人员帮助，使用颜料后马上洗手，以免吃进嘴里。

5. 图书阅读活动区

1）图书阅读区域内的书籍应每日消毒。

2）每日教师应检查图书情况，确保图书完好无损，如有损伤的图书，不应让幼儿翻阅，以免纸张锋利划伤幼儿。

3）图书应通过正规渠道购买，盗版图书的印刷存在问题，油墨等会含有害物质，带给幼儿不安全因素。

知识三　户外活动的安全管理

《幼儿园工作规程》规定："幼儿户外活动时间（包括户外体育活动时间）每天不得少于2小时。"有些幼儿园为了幼儿在园期间的安全，尽量减少幼儿的户外活动时间，害怕幼儿在户外活动中出现问题，这是不对的，安全不等于剥夺幼儿户外活动的快乐，幼儿应该在户外活动中培养勇敢精神、协调肢体、得到健全的身心发展。在幼儿园班级活动中，户外活动是重要组成部分，常见的户外活动有体育游戏、玩水、玩沙、种植、音乐活动等。在户外活动过程中，幼儿的户外安全保护问题尤为重要，教师应结合不同活动的具体要求开展安全管理。

（一）户外活动安全事故的类型及安全隐患

1. 幼儿自身身体引发安全事故

每个幼儿的身体状况与身体素质不同，对于户外活动，幼儿多数只考虑自己是否开心，基本考虑不到这项运动是否适合自己的身体状况。有些幼儿天生存在一些疾病，例如先天性心脏病等，这些疾病会限制幼儿户外活动的类型与时间，如果过量运动，会造成身体伤害，严重者会有生命危险。

2. 活动器械造成安全事故

户外活动中，很多体育方面的运动、游戏都依赖于器械，比如滑梯、跷跷板、秋千等，这些园内的器械使用不当或是年久失修也会导致安全事故。

3. 幼儿缺少自我保护意识引发安全事故

幼儿年龄较小，好奇心较强，喜欢探索周围环境，但自我约束力差，对自己的行为把握不好尺度，在运动或游戏的过程中，极容易忽视安全问题。例如，在操场上追跑打闹，在嬉戏中互相碰撞，在不安全情况下触摸体育器材等，幼儿本身缺乏安全意识，自我保护能力差，容易出现安全问题。

4. 活动中对幼儿指导不当引发安全事故

在户外活动中，教师的看护极其重要。班级幼儿数量多，户外场地宽阔，不少幼儿园教师在户外活动中，忽视对个别幼儿的照顾。有些幼儿跑出教师的视线，在不小心时发生安全事故；还有些幼儿在体育游戏中玩得很尽兴，教师认为不应打断他们，破坏良好气氛，便放松了对幼儿安全的注意，也容易导致事故发生。

（二）户外活动安全的措施

1. 户外张贴安全标语

在幼儿园操场上，对存在安全隐患处应张贴安全标语或图片，使幼儿对此处有相应的认知,知道在教师没有允许的情况下不能私自触摸,知道体育器械要在教师指导下使用。

2. 检查幼儿身体状况及穿戴

保教人员应对本班幼儿的身体状况熟知,在活动前,检查幼儿的身体状况,询问幼儿是否有不舒服的地方,如果有,要提高警惕,不得忽视,以免造成不良后果。对于有先天疾病、身体素质较差的幼儿要时刻关注,帮助这类幼儿制订科学合理的户外运动计划,要考虑幼儿身体承受能力,既能起到锻炼身体的作用,又不至于运动过量。

在户外活动前,保教人员应对全班幼儿进行穿戴检查。确保幼儿穿运动衣裤,衣裤尽量宽松,能方便幼儿运动,衣服过厚容易造成运动时不灵活,衣服过薄容易引发感冒;鞋子符合运动标准,尽量不选择有鞋带的,以免跑跳中踩到鞋带摔倒;不带任何首饰,以免在运动时扎到自己或其他小朋友。

3. 检查户外活动所需器械及环境

在进行户外活动前,教师应对场地、器械做好规划并进行现场检查。一是检查周围环境是否存在不安全因素,如果有,要及时解决。例如场地是否平整,是否合适幼儿跑跳活动等。二是检查器械是否安装稳固,是否存在螺丝松动等情况,如果有,及时联系维修人员进行修复,还要检查器械的栏杆、把手是否有损伤,是否会划伤幼儿等。幼儿的生命安全高于一切,教师应按照规定在活动前进行安全大检查,如果排查中发现安全隐患,教师不可忽视,要高度重视并及时报修。

4. 提高幼儿安全意识

户外活动是大多数幼儿最喜爱的一种形式,因为在这个活动中,幼儿大多是放松的、自由的。在欢快的玩耍中,幼儿是放松警惕的,安全意识比较淡薄。因此,教师应不断对幼儿进行安全教育,提高幼儿的安全意识,增强幼儿自我保护能力。

首先,教师要讲解户外活动要求,具体向幼儿讲解活动玩法、规则。例如,教师要将活动场地范围进行明确规定,不能超出活动区域,在活动过程中,需要使用哪些体育器材,不是活动使用的不可以随意触摸;在游戏中,有哪些游戏规则需要遵守,幼儿怎样玩,什么做法是正确的,什么做法是错误的,教师都要向幼儿交代清楚,并要求幼儿遵照规则进行活动。

其次,教师要讲解在活动中如何自我保护。教师针对活动内容,向幼儿讲解注意事项及自我保护常识。很多幼儿第一次接触体育器材,教师要向幼儿讲解这些器材的用途、安全使用方法,在使用过程中需要注意的问题,使用中可能发生的危险及怎样防护。例如,在荡秋千时,一定要双手牢牢抓紧绳子,避免从秋千上摔落,秋千不能推太高,以免发生危险,如有小朋友荡秋千,不要站在秋千的正前面与正后方,容易相撞造成危险。再譬如,滑滑梯时需要排队,不能拥挤互相推搡,前面的小朋友滑落站起来之后,滑梯上方的小朋友才可再继续滑,以免前后两人互相碰撞发生事故。

最后,教师讲解活动的具体安全要求。户外活动类型多,但基本离不开奔跑、跳跃、钻爬、攀登等动作,教师对于活动内容所涉及的动作或行为,要进行具体分解讲解,必要时,教师应亲自示范,对幼儿的动作进行指导,以免幼儿由于动作不准确而造成身体伤害。在活动前,教师应带领幼儿进行准备活动,以免造成肌肉损伤;活动结束后,教师应带领幼儿进行身体放松运动,使幼儿身体的紧张状态慢慢得到缓解。

5. 教师认真看护及正确指导

在幼儿户外活动中，教师应密切监督、随时教育、及时提醒。第一，要密切关注体质较弱幼儿，选择运动强度适合这部分幼儿的活动。第二，仔细看护较为活跃的幼儿，这部分幼儿好动，很容易在教师不经意间脱离保教人员视线，如果长时间脱离，容易形成盲点，出现意外事故。第三，教师应注意幼儿的求助，幼儿在活动中遇到困难，会用语言或行动示意，教师应在第一时间给予适当的帮助。

在活动过程中，教师不应一直站在原地，要在活动范围内四处走动，进行巡视，时刻关注幼儿的活动情况，发现幼儿的行为有安全隐患时及时制止并施以适当的教育，看到幼儿有危险动作要及时纠正，如幼儿之间发生矛盾等，教师应立即进行调解，以免造成不可控的混乱局面。

6. 教师建立户外活动安全常规

在户外活动前，教师要对幼儿进行讲解，在活动后，教师也应进行总结，在逐步积累经验的基础上，建立户外活动安全常规，对活动流程以及突发事件的处理等做出详细方案，规范户外活动的安全制度。

（三）户外活动的家园要约

《幼儿园教育指导纲要（试行）》指出："家庭是幼儿园重要的合作伙伴。应该本着尊重、平等、合作的原则，争取家长的理解、支持和主动参与，并积极支持、帮助家长提高教育能力。"在户外活动安全方面，教师与家长也要互相配合，共同协作，一起承担教育幼儿的责任与义务。

1. 家园协作共同提高幼儿户外活动安全意识

越来越多的家长逐步意识到户外活动对幼儿身心健康发展的益处，在幼儿的骨骼发育、健康成长等方面起着重要作用，但有部分家长缺乏安全意识，认为平时幼儿活动的擦伤、摔倒是小事。为此，幼儿园应先对家长进行安全意识的提升，并邀请家长到园观看班级教师对户外活动安全管理的具体内容，使家长与幼儿园统一教育思想，共同教育幼儿，提高幼儿的安全意识和自我保护能力。

在进行户外活动前，家长应检查活动环境、活动器材等，给幼儿营造一个安全、放心的活动环境；在幼儿活动时，要检查幼儿的穿着佩戴，让幼儿从小养成运动穿运动服、运动鞋、不戴首饰的习惯。通过家园协作，共同提升幼儿的安全意识，保证幼儿活动安全。

2. 家园协作共同增强幼儿户外活动安全常识

虽然家长的安全意识普遍提高，但有些家长不知道户外活动需要注意什么问题，幼儿园首先要对家长进行安全知识的讲解，帮助家长详细了解户外活动中的安全隐患有哪些、怎么避免，让家长切实掌握安全常识，并对幼儿进行适当的教育。

在进行不同的户外活动时，需注意不同的事项。例如幼儿玩水时，不要互相泼水，以免水进入眼睛中；地面有水时，走路要小心，以免滑倒；玩水之后，如果衣服潮湿，要尽快更换，以免感冒等。再如幼儿玩沙时，不要将沙子扬到同伴眼睛里，自己也不要用沾有沙子的手揉眼睛，如发现沙池中有其他物品，要及时告知教师等。这些安全常识与注意事项要反复向幼儿强调。同样，家长在家庭中也要对幼儿进行安全常识的教育，家园协作，幼儿才能牢记要点，按照要求活动。

一、选择题

1. 对幼儿进行晨间检查的方法有"一看""二摸""三问""四查"。下列不属于看的内容的是（　　）。

A. 看身高　　B. 看咽喉　　C. 看脸色　　D. 看皮肤

【答案】A

2. 小明在滑梯上突然被小朋友从后面推了一下，飞快地滑了下来，吓得大声哭叫，下列哪种处理方式最为合理？（　　）

A. 立刻制止小明哭叫，力图尽快恢复秩序

B. 察看小明是否受伤，同时不制止他哭，让他把内心的恐惧发泄一下

C. 马上寻找闯祸的小朋友，批评他，以安慰小明

D. 旁观

【答案】B

3.《中小学、幼儿园安全管理办法》规定，小学、幼儿园应当建立（　　）制度，不得将晚离学校的低年级学生、幼儿交与无关人员。

A. 低年级学生、幼儿上下学时接送的交接

B. 低年级学生、幼儿上下学时教师护送

C. 低年级学生、幼儿上下学时集体回家

D. 低年级学生、幼儿上下学时必须乘坐校车

【答案】A

4. 下列哪一项不是来园接待及晨检需要注意的。（　　）

A. 幼儿比较依赖父母，不愿上学

B. 双手清洁，接受医务人员的体温检测

C. 不带危险品、零食入园

D. 能向老师、同伴问好，能与家长说再见

【答案】A

5. 幼儿教师晨间接待幼儿入园工作的重点是（　　）。

A. 提醒幼儿尽早进入学习状态

B. 与家长沟通，交流感情

C. 检查幼儿的身心状况

D. 督促幼儿完成家庭作业

【答案】C

二、简答题

1. 请简述对幼儿一日活动中的安全隐患可以采取哪些相应预防措施。

【参考答案】

首先，保证各项活动安全性：①晨间活动的场地安排尽量协调好；②室内活动时，根据

活动内容选择座位的排列形式；③桌角、门缝、玩具柜、饮水机等都会成为发生事故的隐患，为此，教师可以和幼儿一起绘制标识图案；④吃点心或进餐时，要避免因食物过烫、有刺、不卫生等造成的危害，避免餐具造成的划、戳等伤害；⑤幼儿园根据实际情况制订表格进行交接，表格中包括人数、服药情况、特殊说明等；⑥加强药品管理；⑦午睡时，要排除环境中存在的危险，避免幼儿携带异物上床，加强午睡时的巡视工作，避免幼儿突发疾病抢救不及时而造成的伤害；⑧起床后，要重视整理活动；⑨户外活动时，要排除活动场地的安全隐患，做好活动前的准备运动，做到动静交替，以防运动过量；⑩在组织园外集体散步、郊游、参观等活动前，要了解路线，做好外出的一切准备工作。

其次，做好幼儿安全意识的教育：①选择贴近生活、丰富多样的安全教育内容，寓教于乐；②在一日生活中的各个环节渗透安全教育；③从点滴注重幼儿的安全教育，同时培养幼儿的自我保护能力。

最后，提高教师的安全管理意识：①幼儿园工作人员应经常学习法律知识、卫生常识，提高认识，加强责任心，杜绝安全事故；②幼儿园所有设备安置、活动组织都要从保护幼儿身心健康和生命安全出发。

2. 请简述户外活动的安全措施。

【参考答案】

（1）户外张贴安全标语。

（2）检查幼儿身体状况及穿戴。确保幼儿穿运动衣裤，衣裤尽量宽松，方便运动。

（3）检查户外活动器械及环境。

（4）提高幼儿安全意识。首先，教师讲解户外活动要求，具体向幼儿讲解活动玩法、规则；其次，教师讲解在活动中如何自我保护；最后，教师讲解活动的具体安全要求。

（5）教师认真看护及正确指导。在幼儿户外活动中，教师应密切监督、随时教育、及时提醒。

（6）教师建立户外活动安全常规。

任务三　班级安全事故的应对管理

【任务情境】

某幼儿园大班的幼儿妙妙在午睡时，不小心从上铺摔了下来，头先着地。当时当班的李老师检查了一下，发现没有红肿，也没有任何外伤。李老师因为是新入职的教师，怕被领导知道，在做了长久心理斗争后，自己觉得没啥事就没与同班教师提及，也没有在离园时与家长提及此事。但妙妙回家后，表示头疼，家长带去医院检查发现是脑震荡。

任务：你怎样看待李老师的做法？如果你是李老师，你如何处理？

【任务解析】

1. 能说出幼儿园班级安全事故类型。
2. 能了解安全演练、安全教育的相关内容，预防安全事故的发生。

3. 能明确安全事故处理制度的实施要求。
4. 能掌握班级常见安全事故的处理方法。

任务实施

根据媒体的报道和大数据的统计，我们发现越来越多的安全事故发生在幼儿园中。幼儿园本来应该是一个充满欢声笑语的地方，孩子们应该过着无忧无虑、丰富多彩的生活，可一些突如其来的事故，却让相关家庭失去了快乐，家长与孩子遭受着无情伤害与打击。因此，给幼儿营造一个稳定安全的生活学习环境是幼儿园的首要任务，通过总结幼儿园安全事故类型、安全事故危机与处理方法，让更多幼教工作者了解安全的重要性，掌握安全事故应对方法，共同为幼儿打造一个温馨、舒适、安全的家。

知识一　幼儿园安全事故类型

幼儿园的安全事故主要指幼儿在幼儿园发生的人身伤害。幼儿在园期间，活动的范围较大，接触的物品较多，容易发生安全事故。经过数据调研，发生摔伤、磕碰、烫伤、划伤等事故较多，食物中毒、药品中毒等事故发生概率较小，触电、走失偶有发生，但不经常。根据安全事故发生的原因可分为以下几类：

（一）自然灾害引发的安全事故

自然原因引发的安全事故，是人力无法控制的。比如说地震、洪水、暴雪、雷击、台风等，这种伤害不仅给幼儿园带来巨大损失，同样也威胁着幼儿的生命健康安全。

（二）制度原因引发的安全事故

1. 幼儿园环境中的安全隐患

有一些幼儿园地处市区繁华地带，周边环境复杂，临近马路等，处于这样位置的幼儿园存在一些安全隐患，尤其是早上入园、晚上离园时，家长接送幼儿的车辆、经过此地的车辆，会造成堵塞，有些司机没有控制好车速等，都会造成交通事故，伤及幼儿。还有些幼儿园处于偏僻的郊外，容易成为不法分子的目标。周围环境存在危及幼儿安全的隐患，如果相关制度执行不到位，容易发生事故。

2. 幼儿园降低安全标准

《幼儿园工作规程》中指出："幼儿园应当严格执行国家和地方幼儿园安全管理的相关规定。幼儿园的设备实施、装修装饰材料、用品用具和玩教具材料等，应当符合国家相关的安全质量标准和环保要求。"因此，幼儿园的各类物品都应严格按照标准购买，但有些幼儿园为节省开支，购买一些价格便宜、不环保、不合格的物品，给幼儿的身体健康造成危害，引发幼儿在园的安全问题。还有幼儿园对保教人员的聘用问题，国家规定幼儿园上岗人员必须持有国家教师资格证及国家特定的健康检查合格表，不得为节省教师工资而聘用缺乏资质的教师，给幼儿园、幼儿带来安全隐患。

3. 幼儿园安全制度不健全

幼儿园应从各个方面建立科学、完整、合理的安全制度，对全体保教人员进行定期培训。对于幼儿园班级管理层面，从早上入园、晨检、早操、就餐、如厕、盥洗、午睡、饮水、各类活动到晚上的离园，一日常规每个环节都应有详细的安全制度和安全要求，并在突发事件发生时，有严谨的紧急预案和应急措施，使教师能在第一时间有组织、有秩序地进行处理。同时，要提高保教人员的安全意识，很多安全事故是由于教师的忽视而发生的，在幼儿园班级布置、物品摆放、环境创设等方面考虑安全因素较少，容易埋下安全隐患。教师应提高安全意识与防范意识，努力保证一日常规稳定运行。

（三）突发状况引发的安全事故

幼儿园班级突发状况引发的安全事故，主要指在没有预知的情况下，幼儿突发疾病或意外导致的伤害。一种是由于幼儿自身的身体素质较低或有先天性疾病，出现的身体不舒服等；另一种则是在班级活动中，由于幼儿之间发生冲突，如争吵、打架造成的。

知识二　安全事故预防与处理

幼儿园发生安全事故的原因有很多，有一些是人力无法控制的，有一些是可以避免的。安全事故危机预防与处理不只是幼儿园保教人员的责任，而是需要幼儿园、保教人员、家长、幼儿等多方一起配合，共同努力。作为幼儿园保教人员，更应该清楚安全事故的类型、原因，归纳出哪些是自己可以控制避免的，哪些是不可抗因素，认清自己的安全责任，做好相应的事故危机预防与事后的应急处理，尽最大可能保证幼儿在园的安全。

（一）安全事故预防

事故发生时，总是让人感到很突然，不知所措。但事实上，很多安全事故的发生并非偶然，是可以通过人为干预进行防范的。事故发生后，教师、家长以及幼儿通常表现出慌乱、恐慌，而不能保持冷静，原因是缺乏危机预防意识和措施。如果幼儿园保教人员有防范意识，并有周密的方案，及时消除隐患，就会减少悲剧的发生，即使发生了事故，也会妥善处理。

1. 安全演练

有一些自然原因造成的事故，是人力无法控制、无法避免的，例如地震、洪水等。面对这些灾害，只能通过学习安全知识、进行安全演习，让幼儿了解并掌握自救逃生的技巧，使灾难降临时，教师与幼儿冷静面对，进行自我防护。

多数幼儿园要求定期进行安全演练，内容包括地震、火灾、洪水等。这些事故虽然发生的概率较小，但不能轻视，一旦发生，就会造成不可挽回的后果。因此，在进行安全演练时，首先确保演练的真实性，不能搞形式走过场；其次要态度认真，不能因为这些灾害百年不遇，就敷衍了事，要珍惜每一次安全演练；最后确保幼儿在每次演练中都有所收获、印象深刻，可通过观看视频、情境练习，使安全演练取得实质性的效果。

幼儿园地震演练计划

2. 安全教育

有效的安全教育是安全事故危机预防的有效途径之一。幼儿园班级的安全教育是教师有组织、有计划、有目的的教育活动,其总体教育目的是培养幼儿的安全意识,使幼儿具有基本的安全知识和自我保护能力,减少安全事故对幼儿造成的身体及心理伤害,保障幼儿健康成长。

(1)安全教育目标

安全教育目标是对幼儿安全教育目的和要求的总体归纳。在《3~6岁儿童学习与发展指南》中,健康领域的子目标明确规定"具备基本的安全知识和自我保护能力"。各年龄段幼儿的安全教育目标如下:

3~4岁	4~5岁	5~6岁
1. 不吃陌生人给的东西,不跟陌生人走; 2. 在提醒下能注意安全,不做危险的事; 3. 在公共场所走失时,能向警察或有关人员说出自己和家长的名字、电话号码等简单信息	1. 知道在公共场所不远离成人的视线单独活动; 2. 认识常见的安全标志,能遵守安全规则; 3. 运动时能主动躲避危险; 4. 知道简单的求助方式	1. 未经大人允许不给陌生人开门; 2. 能自觉遵守基本的安全规则和交通法规; 3. 运动时能注意安全,不给他人造成危险; 4. 知道一些基本的防灾知识

在制定安全活动目标时,教师依据《幼儿园教育指导纲要(试行)》《幼儿园工作规程》《3~6岁儿童学习与发展指南》《中小学幼儿园安全管理办法》等相关文件内容,结合幼儿各年龄段特点及实际需要,开展班级安全教育活动,既能符合幼儿现有水平,又能增加幼儿的安全常识,体现出班级安全教育的适宜性。

(2)安全教育内容

班级安全教育内容是实现安全教育目标的重要保证。选择安全教育内容主要遵循幼儿的实际需要,能够有效指导幼儿生活,同时也要满足社会对幼儿的成长要求。

热爱生命内容:让幼儿知道人的生命只有一次,要珍惜爱护自己的生命,身体不舒服时能够及时告知成人并叙述清楚,知道自己身体的各个器官,知道不允许别人触摸自己的隐私部位。

交通安全内容:帮助幼儿了解交通法规,知道过马路走人行横道,认识基本的交通标识,会看红绿灯,养成遵守交通法规的良好习惯。

消防安全内容:知道遇到紧急情况拨打119等求助电话,让幼儿知道不做危险的事,不玩火、不玩打火机、不动热水壶插座等，掌握基本的火灾自救能力，基本具备逃生的能力。

食品卫生安全内容：对常见的食物有基本的了解，知道变质食物、有异味的食物不能食用，不随意把不认识的食物放进嘴里，不随意吃药。

游戏安全内容：幼儿玩不同的游戏，要遵守不同的游戏规则，有相应的游戏安全教育，不将玩具放入口、鼻、耳中，不与同伴抢玩具、不扔玩具等。

生活安全内容：幼儿具备基本的安全意识。外出时，提醒幼儿要紧跟成人，不远离成人的视线，不跟陌生人走，不吃陌生人给的东西，不在河边和马路上玩耍。

自救知识内容：让幼儿知道在事故发生时如何保护自己，面临自然灾害等情况如何逃生自救。

（3）安全教育途径

班级安全教育途径是指实施班级安全教育所采取的活动形式[①]。一般幼儿园班级安全教育采用专门的安全教育活动或者渗透的安全教育活动两种方式进行。

专门的安全教育活动是指幼儿园保教人员有组织、有计划、有目的地对幼儿进行的专项安全教育活动，通常以集体教育为主。专门的安全教育活动是教师根据安全教育目标和班级幼儿年龄特点、生活需要所准备的教育内容。专门的安全教育活动能有效地使幼儿具备基本的安全知识和自我保护能力。

知识拓展

幼儿园大班安全教案：我们不玩火

渗透的安全教育活动是指除专门的安全教育集体活动外，在生活、学习、游戏等一日常规环节中渗透有关安全方面的知识，进行随机教育的活动。

日常生活中的随机教育。日常生活主要培养幼儿养成良好的生活习惯，在生活中注意细节，形成自我保护的意识。在饮水环节，告诉幼儿不要边喝水边聊天，不要在其他小朋友饮水时推搡打闹，以免呛到；在进餐环节，告诉幼儿不能边吃边闹，要细嚼慢咽。在这些生活常规中，保教人员要随时提醒幼儿，及时发现问题并纠正错误行为，让幼儿渐渐有习惯养成的意识。

游戏活动中的随机教育。游戏是幼儿园教育活动的主要形式，游戏能使幼儿快乐，将安全教育有机地融入游戏活动中，能使幼儿在轻松的气氛中学习安全知识，养成安全意识。在角色扮演中，通过社会生活的情境对幼儿进行适当的安全教育。

其他领域活动中的随机教育。在艺术领域可以通过音乐歌唱、美术画画等形式宣传"我要做安全小卫士"的内容。在语言领域可以通过朗诵儿歌、创编儿歌的形式教会幼儿"安全歌"。在社会领域可以通过"模拟过马路"等方式对幼儿进行交通安全知识教育。

---

① 杨莉君，杨希，李洋. 幼儿园班级管理 [M]. 北京：北京理工大学出版社，2017.

在每个领域,都可以有机结合安全教育内容,使幼儿时时刻刻了解安全在生活中的重要性。

(二) 安全事故处理

安全事故的预防是切断事故发生的途径,预防工作能够降低危险发生的概率,但一旦发生意外,教师也应冷静对待,做好危机应对与事故处理。

1. 建立安全事故处理制度

在幼儿园中,遇到突发意外安全事故,如果第一时间处理不当,不仅会造成严重后果,还会耽误伤者治疗的最佳时间,也会给处理家长与幼儿园的纠纷与责任问题增加难度,因此,妥善处理事故,把伤害降到最低,都有赖于安全事故处理制度的建立。

安全事故处理制度一般是由园方主导、家长委员会代表共同制定。在园一日常规中的各个环节发生事故,具体的处理步骤都需要详细说明。这样,既能让家长了解处理事故的方式,也能让家长明确自己及园方、教师的责任,避免出现问题时家长与教师互相推卸责任的情况出现。事故处理制度的建立,还能有效帮助教师解决问题,为伤者赢得最佳治疗时间,保证紧急应对工作顺利进行。

(1) 安全事故处理制度的内容

在幼儿入园时,应请家长填写幼儿信息表以及签署幼儿园安全协议书,并且每学期进行更新。在幼儿信息表中,应详细写明幼儿姓名、性别、出生日期、血型、过敏药物、病史以及幼儿父母的姓名、单位地址和电话,如果幼儿有保险,也应注明有关保险的相关内容,这样一旦出现意外安全事故,可以第一时间参照信息表中的内容进行急救,并与家长联系。

幼儿园安全协议书

(2) 安全事故处理制度的实施要求

由于安全事故发生的类型、时间、地点都难以预测,给事故紧急处理带来了困难。因此,在安全事故处理制度实施中,幼儿园要注意以下几点:一是制度要考虑周全,尽可能预测有可能发生的意外事故以及突发情况;二是有清晰明确的组织机制,人员分工细致、责任明确;三是有救护车等外援保障;四是熟悉应急预案并具有演练经验。

在制度实施过程中,教师应当做到:一是对班级内一切事故负主要责任,遇到突发事故第一时间联系主班教师或园领导;二是判断幼儿受伤情况,如果是轻伤,联系医务室人员,如果是重伤,马上拨打120并联系家长简单告知;三是如果医院给幼儿做出诊断需要治疗,教师不得擅自做主,应与幼儿监护人联系,征得家长同意;四是对幼儿的意外事故需由教师填写报告单,写明事故发生的现场情况、原因以及处理意见,并由家长签字,放入幼儿健康档案中。

2. 安全事故处理的策略

1）流鼻血：幼儿鼻子受外伤、挖鼻孔损伤鼻黏膜、发热时鼻黏膜肿胀都容易发生流鼻血现象。处理策略：要安抚幼儿情绪，让幼儿不要紧张，引导幼儿用口呼吸，头略低；捏住鼻翼 5~10 分钟，同时用湿毛巾冷敷鼻部和前额；如果无法止血或幼儿经常出鼻血，应去医院诊治。

2）吞入异物：吞食的异物如是光滑的，可让幼儿多吃一些含纤维素的食物，使异物随大便排出。如没排出，应立即送医。若吞进尖利的异物，不可采取大口吞饭的方法，应设法用镊子将异物取出，若不成功，立即送医。

3）异物进耳：若是昆虫入耳，可以将耳朵对向光源，引诱昆虫爬出；或者将食用油滴入耳内，向上静停几分钟，再向下让粘住的昆虫流出。若是小物件入耳，引导幼儿将头偏向有异物的一侧，用单脚跳。若不成功，立即送医。

4）眼内异物：若进入眼内的是沙子、飞虫，在眼球表面附着时，可用棉签擦拭，若进入眼睑结膜，需要翻开眼皮处理。若不成功，立即送医。

5）呼吸道异物：若是年龄较小的幼儿，要抓住幼儿的双脚使其倒置，大力拍击背部。若是年龄大的幼儿可以让其坐在抢救者的腿上，面朝外，抢救者用两手食指和中指按压幼儿的上腹部，向上挤压，要快要轻，将异物冲出。如果没有效果，立即送往医院。

6）磕碰：若青肿、瘀血，切不可用手揉伤处，应让幼儿试着慢慢活动，确认有无大碍。如无大碍可为幼儿伤处涂些芦荟胶或冷敷以去瘀消肿。若伤处破皮，拿药用棉签蘸些碘酒或消毒水轻擦伤处进行消毒，应从伤处由内向外擦，避免细菌进到伤处引起伤口感染。

7）摔伤：不可轻易移动幼儿，应边安慰幼儿边观察幼儿反应，若怀疑有四肢骨折应用硬板将伤处直直地固定，若怀疑有头颅、颈椎及脊柱损伤，切不可随意搬动，一定要平移，并拨打 120，等待专业人员救护。

8）扭伤：扭伤多发生在幼儿运动、游戏等活动环节中，多是关节处软组织受伤，受伤处肿痛，运动不灵活，颜色发青。处理策略：教师需检查是否骨折，确认没有骨折后，立即对受伤处采取冷敷法，目的是止血、止痛；同时可垫高伤处，使用冷敷、施压等方法用绷带包扎压迫扭伤处。48 小时之后，再进行热敷，以改善血液循环，减轻肿胀。

9）骨折：骨折处皮肤破裂的是开放性骨折，不破裂的是闭合性骨折。处理策略：不要移动受伤幼儿；观察幼儿全身情况，如是开放性骨折要先止血，再对骨折处进行固定，争取在 3 小时内送往医院进行复位处理。幼儿的骨骼韧性强、硬度小，还会出现折而不断的现象，容易因不及时送医造成畸形。

10）烧烫伤：不同情况处理方式不同。如是火焰烧伤，将衣物上的火扑灭；如果是热液体烫伤，将温热的衣服脱掉；如是触电烧伤，切断电源；如被腐蚀性药品烧伤，立即用清水冲洗。可在烫伤处涂抹獾油、烫伤膏等。二度、三度烫伤应用清洁的被单、纱布、毛巾覆盖表面，不要弄破水泡，不要涂抹任何药品，尽快送医院处理。

11）食物中毒：对 2 岁以下幼儿，可一手抱着，另一手伸入其口内刺激咽部，让其将毒物呕吐出。2 岁以上幼儿可以用筷子或手指进行催吐，并反复让幼儿喝水；可以用牛奶、面糊、蛋清作为洗胃剂。若误食含磷农药可让幼儿喝下肥皂水，并送往医院。如果误食毒物超过 4 小时，应立即送往医院。教师也要及时搜集幼儿吃剩的食物，提供证据。

12）流血：采取"一捂二按三包"的方法，先将伤处捂住，再用力按住止血，之后用纱布包扎并送往医院。

13）抽搐：马上找到手边任意硬物塞入幼儿口中，避免其咬舌，将头侧向一边，以免异物吸入气管造成窒息，并用手指按掐人中，拨打120。

 知识拓展

《中小学幼儿园安全管理办法》（节选）

一、选择题

1. 幼儿突然出现剧烈呛咳，伴有呼吸困难、面色青紫等症状。这种情况最可能是（　　）。
A. 急性胃肠炎　　　B. 异物进入气管　　　C. 急性喉炎　　　D. 支气管哮喘
【答案】B

2. 幼儿在户外运动中扭伤脚部，出现充血、肿胀和疼痛症状。教师应对幼儿采取的措施是（　　）。
A. 停止活动，冷敷扭伤处　　　B. 停止活动，热敷扭伤处
C. 按摩扭伤处，继续活动　　　D. 清洁扭伤处，继续活动
【答案】A

3. 预防幼儿异物入体，以下哪种说法是不妥当的？（　　）
A. 幼儿进餐时不惊吓、逗乐幼儿
B. 幼儿能吸入或吞入的物品不应作为玩具使用
C. 为锻炼幼儿的咀嚼能力，让孩子多食用花生米、瓜子及带核、带骨、带刺的食物
D. 教育幼儿不要把别针、豆子、玻璃珠等小物件塞进嘴、鼻孔、耳朵里
【答案】C

4. 下列哪一项不是在幼儿班级突发事件的处理时首先应该做的？（　　）
A. 保持冷静　　　B. 及时救助
C. 科学施救　　　D. 电话报警
【答案】D

二、简答题

1. 请简述安全教育内容。

【参考答案】 班级安全教育内容是实现安全教育目标的重要保证。选择安全教育内容主要遵循幼儿的实际需要，能够有效指导幼儿生活，同时要满足社会对幼儿的成长要求。

（1）热爱生命内容：让幼儿知道人的生命只有一次，要珍惜爱护自己的生命，身体不舒服时能够及时告知成人并叙述清楚，知道自己身体的各个器官，知道不允许别人触摸自己的隐私部位。

（2）交通安全内容：帮助幼儿了解交通法规，知道过马路走人行横道，认识基本的交通标识，会看红绿灯，养成遵守交通法规的良好习惯。

（3）消防安全内容：知道遇到紧急情况拨打119等求助电话，让幼儿知道不做危险的事，不玩火，不玩打火机、不动热水壶插座等，掌握基本的火灾自救能力，基本具备逃生的能力。

（4）食品卫生安全内容：对常见的食物有基本的了解，知道变质食物、有异味的食物不能食用，不随意把不认识的食物放进嘴里，不随意吃药。

（5）游戏安全内容：幼儿玩不同的游戏，要遵守不同的游戏规则，有相应的游戏安全教育，不将玩具放入口、鼻、耳中，不与同伴抢玩具、扔玩具等。

（6）生活安全内容：幼儿具备基本的安全意识，外出时，提醒幼儿要紧跟成人，不远离成人的视线，不跟陌生人走，不吃陌生人给的东西，不在河边和马路上玩耍。

（7）自救知识内容：让幼儿知道在事故发生时如何保护自己，面临自然灾害等情况，如何逃生自救。

2．请简述5种常见安全事故及处理策略。

【参考答案】

（1）流鼻血：幼儿鼻子受外伤、挖鼻孔损伤鼻黏膜、发热时鼻黏膜肿胀都容易发生流鼻血现象。处理策略：要安抚幼儿情绪，让幼儿不要紧张，引导幼儿用口呼吸、头略低；捏住鼻翼5～10分钟，同时用湿毛巾冷敷鼻部和前额；如果无法止血或幼儿经常出鼻血，应去医院诊治。

（2）吞入异物：吞食的异物如是光滑的，可让幼儿多吃一些含纤维素的食物，使异物随大便排出。如没排出，应立即送医。若吞进尖利的异物，不可采取大口吞饭的方法，应设法用镊子将异物取出，若不成功，立即送医。

（3）异物进耳：若是昆虫入耳，可以将耳朵对向光源，引诱昆虫爬出；或者将食用油滴入耳内，向上静停几分钟，再向下让粘住的昆虫流出。若是小物件入耳，引导幼儿将头偏向有异物的一侧，用单脚跳。若不成功，立即送医。

（4）眼内异物：若进入眼内的是沙子、飞虫，在眼球表面附着时，可用棉签擦拭，若进入眼睑结膜，需要翻开眼皮处理。若不成功，立即送医。

（5）呼吸道异物：如果是年龄较小的幼儿，要抓住幼儿的双脚使其倒置，大力拍击背部。若年龄大的幼儿可以让其坐在抢救者的腿上，面朝外，抢救者用两手食指和中指按压幼儿的上腹部，向上挤压，要快要轻，将异物冲出。如果没有效果，立即送往医院。

项目总结

安全是幼儿园班级开展各项活动及工作的必要前提和首要条件，班级安全管理也影响着幼儿的身心和谐发展，因此，要充分认识幼儿园班级安全管理的重要性，教师要认真、正确、严谨地对待班级安全工作的每一个细节。

本项目主要介绍了班级安全管理的意义及内容；入园离园、区域活动、户外活动等安全管理内容及安全措施；班级安全事故的应对管理。在学习以上内容时，教师要能正确履行安全管理职责，具备处理突发事件的方法和能力。

思考实践

1. 分享你在实习或见习过程中遇到的幼儿突发事件的过程及教师的处置情况。
2. 结合所学知识，尝试设计一份班级安全管理方案。
3. 请回忆在实习或见习过程中，你所在的幼儿园在哪些地方存在安全隐患，举例说明。

项目六

幼儿园家长工作组织与管理

项目描述

苏联著名教育家苏霍姆林斯基指出:"没有家庭教育的学校教育和没有学校教育的家庭教育,都不可能完成培养人这一极其细致而复杂的任务。"家庭教育在幼儿发展过程中有着不可替代的作用。父母是幼儿的第一任老师,父母的一言一行、为人处世,家庭的教养方式、文化氛围都会对幼儿产生深刻的影响。而幼儿园教育在幼儿发展过程中同样起着主导作用,是有目的、有计划、有组织地整合多方资源而进行的教育活动,是促进幼儿德、智、体、美全面发展的重要组织形式。

本项目针对幼儿园班级管理中的家长工作,从工作内容及家园关系方面进行了详细阐述。

项目导学

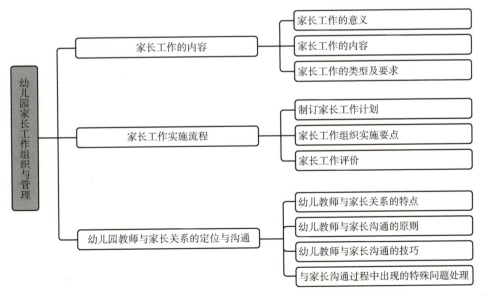

> **学习目标**

1. 了解并能够重视幼儿园管理中家长工作的重要意义。
2. 能够制订家长工作计划,并组织实施、总结评价。
3. 能够掌握与家长沟通的正确方式,有效解决与家长沟通过程中出现的问题。

任务一　家长工作的内容

【任务情境】

新的学期,幼儿教师发现原本活泼开朗、积极乐观的笑笑突然变得很内向,在她最喜欢的老师的课上也不再主动回答问题了,幼儿教师与笑笑沟通了很多次,也没什么效果,对此,幼儿教师决定进行一次家访,与家长进行沟通,了解笑笑性格转变的真实原因。

思考:家访的内容应该包括什么?家访过程中需要注意哪些问题?

【任务解析】

1. 了解幼儿园家长工作的意义与价值。
2. 掌握幼儿园家长工作的内容。
3. 能够根据不同工作内容采取不同的家长工作形式。

任务实施

幼儿园的工作离不开与家长的联系与配合,家长工作也是幼儿园管理中的重要组成部分,幼儿教师组织家长参与、配合幼儿园管理工作,建立家园联系,有利于丰富幼儿学习资源,有效提高幼儿教育质量,同时也能够提升幼儿教师专业素养。家长工作对幼儿、幼儿园都有着重要的意义。

2016年施行的《幼儿园工作规程》第九章第五十二条至五十四条明确规定并强调了幼儿园应当主动与幼儿家庭沟通合作,为家长提供科学育儿宣传指导,帮助家长创设良好的家庭教育环境,共同担负教育幼儿的任务;幼儿园应当建立幼儿园与家长联系的制度,可采取多种形式,指导家长正确了解幼儿园保育和教育的内容、方法,定期召开家长会议,并接待家长的来访和咨询;幼儿园应当成立家长委员会促进幼儿园与家长的友好互助。

知识一　家长工作的意义

(一)促进幼儿全面发展

家庭是幼儿的第一所学校,父母是幼儿的第一任老师,家庭背景、父母教养方式都会对幼儿产生深远影响,在幼儿的成长初期起着不可替代的作用。家庭教育涉及幼儿发展的方方面面，渗透到幼儿生活中的点点滴滴，具有很强的针对性及长期性的特点。

幼儿园与家庭有着不同的教育方式和教育优势。幼儿园教育是最基础的教育，为幼儿后续的终生学习奠定基础。幼儿园教育是有目的、有计划、有组织的，能够为幼儿提供更为丰富的资源环境，促进幼儿的德、智、体、美全面发展，能够为幼儿学习启蒙，激发幼儿对学习的兴趣。

家庭教育与幼儿园教育相互配合才能够保证幼儿的全面健康和谐发展。家长工作是衔接家庭教育和幼儿园教育的重要形式，幼儿教师通过向家长传输科学的教育理念，能够开展更为有效的管理工作，也能够更为全面地了解幼儿发展，树立科学的育儿观念，从而实现家庭与幼儿园的观念相同、目标一致、行动统一，收到更大的教育效果，促进幼儿身心全面发展。

（二）为家长提供专业支持

幼儿家长大多从事非教育类工作，具有重视学前教育的意识，但往往不得法，可能会存在教育理念不科学、教育知识不专业、教育方法不得当等情况，这使得家庭教育存在一定的不规范性。家庭教育往往也具有随意性，从某种程度上来说不利于幼儿的健康发展。而幼儿园由于是专业的学前教育场所，其教育具有明显的目的性和计划性，能够很好地弥补家庭教育不足的部分。《幼儿园工作规程》中也明确指出："幼儿园应当主动与幼儿家庭沟通合作，为家长提供科学育儿宣传指导，帮助家长创设良好的家庭教育环境，共同担负教育幼儿的任务。"幼儿园有义务向家长介绍学前教育知识，如学前卫生学、学前心理学、学前教育学等基本的专业知识，传授科学先进的育儿理念和正确的育儿方法，有针对性地解决家长育儿过程中出现的问题，为家长提供专业知识方面的支持，从而提高家庭教育质量。

（三）有助于班级工作开展

开展家长工作，首先能够帮助幼儿教师更全面地了解幼儿情况。幼儿教师能够观察到幼儿在幼儿园的所有情况，但是无法观察到幼儿在家庭中的表现，通过家长工作，向家长了解幼儿在家庭中的实际情况，能够让幼儿教师更好地掌握幼儿的发展情况，便于幼儿教师采取针对性的措施，促进幼儿个性化发展。其次，让家长了解并理解幼儿园的工作、教育理念，能够取得家长的认可和配合，便于管理工作的开展。家园一致的教育方式能够保证幼儿各方面发展的一致性，避免由于家园不一致所导致的幼儿困惑或矛盾。并且，幼儿教师整合家庭资源，能够丰富幼儿教育内容，通过充分利用家长丰富的工作经验和社会认知，可以弥补幼儿教师专业限制，如邀请医生家长给幼儿讲解基本的卫生常识等。

知识二　家长工作的内容

（一）交流幼儿发展情况

交流幼儿发展情况是家长工作的主要内容。首先，幼儿教师要告知家长幼儿在幼儿园中的各方面情况。包括幼儿的身体发育情况、幼儿的认知发展程度及幼儿的行为习惯。身体发育情况主要包括幼儿身体的基本信息，如身高、体重、视力等，以及幼儿每日在园的身体状况，如是否发烧、感冒等。幼儿的认知发展是家长比较关注的方面，主要是幼儿教育活动中的突出表现，如语言发展、科学探究、艺术创作等。例如，幼儿教师告知家长，幼儿今天第一次完整地讲述了"三只小猪"的故事。幼儿的行为习惯也是家长比较重视的内容，包括生活卫生习惯、与人交往习惯。生活卫生主要涉及幼儿饮食、盥洗、睡眠情况，幼儿在生活卫生方面出现问题，要及时与家长沟通，查明原因，与家长共同商讨解决办法。如幼儿不午睡，需要与家长沟通，了解实际情况，是家庭中没有午睡习惯还是有其他原因，查明原因，共同协商解决问题。在与人交往方面，家长比较关注幼儿是否与同伴发生冲突，喜欢跟谁一块玩，有没有受到欺负等。将幼儿的各方面情况告知家长，一方面减轻家长对幼儿的担心，另一方面，也是为了让家长配合幼儿教师工作顺利开展，促进幼儿健康发展。

幼儿教师也需要询问家长幼儿在家庭中的各方面表现，主要询问幼儿的身体发育情况、幼儿的认知发展程度及幼儿的行为习惯这几个方面。了解幼儿在家庭中的各方面表现，有利于幼儿教师全面掌握幼儿发展情况，同时有助于幼儿教师对幼儿出现的问题进行原因分析，明确发展方向，采取相应措施，促进幼儿发展。

（二）提供亲子互动机会

亲子互动是连接家庭与幼儿园的重要途径。幼儿园亲子互动主要是指幼儿园开展让家长与幼儿共同参与、相互合作的活动，主要形式有家长开放日、家长教师。首先，开展亲子活动，让家长走进幼儿园，可以增强家长对幼儿园工作的理解，真切地理解幼儿园的教育理念、管理方式等，从而让家长能够更加尊重幼儿发展，发现自己育儿过程中的问题，学习科学的育儿方法。其次，开展亲子活动能够有效增进亲子感情，促进亲子关系健康发展。亲子活动既满足了幼儿活动的乐趣，还满足了幼儿依赖家长的需求，同时，能够增进家长与幼儿之间的沟通，让家长了解幼儿在幼儿园中的真实表现。最后，亲子活动也是充分利用家庭资源的有效形式。可以开展家长教师的亲子互动形式，让家长充当教师的角色，参与到幼儿园班级管理工作当中，并利用家长职业优势对幼儿进行相关知识讲授。

（三）为家长提供理论指导

为促进幼儿全面健康协调发展，幼儿教师为家长提供理论指导也是幼儿园班级管理的重要内容。由于家长对于幼儿的认识不同，对于教育的理解存在一定的差异，就导致了家庭教育中出现三种情况：家长不重视教育且不善于教育，家长重视教育但不善于教育，家长重视教育且善于教育。由于学前教育的普及，越来越多的家长开始关注幼儿的学前教育，认识到学前教育的重要性，然而大部分家长处于上述第二种情况，重视教育但不善于教育，从而强烈渴求专业教育理念、教育方法。因此，"家长学校"应运而生。家长学校指幼儿教师以幼儿家长为主要对象，以传授家庭教育的科学知识和方法为主要内容的一种业余教育形式。家长学校的主要内容需要充分考虑幼儿家长需求，根据家长在育儿过程中的问题进行有针对性的指导，比如如何建立良好的亲子关系、促进幼儿发展家长该怎么做等问题。

（四）开展宣传工作

宣传工作是家长了解幼儿园班级管理工作的一扇窗，主要形式有宣传栏、幼儿园网站等。宣传工作内容主要有幼儿园的各阶段管理计划，如学期计划、月计划、周计划，幼儿的每日食谱、活动展示、教育资讯等。宣传工作的开展一方面有利于家长快速获取幼儿园管理信息，掌握幼儿园管理情况，幼儿在园活动表现；另一方面，教育资讯有助于让家长了解最新的教育理念、教育动态，真正做到资源共享，帮助家长科学育儿。

知识三　家长工作的类型及要求

（一）集体活动

幼儿园面向全体家长的工作，可以分为两类：以家长与幼儿互动为主的活动，包括家长开放日、家长教师；以家长与幼儿教师互动为主的活动，包括家长委员会、家长学校、专题讲座、家长读书会等。

1. 以家长与幼儿互动为主的活动

（1）家长开放日

家长开放日即让幼儿家长来园参观，并参与到幼儿的一日生活当中。家长开放日，不仅能够展示幼儿生活、展示教师才能，也能够让家长贴近幼儿、贴近幼儿园教育，真实感受幼儿园的教育理念，也是更新家长育儿观念的机会。幼儿教师会以丰富多彩的活动形式，贴近幼儿园生活，让家长参与幼儿活动，亲身体验与幼儿互动的愉快。

活动要求：①做好家长开放日活动计划，确定活动目标。②参观活动过程中需要向家长提出要求，避免家长干扰幼儿园正常活动，同时注意向家长讲解，让家长清楚地了解幼儿在园的活动情况及活动开展的目的与意义。③亲子互动过程中也需向家长提出活动要求，注意幼儿安全。④在家长开放日活动期间，要求幼儿教师热情大方、言语亲切、着装适宜。⑤做好活动记录，尤其需要记录活动过程中出现的问题。⑥活动结束后，及时与家长进行交流，收集家长意见与建议。

（2）家长教师

家长教师即家长受邀担任教师角色，参与到幼儿的教育活动当中。幼儿家长的职业多种多样，可以请家长简单讲解自己的职业或向幼儿讲解相关知识。如邀请当警察的家长向幼儿讲解安全常识，让当消防员的家长组织安全演习，让当收银员的家长指导幼儿超市娃娃家的区角活动。

活动要求：①全面了解每位家长的职业，定期邀请不同家长参与教育活动。②在开展家长教师活动前，需要提前与家长进行沟通，告知教育活动的注意事项、幼儿喜爱的活动形式、幼儿的理解程度等。③做好活动记录。④活动结束后，及时与家长进行沟通。

2. 以家长与幼儿教师互动为主的活动

（1）家长委员会

家长委员会是由家长代表成立的组织，作为与幼儿园沟通的桥梁，关注幼儿园管理情况，是增进幼儿园、家长及幼儿之间沟通的重要渠道。家长委员会主要职责是协助幼儿教师开展家长工作，及时向幼儿教师反映家长对幼儿园的意见与建议，及时向家长宣传教育知识，请家长配合参与幼儿园管理工作、检查监督幼儿园工作情况。家长委员会在幼儿园与家庭之间起着重要的连接作用，能及时沟通每一位家长与幼儿教师。

工作要求：①完善家长委员会制度，明确家长委员会成员的权利与义务。家长委员会具有知情权、监督权、参与权，对幼儿园管理工作、教育教学工作计划、资源配置情况、教育督导及评估结果等都有知情、监督、参与、建议的权利；同时家长委员会也有一定的义务，向家长介绍幼儿园工作计划，协助幼儿园家长工作的开展，积极参与幼儿园活动，起带头模范作用。②组建班级家长委员会，一般要求家长民主、自愿推选，人数在5人左右，成员要求有责任心、爱心，要有服务精神、奉献精神，同时要有良好的沟通能力，能够协调家长与幼儿园之间的事宜。同时需定期更换家长委员会成员。③为支持家长委员会，幼儿园需对家长委员会进行一定的工作指导，为家长委员会提供场地，为家长工作提供专业服务。

（2）家长会

幼儿园家长会，一般是由幼儿园或幼儿教师发起，面向全体家长的交流互动的会议或活动，主要由幼儿教师主持召开。家长会有利于建立理解、信任、支持的合作关系，是建立良好家园合作的重要途径。一般在学期前、学期末及特殊情况下召开家长会，以介绍幼儿园活动安排、介绍幼儿发展情况、知识宣讲为主要内容。

活动要求：①根据家长需要确定家长会主题，或者根据实际情况确定，如在开学前以帮助幼儿尽快适应集体生活为主题，春季以避免流感为主题。②制订家长会活动计划，确定活动目标。③根据主题创设环境，制作主题相关知识展板，营造温馨氛围。④在家长会活动期间，要求幼儿教师热情大方、言语亲切、着装适宜。⑤做好家长会活动记录。⑥活动结束后，及时与家长进行沟通，收集家长意见与建议。

（3）家长学校

家长学校是以幼儿教师或专家为教育者、幼儿家长为被教育者，以传授家庭教育的科学知识和方法为主要内容的一种业余教育形式。家长学校以讲授家庭教育相关理论为主，包括基本的学前卫生学、学前教育学、学前心理学以及家长在育儿过程中出现的普遍问题的处理，比如如何建立良好的亲子关系、促进幼儿发展家长该怎么做等问题。但需要避免活动过程中主讲人照本宣科、使用过多专业术语，以免家长听起来枯燥乏味，不能达到活动预期效果。

活动要求：①要求幼儿教师制订活动计划，明确活动目标，相近主题可结合起来开展主题系列活动，系列活动可分多次举行。②根据主题创设环境，制作主题相关知识展板，营造温馨氛围。③主讲内容需考虑班级幼儿家长的知识背景，内容要具体、深入浅出，将理论与实际相结合，尽量做到通俗易懂地进行专业知识讲解。④在活动过程中，要尊重每一位家长，做到语言尽量亲切、幽默、有趣，拉近与家长之间的距离。⑤在活动期间，要求幼儿教师热情大方、着装适宜。⑥做好家长会活动记录。⑦活动结束后，及时与家长进行沟通，收集家长意见与建议。

（二）个别活动

幼儿园家长工作中的个别活动，即家长工作的对象是以某一家长为主的交流活动，包括家访、接送环节沟通。

1. 家访

家访作为家长工作的一项重要内容，是连接幼儿园和家庭的重要纽带，是增进家园关系和师幼关系的重要桥梁，是提高幼儿园教育和家庭教育水平的重要途径。家访是幼儿园班级教师到幼儿家庭进行访问，一般是深入了解幼儿家庭环境及幼儿在家庭中各方面表现，针对幼儿的具体问题给予一定指导或共同商讨教育对策。这种指导方法比较灵活机动，而且指导得比较具体，更具有针对性。尤其在幼儿入园前，幼儿教师进行家访，深入了解幼儿情况，以指导幼儿家长为幼儿入园进行准备。

活动要求：①幼儿教师需在家访前确定家访目的，明确的目的会提高家访的有效性，获得更多信息。入园前家访主要内容包括幼儿性格、兴趣爱好、特殊习惯、家庭教养方式等。②提前与家长沟通，了解家长意愿，确定家长愿意接受家访后与家长预约，确定家访时间。③家访前，可以给幼儿准备一个小礼物或互动的小游戏，便于在轻松愉快的氛围中开展工作。④家访过程中，幼儿教师需尊重其家庭习惯，尊重幼儿家长，语言亲和，仪态大方。⑤做好家访记录，根据幼儿园要求采取相应记录形式。

 知识拓展

案例

2. 接送环节沟通

入园和离园是幼儿一日生活中的基本环节。在接送幼儿的过程中，家长和幼儿教师会进行简短的幼儿情况交流。虽然接送环节的交流简短，但能够保证幼儿教师及家长双方及时有效了解幼儿在家庭或幼儿园中的各项情况，是最直接、最方便，也是最常用的家园沟通方式。如入园时，家长向教师询问幼儿的午睡情况，教师向家长询问幼儿的健康、情绪等。

活动要求：①沟通要简短，避免与某一位家长交流时间过长，耽误其他幼儿正常入园。②沟通主题要明确，交流内容应具体。家长询问幼儿在班表现时，教师以具体事件回应，能够更加体现教师对幼儿的关注。③沟通态度要平等，语气要亲和，仪态大方。

 知识拓展

案例

（三）科技沟通平台

随着科学技术的发展，越来越多的人利用科技手段交流沟通，甚至学习、办公。科技沟通也成为幼儿园家长工作的形式之一。

1. 网络沟通平台

随着互联网的发展、社交软件的普及，每个人都能够利用网络进行交流，如 QQ、微信等，这使家园沟通更加迅捷便利。家长与幼儿教师能够随时利用网络平台进行沟通，同时，幼儿教师可以将幼儿的实时动态、幼儿园的活动通知、教育资讯等发送给家长，真正实现家园同步、资源共享。

工作要求：①利用网络平台发通知时，要求内容清楚、用词准确，避免家长对通知产生不理解或误解。②避免在交流群针对某个幼儿进行负面评价，以免对幼儿产生不良影响。③幼儿教师在沟通时，要态度温和，有礼有节。④进行消息推送时，尽量选择非休息时间，避免打扰家长的正常休息。

2. 电话沟通

电话沟通一般是指以打电话或发短信的形式与家长沟通联系的一种方式，是家园沟通中比较常见的形式。尤其是在出现突发情况时，教师能够迅速与家长进行沟通，通报情况。一般幼儿园都会在幼儿入园之初进行信息登记，家长电话是必不可缺的一项重要信息。电话沟通的方式可以避免家长对文字通知的不理解或误解，是一种较为方便、有效的沟通方式。

工作要求：①明确电话沟通主题，如幼儿挑食或攻击性行为等。②注意电话沟通时间的选择，尽量选择非工作时间，或者提前发送短信，询问是否有时间沟通，如没时间，另约时间沟通。③电话沟通语气要亲和，语言要精练，时间不宜过长。

小试牛刀

一、选择题

1. 现代教育理论认为，幼儿园与家庭是（　　）。
 A. 伙伴关系　　　　　　　　　　B. 指导与被指导
 C. 教育者与受教育者　　　　　　D. 行政关系
【答案】A

2. 教师请小朋友把自己家的图书带到幼儿园的图书角与他人分享，丰富了图书角的内容，教师这样做遵循了（　　）的教育原则
 A. 保教结合的原则
 B. 充分利用和发挥儿童、家庭、社会教育资源的作用
 C. 促进儿童全面发展的原则
 D. 注重教育的活动性和活动的多样性
【答案】B

3. 向家长介绍幼儿园教育工作的基本情况和今后的工作计划，适合采取的形式是（　　）。
 A. 家访　　　　B. 开家长会　　　　C. 家长学校　　　　D. 教育讲座
【答案】B

4. 幼儿园要经常和家长交流情况，相互沟通，形成教育合力，这体现了幼儿园家庭教育指导的（　　）。
 A. 科学性原则　　　B. 针对性原则　　　C. 了解性原则　　　D. 协调性原则
【答案】D

5. 向家长宣传和指导教育幼儿的正确方法的幼儿园家长工作指导形式是（　　）。

A. 咨询活动　　　　B. 家长委员会　　　　C. 家长学校　　　　D. 电话联系

【答案】C

二、简答题

1. 为什么说"幼儿的教育离不开家庭"？

【参考答案】

（1）家庭是幼儿成长最自然的生态环境。

人类最初的幼儿教育是由家庭承担的，随着社会生产力的发展，逐渐转移到幼儿园。幼儿教育发展到今天，家庭的重要性又重新受到重视。

（2）家庭是幼儿的第一所学校。

父母对幼儿的态度为幼儿以后对社会的态度奠定了基础。每个幼儿都从自己的家庭生活中获得不同于他人的经验、形成自己的行为习惯、发展待人处事的能力及语言能力等。

（3）家长是幼儿园重要的教育力量。

家长与幼儿天然的联系使家长具有别人难以替代的优势，家长作为重要的教育力量表现在以下几个方面：①家长的参与有利于幼儿的发展；②家长是教师最好的合作者，是教师了解幼儿的最好信息源；③家长参与幼儿园的活动能够大大提高幼儿活动的兴趣和积极性；④家长与教师的配合使教育计划的可行性、幼儿园课程的适宜性、教育的连续性和有效性等都能更好地得到保证；⑤家长本身是幼儿园宝贵的教育资源。

2. 简述幼儿园开展家长工作应该注意的问题。

【参考答案】幼儿园开展家长工作应该注意的问题如下：

（1）幼儿园与家庭应是伙伴关系，教师不是权威，要尊重家长，确立家长的主体地位，强调家长和教师的平等性，肯定家长的潜能和作用。教师不是作为权威的角色仅仅把教育知识传授给父母，而是与家长相互作用，共同讨论儿童在家庭和园所发生的问题，相互支持，相互配合。

（2）教师尊重家长和他们正确的育儿方式，每个家庭情况不同，具有不同的教育方式，教师要尊重家长及其正确的教育方式，而不是强迫其改变，教师是建议者，而非裁判者或者权威。

（3）注重教师与家长及家长与家长之间的相互作用，教师不仅要影响家长、干预家庭教育，而且要吸取家长的教育经验，听取家长的教育意见，与家长共同讨论问题，共同解决问题，共享教育成功的快乐。

（4）开拓家长工作的广度和深度，不仅允许、吸收、鼓励家长参与幼儿园的管理，而且要使家长参与幼儿园教育活动的开展和设计；不仅同家长交换孩子在家、在园的情况，而且要在行动上取得一致，在教育观念上相互尊重，在情感上相融。

任务二　家长工作实施流程

【任务情境】

新学期马上就要开始了，幼儿教师进行了大量的准备工作迎接新入园的幼儿。为了帮助幼儿尽快消除入园分离焦虑，也为了让家长了解幼儿在园的一日生活，更好地配合老师开展家园共育工作，幼儿园在开学初期组织了一次家长会，帮助幼儿尽快适应集体生活，并介绍本学期幼儿园班级管理计划。

思考：幼儿园家长会该如何制订计划、组织实施，并做工作评价？

【任务解析】

1. 能够制订幼儿园家长工作计划。
2. 合理组织家长活动，实现家长工作目标。
3. 对家长工作进行客观公正的评价，促进专业发展，并建立良好的家园合作关系。

任务实施

家长工作的管理主要包括制订工作计划、组织实施，并进行工作评价。

知识一 制订家长工作计划

（一）家长工作计划制订依据

2016年施行的《幼儿园工作规程》第九章第五十二条明确规定并强调了幼儿园应当主动与幼儿家庭沟通合作，为家长提供科学育儿宣传指导，帮助家长创设良好的家庭教育环境，共同担负教育幼儿的任务。幼儿园家长工作计划的制订要以《幼儿园工作规程》为指导思想，从宏观角度指导幼儿教师开展班级家长工作。

同时由于每个幼儿园都会有自身的家长工作计划，班级家长工作计划还要以本园家长工作计划为依据，并充分考虑班级管理工作整体计划、幼儿发展状况、幼儿家庭情况，确定本班级家长工作计划的具体目标及相应工作，并制订具体计划方案。如上一阶段，班级内部分幼儿攻击性行为明显增加，幼儿教师需在本阶段的家长工作计划中，布置相应工作。

（二）家长工作计划内容

1. 实情分析

主要对幼儿园、班级、家长三方面情况进行分析。实情分析的内容包括当下三方实际情况如何，各方面条件是否有利于家长工作开展，上一阶段存在的问题及未完成工作。如幼儿园是否建立合理制度有利于班级开展家长工作，如何改进上一阶段中家长开放日活动存在的问题等。

2. 确定家长工作目标

家长工作目标主要包括两个方面：一是与家长建立良好沟通，做好与家长的联系工作，实现家园同步教育；二是满足家长育儿需求，提供科学的育儿知识，解决家长在育儿过程中存在的问题。

3. 明确工作安排

家长工作安排需要以家长工作内容为依据，主要是：交流幼儿发展情况，加强家园联系，相互配合、相互支持；提供亲子互动机会，加深家长对幼儿园管理的认识，增强家长与幼儿的亲子关系；为家长提供理论指导，满足家长需求，宣传科学育儿方法，提高家庭教育质量；开展宣传工作，展示园内管理情况，搭建网络教育宣传平台。

（三）家长工作计划类型

1. 学期家长工作计划

在学期开始之初制订的家长工作计划，是本班整学期在家长工作方面的具体安排。

第一学期家长工作计划

2. 月家长工作计划

依据学期工作计划，结合上月家长工作完成情况，进一步提出的当月家长工作计划。

3. 周家长工作计划

月家长工作计划通过周计划得以落实，主要布置本周家长工作的具体工作目标、内容及要求。

知识二　家长工作组织实施要点

（一）提前告知家长活动计划

幼儿教师需提前告知家长活动的主题、目标、流程，以及家长需要注意并配合的内容。如在开展"家长开放日"活动前，除了告知家长活动主题、目标及流程外，还可以邀请家长参与活动准备，如知识准备、生活活动材料准备等；"家长会"前，除了告知家长活动主题、目标及流程外，还可以提前让家长准备好在教养幼儿过程中出现的相关问题等。

（二）合理安排活动

要充分考虑活动对象的特殊性，合理安排活动。由于大部分家长没有专业学前教育基础，不了解幼儿的身心发展特点及规律，对此，幼儿教师需要进行专业讲解、答疑解惑，尤其是在以幼儿教师为主导的传授性家长活动中，如家长会、家长学校等，幼儿教师一定要避免生搬硬套、照本宣科，以防家长听不懂、不愿听，可以采取多种方式，增加家长互动的部分，充分调动家长的积极性。

（三）做好工作记录

在家长工作开展的过程中，幼儿教师需要进行一定的观察，关注家长关心的问题、家长的困惑，也要在一些家长与幼儿互动性的活动中注意幼儿的表现、状态，做好记录。工作记录有利于幼儿教师发现活动中的问题，促进幼儿教师专业成长。

（四）态度亲和，相互尊重

由于家长工作的主要对象是家长，在进行家长活动过程中，幼儿教师需要注意自己的语言、态度。幼儿教师与家长是平等互助的，目标都是为了幼儿的发展，但是由于每位家长的文化素养、经济水平有所不同，幼儿教师在开展家长工作时，要态度亲和，真正做到尊重每一位家长。

知识三　家长工作评价

（一）家长工作评价的意义

1. 有助于幼儿教师了解自身优势、劣势，提升家长工作质量

只有在实践过程中，才能够真正发现自己的长处与不足。通过自我工作评价，幼儿教师能够清楚地认识到自身优势及不足，清楚地了解问题产生的原因，以及应采取什么措施避免问题的发生；通过外部工作评价，幼儿教师能够获得较为客观全面的工作认识，客观公正地了解自身工作情况，发现工作中出现的问题，以便在下一阶段的工作中适时调整，达到工作最优化。只有发现问题、解决问题，才能够保障工作的顺利开展，提升家长工作的质量，有效促进家园合作。如家长认为家长教师的活动安排不合理，幼儿教师可以收集家长意见，进行调整，保证下一次家长教师活动避免出现上一次的问题，从而提高家长工作的有效性。

2. 有助于幼儿教师了解家长需求，开展丰富多样的家长活动

通过家长工作评价，幼儿教师能够全面了解每一位家长的需求、意见与建议。幼儿教师的管理工作可能会存在一定的疏忽，而家长对幼儿教师工作评价是从家长的角度出发，刚好能够帮助幼儿教师完善工作内容，加深对家长工作的认识，充分考虑家长的需求，根据家长的需要开展丰富多样的家长活动。如通过网络平台的家长评价，幼儿教师认识到部分家长在幼儿生活习惯养成方面存在一定的问题，幼儿园可以邀请专家就家长的问题开展系列讲座，传授科学的教育方法，帮助家长开展好家庭教育；也可以召开家长互助会，就同一问题，请有成功经验的家长介绍经验，这是缓解家长育儿压力的过程，也是相互学习的过程。

3. 能够激励幼儿教师，促进工作积极性

家长工作评价不仅是家长工作整体中的一个环节，同时也是对幼儿教师在家长工作方面的成绩、业务水平、素质能力的有效判断方式。通过对自身工作进行客观评价，教师能够发现自己的成绩与进步，同时也能发现自己的差距与不足。因此，工作的评价能够有效促进幼儿教师改正自身问题，发扬长处，不断提高自身的专业能力。

（二）评价方法

通常情况下，幼儿园家长工作评价方法包括教师自评、家长评价和园内评价三种。

1. 教师自评

教师自评，即幼儿教师自己对自己这一阶段的家长工作进行审查、评估。教师自评是一种重要的工作评价方式。幼儿教师一般都对自己的工作有一定的认识，哪一部分存在不足，哪一部分效果较好，幼儿教师自评相对于其他评价方式来说更为全面，但是教师自评是自己的主观判断，缺乏一定的客观性。

2. 家长评价

家长评价，即由家长来评价幼儿教师的家长工作。由于家长是幼儿园家长工作的对象，家长评价会更为客观。家长评价能够帮助幼儿教师清楚地了解家长在家长工作中的感受，同时也能够客观地认识家长工作开展过程中自身存在的优势与不足。

3. 园内评价

园内评价，即幼儿园内部人员对班级家长工作的评价。包括其他班级幼儿教师对本班家长工作的评价，上级领导，如园长、年级主任等对本班家长工作的评价。一般园内评价会有特定的评价表，依照评价表进行打分或评定等级。

小试牛刀

一、选择题

1. 幼儿教师了解幼儿最好的信息来源是（　　）。
   A. 同龄人　　　　B. 社区人士　　　　C. 家长　　　　D. 保育员
   【答案】C

2. 幼儿家长参与托幼机构管理的主要形式是（　　）。
   A. 家长学校　　　B. 宣传栏　　　　　C. 家长委员会　　D. 家园联系册
   【答案】C

3. 与幼儿园相比，家庭教育的特点是（　　）。
   A. 组织性　　　　B. 计划性　　　　　C. 目的性　　　　D. 随意性
   【答案】D

4. 家长委员会的主要任务不包括（　　）。
   A. 帮助家长了解幼儿园工作和要求协助幼儿园工作
   B. 反映家长对幼儿园工作的意见和建议
   C. 协助幼儿园组织交流家庭教育经验
   D. 监督审查各项财政支出
   【答案】D

5. 家长委员会在（　　）的指导下工作。
   A. 上级主管　　　　　　　　　　　　B. 教育行政
   C. 业主　　　　　　　　　　　　　　D. 幼儿园园长
   【答案】D

二、简答题

1. 请简述家长工作组织实施要点。
   【参考答案】
   （1）提前告知家长活动计划，包括活动的主题、目标、流程，以及家长需要注意并配合的内容。

(2) 要充分考虑活动对象的特殊性，合理安排活动。

(3) 在家长工作开展的过程中，幼儿教师需要进行一定的观察，做好记录。

(4) 态度亲和，真正做到尊重每一位家长。

2. 请简述幼儿园双重任务有哪些特点。

【参考答案】

(1) 对幼儿身心素养的培养提出了更高的要求。

(2) 为家长服务的范围不断扩大。

(3) 家长对幼儿教育的认识不断提高，要求幼儿园具有更高的教育质量。

任务三 幼儿园教师与家长关系的定位与沟通

【任务情境】

小宝刚入园的时候，分离焦虑的情况很严重，常常会一哭就哭半天，奶奶很是心疼，就每次送小宝入园后，偷偷返回看小宝。有一次，奶奶又返回看小宝时，被小宝发现了，原本平静的小宝瞬间大哭，叫着"我要回家，找妈妈"。幼儿教师也发现了小宝奶奶，向小宝奶奶对小宝的这种情况进行了解释，并商量出了合理的做法。不久，小宝就不会一入园就大哭要回家了。

思考：幼儿教师应该如何与家长进行沟通？

【任务解析】

1. 了解幼儿教师与家长之间的关系。
2. 掌握与家长沟通的原则。
3. 能够有效处理与家长沟通时出现的问题。

任务实施

家长是幼儿学前教育过程中的重要教育者，也是幼儿教师在幼儿园教育过程中的重要伙伴。为了促进幼儿的全面健康和谐发展，家园合作是不可缺少的一项重要工作。但是，家长与幼儿教师在诸多方面都存在一定差异，角色地位不同、文化修养不同、教育观念也存在不同，这就导致了家长与幼儿教师在幼儿教育方面会存在较多不一致或者矛盾的地方。因此，幼儿教师需要充分考虑幼儿教师与家长之间的关系，与家长建立良好关系，共同促进幼儿发展。

家庭与幼儿园都是幼儿的主要教育场所，家庭教育与幼儿园教育又共同支撑着幼儿的学前教育，然而由于家庭环境的不同、家长背景的差异，幼儿园与家长在进行沟通时会出现一定的矛盾与问题。为了共同促进幼儿发展，顺利开展家长工作，幼儿教师需明确自己的角色，与家长进行良好沟通。

知识一　幼儿教师与家长关系的特点

（一）平等性

幼儿教师与家长同样作为幼儿学前教育的主要教育者，双方地位是平等的。幼儿教师是学前机构教育的主要教育者，以德、智、体、美为主要内容，进行有目的、有计划、有组织的教育活动。家长是家庭教育中的主要教育者，教育内容涉及幼儿发展的方方面面，主要包括生活技能教育、道德教育、情感教育，同时，潜移默化地教授幼儿如何为人处世、待人接物。幼儿园教育与家庭教育都是学前教育的重要内容，都会对幼儿产生相当重要的影响，因而幼儿教师与家长地位平等，不突出强化某一方的重要性，不存在一方管理另一方的情况，也不能将自己一方的意志强加给另一方。

（二）合作互助性

在幼儿成长上，幼儿教师和家长应该是统一战线、统一目标，共同为了幼儿的成长而合作互助。幼儿教师由于自身工作的性质，有专业的学前教育理论知识和专业技能，有处理幼儿问题的科学方法，有教育幼儿的丰富经验。家长对自己的孩子有更加全面的了解，对孩子的性格、爱好、身体状况、行为习惯都有清楚的认识，在家长育儿的过程中也掌握了行之有效的安定幼儿情绪、激发幼儿兴趣的种种方法。然而单独采取家庭教育或幼儿园教育，都会导致幼儿发展过程中出现问题。因而，家长与幼儿教师需合作互助，相互支持、相互配合，才能够促进幼儿更加全面健康地成长。如幼儿教师缺少了幼儿在家庭中表现的信息，会影响对幼儿各方面发展的分析总结；家长不理解幼儿园的教养方式，背道而驰，会影响幼儿统一行为习惯的获得。

（三）长期性

从幼儿进入幼儿园，一直到离开幼儿园，甚至进入小学，幼儿教师与家长必然存在一定联系，这就注定了幼儿教师与家长关系的长期性。幼儿园的家长工作不是一朝一夕的，也不是阶段性的，而是贯穿幼儿在幼儿园成长始终的。幼儿教师在这一阶段中，始终与家长保持联系，密切配合，持续关注幼儿的各方面发展情况。为保证幼儿教师与家长沟通的长期性，需要建立良好的合作关系。这就首先需要幼儿教师开展家长工作，制订周密的家长工作计划，针对工作中出现的问题及时调整，工作结束后分析总结，自我反思。幼儿教师要主动、积极、态度友好地与家长进行沟通。其次，幼儿家长也需要发现问题及时地与幼儿教师进行沟通。幼儿的教育是幼儿园与家庭共同的责任，家长也需要关注幼儿在园发展情况，跟幼儿教师学习育儿知识与方法，双方共同努力，才能够保证在幼儿教师与家长的长期合作中，建立良好合作关系，共同促进幼儿健康发展。

知识二　幼儿教师与家长沟通的原则

（一）平等性原则

幼儿教师与家长是平等互助的关系，是家园共育的合作主体，因而在幼儿教师与家长的沟通过程中，需遵循平等的原则，幼儿教师应当尊重每一位家长，跟家长平等交流。但是事实上经常会出现不平等的幼儿教师与家长关系。一方面，由于家长存在较多的需求，需要幼儿教师给予家长育儿教育方法的指导、教育理论的提供、先进理念的传输，都是以幼儿教师为指导者，而家长则处于被指导的角色。这就导致了家长在与幼儿教师沟通中经常会出现刻意迎合、讨好幼儿教师的情况。而有的幼儿教师自恃育儿知识专业、经验丰富、技能娴熟，而对家长发号施令，训导家长，或者要求家长无条件配合、支持幼儿园工作，俨然一种"上级领导"做派。另一方面，有的家长以消费者自居，认为"顾客就是上帝"，态度强硬，要求幼儿园、幼儿教师满足其所有要求，以自家幼儿为中心，不允许出一点问题。相应的，有的幼儿教师为了业绩、为了让家长给自己的工作"打高分"而一味地迎合家长，满足家长所有合理、不合理的要求。《幼儿园教育指导纲要（试行）》中明确指出："家庭是幼儿园重要的合作伙伴。应本着尊重、平等、合作的原则，争取家长的理解、支持和主动参与，并积极支持、帮助家长提高教育能力。"幼儿教师与家长在幼儿问题上是平等合作的关系，幼儿教师不能以"权威"自居，而教导、评判家长的思想、行为，也不能盲目满足家长要求，而应有礼有节、语气平和地与家长进行有效沟通。

（二）理解性原则

幼儿教师应当做到最大限度地理解与包容家长，给予家长最大耐心的指导与帮助。家长角色地位、文化背景、素质水平、教育理念不同，就导致了家长对于幼儿园管理的理解和认知存在一定差异。有些幼儿父母文化程度较低，缺乏基本的教育常识，教育理念存在严重偏差，而对教师的建议置若罔闻；有的家庭是隔代教育，祖辈担任育儿职责，进行幼儿抚养，很容易产生溺爱幼儿的情况，不放心幼儿在幼儿园；有的家长要求幼儿教师必须时刻能够联系到，需要掌握幼儿在园的所有情况；有的家长对幼儿园期望过高，对幼儿园及幼儿教师提出诸多要求，并且不能出现一点偏差，所有要求都要得到满足。幼儿园经常会出现类似"挑剔"的家长，而幼儿教师作为家园共育的一方，作为拥有专业育儿知识与技能的一方，面对类似情况不能敷衍了事，不能置之不理，而应当尊重每一位家长，理解家长的心情，包容家长的"刁难"，虚心听取家长意见，主动与家长沟通，尽量满足家长的合理需求，不能满足的也要寻求家长谅解。总之，幼儿教师需宽容对待每一位家长，以极大的耐心解决家长的要求，以宽容的胸怀接受家长意见，以专业的行为赢得家长信任。

知识拓展

张金陵《幼儿园班级管理》

（三）主动性原则

幼儿教师应当承担家园共育主要职责，担当起与家长互动的主动发起者。一方面，幼儿

教师应当主动与家长进行沟通，主动向家长提供幼儿在园的各方面情况，如家长比较关心的幼儿的饮食、睡眠情况；也要向家长介绍幼儿园的管理情况，如教育理念、学期安排、课程设置等；幼儿教师还需主动向家长提供教育支持，如基本的学前知识、幼儿问题的解决办法、最新的教育理论等，以保证家庭教育质量，家园教育同步发展。另一方面，幼儿教师还应主动倾听家长的声音，关心家长的需要，以便更加清楚地了解家长对于幼儿管理过程中出现的问题的看法、意见与建议，更加全面地促进幼儿发展，更加有针对性地支持家长。幼儿教师积极主动与家长沟通，才能够建立良好的家园关系，搭建完善的家园共育平台。

（四）一切为了幼儿原则

幼儿教师在与家长沟通的过程中，只有保持目标一致，才能够保证行动的一致，而热爱幼儿是家园所有工作的出发点，是家园沟通的根本和基础。家长因为热爱幼儿，而支持、配合幼儿教师的所有工作，幼儿教师同样出于对幼儿的热爱，而积极主动地与家长沟通，了解幼儿发展情况，给予家长专业支持，保障家庭教育质量。幼儿教师与家长的一切沟通都是为了幼儿，为了幼儿茁壮成长。幼儿教师要与家长建立良好的沟通，需以"心"换"心"，以教师的爱心换家长的信心，以教师的诚心换家长的真心，以教师的责任心换家长的放心。

知识三　幼儿教师与家长沟通的技巧

沟通是人与人之间、人与群体之间思想与感情的传递和反馈的过程，旨在思想达成一致和感情交流的通畅。幼儿教师与家长之间同样需要进行沟通，要做到有效的沟通需掌握以下几点沟通技巧：

（一）善于倾听，适时反馈

幼儿教师与家长要做到有效沟通，首先要善于倾听。倾听是一项重要的沟通技能。倾听首先能够让家长让顺利地表达自己的想法，从而让幼儿教师清楚了解家长表达内容；其次能够让家长感受到幼儿教师的关注，倾听时需要专注，注意自己的身体状态，向诉说者前倾，目光要有交流，可以点头表示理解；再次，倾听能够使倾听者掌握关键信息，减少误解和错误；最后，倾听可以快速拉近双方关系，增加诉说者的好感，加强信赖感。同时，对于家长的诉说，幼儿教师需要选择恰当时机进行反馈，不能打断家长诉说，也要给家长一定的时间思考。

（二）先扬后抑

在与家长沟通幼儿发展情况时，需要考虑到家长的接受程度，尽量采取先表扬后批评的方式。幼儿教师一般对幼儿的评价较为客观，而家长对幼儿的认识可能较为单一。幼儿教师可以先肯定孩子的优点与进步，然后指出不足，有利于家长接受，同样可以让家长感受到教师对幼儿的评价是较为客观的，教师对幼儿是十分关注的。这样的形式也能够避免家长产生一种教师责备幼儿的感觉，容易达到心理平衡。

案例

（三）选择建设性评价

尽量描述幼儿的具体行为和表现，以指出其存在的问题，就事论事，对幼儿的行为进行客观评价，避免对幼儿人格进行批评，有利于家长接受。应把问题反馈的重点放在纠正不良行为、促进幼儿进步与发展上，幼儿教师应当多选择具有建设性的评价，可以多分析幼儿错误行为产生的原因，提出具体方案，给予家长明确的教育指导。

（四）态度亲和

教师与家长能否有效沟通，同样取决于幼儿教师对待家长的态度，是否尊重家长、尊重家长的观点或看法。在家园交流中，幼儿教师在很多时候是处于主导地位，但是主导地位不等于可以忽视家长的感受，也并不意味着幼儿教师的观点是绝对正确的。用温和的态度和商量的口吻提出观点，能够有效提升沟通的效率。耐心、虚心、诚心地听取家长的一些合理有益的建议，努力营造一个平等、轻松、愉快的交流环境，能够保证家长对幼儿教师工作的理解，从而实现家园协同一致。

知识四　与家长沟通过程中出现的特殊问题处理

（一）面对情绪愤怒的家长

1）态度温和、彬彬有礼。
2）倾听家长诉求，并适时给予回应，但避免打断其讲话。
3）不要辩解或抵触，不要表现出不耐烦。
4）面对大声、愤怒的家长，更要温柔、慢慢地讲话。
5）尽量提出开放性问题，如："怎么会这样？""那你怎么看？"
6）概括家长的不满，并提出建设性意见。
7）家长可以表达愤怒，但是如果方式过火，要适时合理地表达自己的观点。

（二）面对不接受教师建议或意见的家长

1）提前约定时间地点，与家长深入沟通。
2）把沟通的重点放在幼儿行为改变上，不能针对幼儿本身。
3）避免产生任何可能产生抵触的表述，如"是不是你没有给予幼儿足够的关注"。

4）不要以命令或权威者的口吻沟通，避免引起反感。
5）要耐心跟家长解释，要是家长不听，可以事后再进行详细解释。
6）避免专业词汇的应用，采用通俗易懂的方式进行表述。

一、选择题

1. 在教师与家长的关系上，哪一种关系是正确的？（　　）
A. 以教师为主，家长为辅
B. 教师与家长是平等的教育主体
C. 以教育能力强的一方为主
D. 在园以教师为主，在家以家长为主
【答案】A

2. 幼儿教师与家长电话沟通时要注重电话礼仪，如选择适宜的时间，此外，还要注意的事项不包括下面哪一项？（　　）
A. 条理要清晰　　　B. 语言要文明　　　C. 态度要严肃　　　D. 内容要精练
【答案】C

3. 适用于不易见面的家长联系的书面联系形式是（　　）。
A. 问卷调查表　　　　　　　　　　B. 联系手册
C. 宣传板　　　　　　　　　　　　D. 家长园地
【答案】B

二、简答题

1. 请简述幼儿教师与家长沟通的技巧。

【参考答案】

（1）善于倾听，适时反馈。倾听能够让幼儿教师清楚了解家长表达的内容，同时幼儿教师需要选择恰当时机进行反馈，不能打断家长诉说，也要给家长一定的时间思考。

（2）先扬后抑。要考虑到家长的接受程度，尽量采取先表扬后批评的方式。

2. 试述幼儿园与家长互动沟通的方式。

【参考答案】

幼儿园与家长互动沟通方式具体如下：

（1）集体方式。

①家长会。家长会有全园、年级、班级家长会。全园家长会向家长传达课程改革的精神，宣传教育新理念，指导家长配合，共同促进幼儿发展；年级家长会向家长介绍新学期的教学工作、计划及家园配合的要求等；班级家长会更有针对性，主要让家长直接了解幼儿所在班级的教育要求和幼儿在班级里的生活学习和发展状况，增加家长之间互相沟通和经验交流的机会。

②家长学校。举办家长学校，主要是向家长系统地宣传先进的教育理念，指导家长学习教育幼儿的正确方法，组织家长参与学习和活动，提高家长的学前教育认识水平和教育能力。

③家长开放日。家长开放日指幼儿园定期或不定期地向家长开放，邀请家长来园观摩和参观幼儿园的活动。家长在家长开放日期间可以了解教师的工作，亲眼看到自己的孩子在园中的表现，从而更有针对性地对幼儿进行教育。

④家长接待日和专家咨询。家长接待日是幼儿园安排一个固定的时间，由主管教师接待家长的来访，解答家长对幼儿园及班级保育教育、管理方面工作的疑问，听取家长的意见和建议，或设意见箱收集家长的意见，从而更好地改进和完善幼儿园的工作。专家咨询是幼儿园聘请一些学前教育专家定期进行现场咨询，为家长提供直接有效的服务。

⑤家园联系栏。家园联系栏介绍有关教育的新观念、经验和保健常识、流行病的预防、亲子游戏等。

⑥小报、小刊和学习材料提供。有条件的幼儿园可以向家长提供定期或不定期的小报、小刊，内容围绕幼儿的教育。

（2）个别方式。

①家庭访问。家庭访问是加强幼儿园与家庭联系的一种常用方式，可以使教师深入了解幼儿家庭及幼儿的个性、习惯、优缺点形成的原因等。

②个别谈话。个别谈话是进行家长工作最简便、最经常、最及时的方法，教师可以利用家长到幼儿园接送幼儿的时间与家长交谈幼儿的有关情况，向家长反映问题、提出建议。

③家园联系册或联系卡。联系册、联系卡是教师与家长围绕幼儿的发展与教育进行书面联系与交流的形式。

④书信、电话、网络等。

⑤接送幼儿时的随机交流。

项目总结

家长是幼儿学前教育过程中的重要教育者，也是幼儿教师在幼儿园教育过程中的重要伙伴。为了促进幼儿的全面健康和谐发展，家园合作是不可缺少的一项重要工作。因此，家长工作也是幼儿园班级管理的重要工作，要充分考虑家长特点，平等友善地开展家长工作。

本项目主要介绍了家长工作的内容以及与家长相处时需要注意的事项。在学习以上内容时，幼儿园教师应正确认识师幼的角色定位，与家长建立良好的家园关系，共同促进幼儿发展。

思考实践

1. 请结合本项目内容，根据常见的家长工作类型，设计一项家长工作活动。
2. 请思考在家长工作中容易忽视的部分有哪些。
3. 请回忆在实习或见习过程中，幼儿教师开展家长工作的过程中有哪些优势值得学习借鉴，哪些不足自己也需要注意。

项目七

幼儿园班级中的人际管理

项目描述

任何工作类型、工作性质、工作环境,都离不开人际关系,只要存在人的地方,就一定存在人际关系的处理。在幼儿园班级管理中也一样,班级中的人物有教师、保育员、幼儿,那么,就存在教师自我管理、师幼关系管理以及同事关系的管理。好的人际关系管理,能让教师享受自己的工作,让幼儿度过愉快放松的时光。同样,好的人际关系管理能带来高效率、高质量的工作效果。

本项目主要从教师的基本角色及职责、师幼关系管理、同事关系管理的角度进行幼儿园班级人际关系管理的阐述,从而帮助幼儿教师厘清几种人际关系的内容及建立良好人际关系的途径,使幼儿园班级工作的氛围融洽和谐。

项目导学

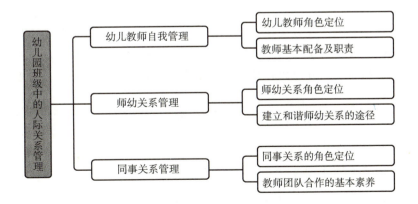

学习目标

1. 理解幼儿园班级管理中教师的角色定位。
2. 学习并掌握班级管理中教师的分工及职责。
3. 明确建立和谐师幼关系的途径。
4. 了解教师团队合作的基本素养。

任务一 幼儿教师自我管理

【任务情境】

某幼儿园发生老师体罚幼儿事件,在新闻报道中可以看到,一位女老师竟在十几分钟内狂扇一名5岁女童几十个耳光,同在教室中的其他孩子也受到不同程度的殴打,而孩子被打仅仅是因为回答不出教师出的算术题。

幼儿园本是儿童快乐学习、生活的地方,现在因为一些虐童事件反倒成了"受难园",幼儿教师成了"狼外婆",让人难以接受。

任务:请结合该事件,谈谈如何定位幼儿教师的角色,如何成为一名合格的幼儿园教师。

【任务解析】

1. 能知道幼儿园教师的角色定位。
2. 能明确幼儿园教师及保育员的工作职责。
3. 能掌握幼儿园教师应具备的基本素质。
4. 能在幼儿园教师自我管理中清楚自己需要具备的知识及能力。

任务实施

百年大计,教育为本;教育大计,教师为本。幼儿园教师的自我管理不仅是促进幼儿园整体发展、幼儿健康成长的核心,而且在一定程度上促进教师的专业发展。幼儿园教师是实现高质量学前教育的骨干,教师的自我管理以及表现,代表了幼儿园的内在理念与文化。

知识一 幼儿教师角色定位

(一)幼儿教师是幼儿园办园思想的贯彻者

每个幼儿园都有自己的办园理念、办园特色,幼儿教师是幼儿园文化的传承者,是办园思想的贯彻者和直接践行者。随着《幼儿园教育指导纲要(试行)》《3~6岁儿童学习与发展指南》等文件的颁布和实施,对幼儿园办园提出了进一步的要求,而幼儿教师正是这些精神的领悟者。我们需要认识到教师是幼儿园发展、幼儿成长的核心力量，如果没有教师的学习、思考、领悟、践行，那么幼儿园的教育理念、办园思想很难得以体现与实施。作为幼儿教师，也应该尽快熟悉了解并认同所在幼儿园的历史发展与文化背景，不断更新自己的教育观、教师观、儿童观，提升自我专业知识与专业能力，科学高效地贯彻幼儿园办园思想，合理地制定幼儿园班级一日常规，保证幼儿在园的教育教学工作，实现幼儿园的总体目标。

（二）幼儿教师是幼儿园班级活动的统领者

《幼儿园教育指导纲要（试行）》中指出："幼儿园教师应成为幼儿学习活动的支持者、合作者、引导者。"教师承担着幼儿在园在班的全部活动过程的教育职责，是班级幼儿活动的统领者。教师应为幼儿提供舒适放松、科学适宜的教育环境，为幼儿准备活泼有趣的各种游戏、丰富科学的领域活动学习内容，使幼儿得到充分的学习与发展。

第一，幼儿教师是幼儿一日活动的指导者。以幼儿为主体，以教师为主导，充分体现了教师在教育教学活动中的引导作用。教师对幼儿的引导，首先来自对幼儿的了解，其次是对幼儿面临的问题或者矛盾冲突的把握，基于这些情况，教师要做出正确的判断，从而指引幼儿朝着正确积极的方向发展。教师在指导的过程中，并不是一味地指出幼儿的错误，而是找到恰当的时机对幼儿进行有效的点拨，使幼儿能够自主探索。指导者的角色对于幼儿教师来说，既是对教育教学能力的考验，也是教育机智的一种体现。

第二，幼儿教师是幼儿一日活动的合作者。与其说教师是幼儿的指挥者，不如说教师是幼儿的合作者。教师的角色不是让幼儿怎样做，而是让幼儿知道该怎么做。在这个过程中，教师应该成为幼儿的伙伴、同伴，用这个身份参与到幼儿的一日常规中，共同学习、共同成长、共同进步。

第三，幼儿教师是幼儿一日活动的支持者。对于幼儿来说，教师的支持分为两部分，一是对幼儿物质上的支持，二是对幼儿心理上的支持。物质支持则包括丰富多彩的环境创设，多种多样的玩教具等；心理支持则包括对幼儿的关心、爱心、耐心、责任心，支持幼儿对周围世界的探索，对幼儿的奇思妙想给予一定的肯定与表扬，鼓励幼儿努力思考、提出问题，为幼儿创造性思维的发展奠定良好的基础。

（三）幼儿教师是幼儿生命的关怀者

3~6岁的幼儿对成人具有较强的依赖性，大部分幼儿把对母亲的依恋转移到幼儿教师身上，因此，幼儿教师需要给予幼儿更多的关怀与爱护。这种关怀与爱护表现出教师对生命的敬畏、珍惜和挚爱，对生命早期智慧的敏感、惊喜和支持，对生命规律和生命潜力的认识、理解和尊重[①]。教师要尊重每一名幼儿的生命，为幼儿营造一个快乐的环境，使幼儿享受快乐的童年生活，健康自由地发展。为完成这一目标，教师不仅要在生活上为幼儿提供无微不至的照顾，还要建立良好的师幼关系，给幼儿以家的温暖。

对幼儿生命的关怀，也就是对幼儿的精心照顾、照料涉及方方面面，不仅要照护幼儿饮食、如厕、午睡等这些生活的细节，还要对幼儿好的生活习惯、学习习惯、行为习惯等进行培养，同时也要培养幼儿坚强、勇敢、乐观的情感态度。

---

① 夏丽娟. 浅谈幼儿园教师的角色定位[J]. 江苏教育学院学报（社会科学版），2010（7）：24-26.

（四）幼儿教师是家长工作的合作者和协作者

幼儿园教育不可能成为一座孤岛独立存在，目前的教育归属三位一体，幼儿园、家庭、社区共同教育幼儿，给幼儿提供帮助。幼儿教师与家长之间密切的关系将成为家园协作的重点，教师也是家园合作教育的桥梁。作为一名幼教工作者，需要承担起家长工作合作与协作的责任与义务，通过多种途径给予幼儿家长以帮助，使家长们懂得科学育儿方法、树立正确的教育观和儿童观，为家长解答幼儿生活、学习中的难题，与家长积极交流沟通，在合作与协作中共同促进幼儿的健康成长。

在家园共建、家园共管、家园共教的过程中，教师要本着尊重、平等、合作的原则，与家长共同商议，支持并鼓励家长积极参与幼儿园的各项活动，帮助家长提高自身教育知识水平及能力，向家长宣传有关科学育儿、健康保健、家庭教育等方面的知识。定期与家长座谈，把家长对幼儿园、班级、教师的建议进行归纳总结，以更好地提高幼儿教师对幼儿的教育服务工作水平。

（五）幼儿教师是学习的研究者

学习是发展之本、提高之策、进步之源，每位幼儿教师都必须具备终身学习与持续研究的意识与能力。幼儿教师作为幼儿学习、发展的指导者、促进者、支持者，更应当具备不断学习、不断研究的素质。在园一日的活动中，幼儿教师是幼儿教育教学活动的中心，扮演着知识的传授者、教育教学的管理者、幼儿的关怀者等多种角色，教师需要思考的问题越来越多，比如如何让幼儿自觉参与到领域活动中，如何使幼儿在游戏中、在快乐中进行知识的学习，如何在领域活动中发展幼儿的创造性思维等。这些问题需要教师不断地探索研究，把理论知识与实践知识相结合，不断更新教育理念，优化教育教学结构，真正践行以幼儿为本的教育思想。

同样，教师在学习研究的过程中，需要与时俱进地更新自己的知识结构，利用"互联网+"、微课、慕课等多媒体信息资源，创设适合幼儿的教育教学内容及方式，随着社会的不断发展与时代的进步，及时提高自身的文化素养与专业素养以及解决实际问题的能力。幼儿教师的学习研究形式多种多样，包括阅读相关教育书籍、参加教师培训、做班级教育行动研究、参加幼教专家工作坊等。在学习中不断反思，在实践中不断革新，提高自身专业知识水平，优化自身知识结构。幼儿教师应始终秉持终身学习和教育研究的理念，成为研究型与学习型并存的幼教工作者。

知识二　教师基本配备及职责

幼儿园班级管理工作中，保教人员是主体。班级保教人员的能力与素养直接影响班级幼儿的健康成长与未来发展。《幼儿园工作规程》中明确指出，教师和保育员是幼儿园班级管理的主要承担者。保教人员肩负着保育与教育两方面工作，对幼儿园班级保教人员基本配备、岗位分工、任务分配及工作职责都有明确要求，需按照要求运行幼儿园班级的工作。

（一）幼儿教师的基本配备

在班级中，通常是由三名幼教工作者共同负责幼儿的生活、学习等活动，一般有一名主班教师、一名配班教师、一名保育员。随着保教合一理念的发展，目前一部分幼儿园保育工作暂时由刚入职的新教师负责。这种做法使保中有教、教中有保的思想得到更好的贯彻。

目前，我国各地区的幼儿园班级保教人员配备有以下几种形式：

1. "两教一保"形式

"两教一保"指班级配备两名教师、一名保育员。如今这是一种常见的幼儿园班级保教人员配备形式。两名教师分别为主班教师、配班教师，两名教师主要负责幼儿的教育教学活动、游戏活动、基本的生活活动、户外运动组织与指导、幼儿园班级环境创设等，保育员主要负责班级物品摆放、幼儿生活、卫生保健等工作。

2. "三教共保"形式

"三教共保"指的是幼儿园班级配备三名教师，这三名教师同时还负责幼儿保育工作。随着"保教合一"的教育理念的发展，越来越多的幼儿园采取此种班级保教人员配备形式。"三教共保"形式中教师的分工也有所不同：一是主班教师是由工作年限较长、经验丰富的老教师担任，配班教师由中青年教师担任，保育工作由刚入职的年轻教师担任，这样既能使新教师快速了解幼儿的一日生活相关事宜，又能尽快适应幼儿园班级工作；二是三名保教人员按照时间进行分工协作，以两周为一个周期，轮流承担保教活动；三是三名保教人员按照领域进行细致分工，每位教师既从事自己擅长领域的教育工作，同时也负责该领域的保育工作。无论采用哪种形式进行幼儿园班级的管理，三名保教人员都能发挥自己的优势，互相取长补短，共同组织好班级各项活动。

（二）幼儿教师的基本职责

《幼儿园管理条例》中明确提出，幼儿园应当贯彻保育与教育相结合的原则，创设与幼儿的教育和发展相适应的和谐环境，引导幼儿个性的健康发展。《幼儿园教育指导纲要（试行)》中要求幼儿园教育应尊重幼儿的人格和权利，尊重幼儿身心发展的规律和学习特点，以游戏为基本活动，保教并重，关注个别差异，促进每个幼儿富有个性地发展。因此，保教人员同时承担着保育与教育两个方面工作，应做到保中有教、教中有保。

《幼儿园工作规程》第四十一条指出，幼儿教师必须具有《教师资格条例》规定的幼儿教师资格，并符合本规程第三十九条规定。幼儿教师实行聘任制。

幼儿教师对本班工作全面负责，其主要职责如下：

第一，观察了解幼儿，依据国家有关规定，结合本班幼儿发展水平和兴趣要求，制订和执行教育工作计划，合理安排幼儿一日生活；

第二，创设良好的教育环境，合理组织教育内容，提供丰富的玩具和游戏材料，开展适宜的教育活动；

第三，严格执行幼儿园安全、卫生保健制度，指导并配合保育员管理本班幼儿生活，做好卫生保健工作；

第四，与家长保持经常联系，了解幼儿家庭的教育环境，商讨符合幼儿特点的教育措施，相互配合共同完成教育任务；

第五，参加业务学习和保育教育研究活动；

第六，定期总结评估保教工作实效，接受园长的指导和检查。

《幼儿园工作规程》第四二十条指出，幼儿园保育员应当符合本规程第三十九条规定，并应当具备高中毕业以上学历，受过幼儿保育职业培训。

幼儿园保育员的主要职责如下：

第一，负责本班房舍、设备、环境的清洁卫生和消毒工作；

第二，在教师的指导下，科学照料和管理幼儿生活，并配合本班教师组织教育活动；

第三，在卫生保健人员和本班教师指导下，严格执行幼儿园安全、卫生保健制度；

第四，妥善保管幼儿衣物和本班的设备、用具。

幼儿园班级内三位保教人员共同担负一个班级的各项工作，是一个集体，三位保教人员又是分工协作，各自负责一个领域内容，每位保教人员都担负着班级集体中的一份责任。在班级管理的过程中，三位保教人员可以同一时间做一件工作，例如户外体育游戏，需要三位保教人员在户外相互配合，确保幼儿活动的安全。再如，在进餐时间三位保教人员共同为幼儿分饭，确保幼儿在进餐时安静有序。同样，在相同时间，三位保教人员也可以从事不同的工作任务，如主班教师进行组织教育教学活动时，配班教师配合主班教师准备玩教具，或帮助主班教师组织课堂纪律，保育员则可以对厕所、餐具进行消毒。无论幼儿园班级管理采用的是"两教一保"形式还是"三教共保"形式，三位保教人员都各自完成自己的工作任务，共同为幼儿营造良好的班级氛围。

 知识拓展

主班教师、配班教师
及保育员的工作细则
（选自某幼儿园）

《幼儿园工作规程》
（节选）

《幼儿园教职工
配备标准（暂行）》

（三）幼儿教师应具备的基本素质

幼儿园班级管理中，教师是班级建设的核心力量。为保证班级工作的顺利开展、幼儿得到良好的教育，教师的选聘工作极为重要。国家强调要建立一支高水平、高质量、高标准的教师队伍，幼儿教师所具备的基本素质应有以下几点：

1. 崇高的职业道德

《幼儿园教师专业标准（试行）》中明确指出：幼儿教师要热爱学前教育事业，具有职业理想，践行社会主义核心价值体系，履行教师职业道德规范，依法执教。关爱幼儿，尊重幼儿人格，富有爱心、责任心、耐心和细心；为人师表，教书育人，自尊自律，做幼儿健康成长的启蒙者和引路人。对幼儿教师提出了以德为先的职业道德与职业准则。

（1）热爱幼儿，热爱幼教事业

幼儿教师对幼儿的爱是一种热烈的、天然的、高尚的情感，又是一种理智的、社会

的、责任的爱。这种爱将为幼儿营造一种安全感、和谐放松的气氛，促进幼儿茁壮成长。首先，教师要关心爱护幼儿，把幼儿的生命健康放在首位，尊重幼儿，了解幼儿，建立与幼儿平等的师幼关系，让幼儿能感受着爱的教育。其次，尊重幼儿的个体差异，每个幼儿生长环境不同、生活习惯不同，教师应尊重幼儿、尊重差异，在差异中提供适合每个幼儿的教育与方法，满足幼儿在身心发展中的不同需求，为幼儿提供快乐的班级生活。最后，要付诸责任心、耐心，幼儿在园的一日生活烦琐而多样，面对琐碎的细节，教师应尽量做到尽善尽美，任何一日常规环节，教师都应担负责任，耐心细心地为幼儿提供相应的帮助。

热爱幼教事业是幼儿教师对自我职业的认同，是幼儿教师的基本道德准则，更是幼儿教师工作的前提条件。学前教育是人一生的教育启蒙阶段，关系着一个人的一生成长，为未来的生活、学习、工作打下基础，幼儿教师的工作是神圣而伟大的，只有热爱幼教事业，才能实现自我价值。幼儿教师只有热爱幼教事业，才能对幼教工作有深刻的理解，才能激发出对幼教事业的高度责任感。

（2）以身作则，言传身教

3~6岁的幼儿具有较强的模仿力和观察力，因此，幼儿教师的工作具有示范性，要求教师注意自己的言谈举止，时时示范，事事示范，时刻谨言慎行。只有以身作则，严格要求自己，才能为幼儿提供一个优秀的榜样，使幼儿养成良好的行为习惯。

2. 扎实的专业知识

幼儿教师的专业知识是专业素质的重要组成部分，体现出教师工作的不可替代性。对幼儿教师的专业知识要求高，要求知识面广、知识类型多，大体包含通识性知识、教育理论知识、保教知识三个方面。

（1）通识性知识

通识性知识是指关于人的生活的各个领域的准确的、一般的、广泛的知识。幼儿教师按照《幼儿园教育指导纲要（试行）》要求，掌握健康、语言、社会、科学、艺术五个领域的课程及教育内容，而幼儿充满了好奇心与探索精神，求知欲望强，经常会对五个领域涉及的天文、地理、人文、历史、生物等知识产生疑问和思考，教师则需要针对不同幼儿的需要进行解答，这就要求幼儿教师具备广博的通识性知识，才能应对幼儿千奇百怪的问题。

（2）教育理论知识

教育理论知识是指有关教育学、心理学等专业知识。开展教育教学工作，不能只凭教师自己的感觉进行，要有相关的教育理论作为基础，要掌握教学方法、幼儿学习方法、幼儿认知发展特点、幼儿心理发展特点等，了解教育教学的规律、原则、方法论、法规，这样才能更好地开展幼儿园教育教学工作。

（3）幼儿保育教育知识

幼儿保育教育知识是指幼儿的卫生保健知识和五大领域学科知识。幼儿教师掌握保育、教育知识有助于提高保教实践能力，科学育儿。保教知识包括幼儿园教育目标、任务、内容等，五大领域的学科内容与特点，幼儿园环境创设、区域活动指导、一日生活安排，幼儿园班级管理、安全应急、意外事故处理等。

3. 全面的专业能力

幼儿教师的专业能力是幼儿园班级教育教学工作的重要保障和前提条件，同样影响着幼儿的健康生活与身心发展。幼儿教师的专业能力是全方位的，具有综合性特点。

(1) 观察与了解幼儿的能力

观察是幼儿教师日常教育行为中的重要组成部分。幼儿年龄小，有时不能准确地表达自己，为此，教师对幼儿的了解有一大部分都需要依靠观察而实现。在班级一日的活动中，无论是生活活动、学习活动还是游戏活动，教师都应时时刻刻地进行观察，观察幼儿的行为、言语以及个体差异，无论幼儿做什么事情，都需在幼儿教师的视线内，这样才能掌握幼儿的动态，及时提供相应帮助，更细致地了解幼儿的所思所想及兴趣爱好。因此，我们可以认为，观察幼儿的能力是幼儿教师必备的专业素质，在常态化的教育环境中发现问题是教师专业成长的最佳方式之一①。

(2) 组织教育教学活动的能力

幼儿园的活动是有组织、有计划、有目的地引导幼儿学习、生活、运动，教育教学活动包括目标、准备、重难点、过程、延伸等方面。教师要针对不同年龄段的幼儿身心发展特点选择活动内容、材料，并能有效地组织活动、灵活指导幼儿参与活动。同时，教师还要具有随机教育的能力，把五大领域内容融合于一日生活教育中，将各个领域内容融会贯通，使幼儿活学活用，从而得到全面发展。

(3) 环境创设与组织游戏的能力

幼儿是在与环境的相互作用中学习和获得发展的，环境的创设与利用至关重要。环境是幼儿的第三任教师，对幼儿的指导方式相对隐性和间接，因此具有适宜结构的、安全的、积极的高质量环境能够有效地激发和促进幼儿的主动学习和良好发展②。幼儿教师应具有环境创设能力，能够为幼儿营造一个舒适、放松、愉悦的生活与学习环境，能够建立良好、和谐的师幼关系，能够帮助幼儿建立友好、团结的同伴关系，促进幼儿健康成长。

游戏是幼儿园最基本的活动方式之一。游戏是幼儿的天性，幼儿在任何活动中都离不开游戏，而幼儿园教师组织与开展游戏的能力是进一步"做中学"的实施条件。具备组织游戏的能力包括教师能合理运用游戏空间，能够提供丰富多样的游戏材料，能够设计游戏的具体方案，明确游戏规则，能够结合幼儿需要创造游戏形式等。

(4) 沟通与合作的能力

沟通是人与人通过信息交流，彼此熟悉、彼此了解的形式。在幼儿园中，教师的沟通能力非常重要。教师的沟通包括教师与幼儿之间、教师与家长之间，在沟通交流中，要以尊重、平等为基本原则，营造和谐友好的氛围。

《幼儿教师专业标准（试行）》对幼儿教师的沟通合作能力提出了五项基本要求：使用符合幼儿年龄特点的语言进行保教工作；善于倾听，和蔼可亲，与幼儿进行有效沟通；与同事合作交流，分享经验和资源，共同发展；与家长进行有效沟通合作，共同促进幼儿发展；协助幼儿园与社区建立合作互助的良好关系。

教师与幼儿沟通时，应站在儿童的视角思考问题，使用儿童语言进行。处于3~6岁的幼儿表达能力较差，教师应多用简单句，符合幼儿语言发展与理解水平，多以微笑、拥抱等方式给予幼儿肯定与鼓励。教师与家长沟通时，应做到多争取家长的理解支持；了解家庭中的需要，给家长提供适当的教育建议；掌握一定的家园沟通技巧，也多听家长的建议。家长

---

① 彭兵. 我国幼儿教师专业发展政策回顾与展望 [J]. 学前教育研究, 2012 (5): 26.
② 夏婧, 李辉, 熊灿灿. 学前儿童教育学 [M]. 北京: 清华大学出版社, 2016.

是幼儿教师的重要合作伙伴，多与家长交流，共同促进幼儿发展。

（5）使用信息技术的能力

随着社会的发展和教育改革的发展，越来越多的信息教育技术出现，"互联网＋教育"的模式也越来越受到推崇。教师使用信息技术成为工作的一部分，既能有效提高工作效率，又能创新工作形式。教师首先要掌握基本的办公软件，能制作 PPT，进行视频音频的编辑等。其次要更新信息技术教育手段，学习微课、慕课等有关知识并能用于实际教学活动中。借助网络使教育的形式多样化，激发幼儿的学习兴趣。

（6）反思与发展的能力

优秀的幼儿教师应定期分析、评估和总结自己的教育教学实践活动，以便提高工作质量和有效性。反思实际是教师对自己的教育教学工作的一种研究，只有经过不断思考、评价、改正，才能不断完善、不断进步。因此，幼儿教师应当采取自我反思、班级内互评反思、教研活动反思等形式促进自身不断地进行反思性学习，以提高自身的专业素质与能力。

4. 健康的身心素质

幼儿园的氛围是活泼、快乐、活力无限的，但幼儿园保教工作是极其繁重的，这就要求幼儿教师要时刻调整自己的状态，以饱满的热情投入保教工作中。教师的状态积极向上，才能提供有质量的教育活动和教育环境，如果教师状态欠佳，班级的氛围也会让幼儿感到压抑。幼儿教师的身心素质，一方面是身体健康，幼儿园的工作重复而复杂，教师要时刻保证自己的体力，才能带领幼儿做各种各样的活动；另一方面则是心理健康，教师的心理素质、情绪会直接影响幼儿的情绪，如果教师积极阳光，那么给幼儿营造的氛围也是阳光向上的，如果教师情绪消极，会直接影响班级的教学质量。因此，一位优秀的幼儿教师应该具备乐观、自信、开朗、热情、积极的品质。

知识拓展

美国专业教学标准委员会 2010 年制定的优秀幼儿教师专业标准

小试牛刀

一、选择题

1. 某教师一边要求幼儿安静地玩玩具，一边和同事聊天说笑，该教师的行为（　　）。

A 正确，应该培养幼儿习惯　　　　B 错误，应该小声聊天

C 错误，应该以身作则　　　　　　D 正确，利于融洽同事关系

【答案】C

2. （　　）是做好幼教工作的重要保证。
A. 热爱幼儿　　　B. 学习能力　　　C. 反思能力　　　D. 健康的身体
【答案】A

3. 由于幼儿身心发育尚未成熟，有时会出现意外事件，这就要求幼儿教师具有（　　）。
A. 合作能力　　　　　　　　　　　B. 沟通能力
C. 组织教育活动的能力　　　　　　D. 急救和处理能力
【答案】D

4. 幼儿教师在幼儿面前的角色首先是（　　）。
A. 监护人　　　B. 追随者　　　C. 旁观者　　　D. 教育者
【答案】D

二、简答题

1. 请简述幼儿教师的角色。

【参考答案】
（1）幼儿教师是幼儿园办园思想的贯彻者。
（2）幼儿教师是幼儿园班级活动的统领者。
（3）幼儿教师是幼儿生命的关怀者。
（4）幼儿教师是家长工作的合作者和协作者。
（5）幼儿教师是学习的研究者。

2. 请简述幼儿教师应具备的基本素质。

【参考答案】
（1）崇高的职业道德：①热爱幼儿，热爱幼教事业；②以身作则，言传身教。
（2）扎实的专业知识：①通识性知识；②教育理论知识；③幼儿保育教育知识。
（3）全面的专业能力：①观察与了解幼儿的能力；②组织教育教学活动的能力；③环境创设与组织游戏的能力；④沟通与合作的能力；⑤使用信息技术的能力；⑥反思与发展的能力。
（4）健康的身心素质。

任务二　师幼关系管理

【任务情境】

在教学活动过程中，李老师发现，当她提问时，常有一些幼儿积极举手发言，而另一些孩子总是坐在一边，冷眼充当旁观者。

为了改善这种状况，让每个幼儿都得到发展，李老师尝试叫不举手的幼儿回答，但效果总不甚理想。通过观察和与家长、配班教师交流，李老师发现孩子们不举手的原因大致分为三类，并在教学中针对不同幼儿运用不同的解决方法。第一类是能回答但胆子小而不敢在众人面前说的幼儿，给予他大胆说话的环境，先让他大胆与老师、同伴说，再在小组或几个人的活动中说，最后在集体活动中引导他举手发言并及时表扬；第二类是怕说错、不想说、自尊心强、好面子的幼儿，采用个别指导法，让幼儿把自己的想法告诉教师，教师及时肯定其正确的回答，引导他回答完整，使幼儿增加信心，敢于在众人面前表达；第三类是确实不知道、能力弱的幼儿，采取先让他回答最简单的问题，或重复别人回答过的问题，多提供在众人面前讲话的机会。

任务：案例中的李老师与幼儿实现了有效师幼互动吗？她通过何种途径促进了师幼关系发展，采取了几种措施？你还有更好的做法吗？

【任务解析】

1. 能知道师幼关系中教师与幼儿的角色定位。
2. 能掌握建立和谐师幼关系的具体途径。
3. 能明确特殊关注的儿童管理内容及解决方法。
4. 能在师幼关系管理中体现热爱幼儿、尊重幼儿的情感。

任务实施

幼儿教师与幼儿的人际关系称为师幼关系。《幼儿园教育指导纲要（试行）》中明确指出："教师应关注幼儿在活动中的表现和反应，敏感地察觉他们的需要，及时以适当的方法应答，形成合作研究式的师幼互动。"良好的师幼互动才能促进建立良好的师幼关系。在幼儿园班级中，应建立一个互相尊重、互相平等、互相关爱、互相帮助的人际交往环境，它更能稳定幼儿的情绪，帮助幼儿健康快乐地成长。

知识一 师幼关系角色定位

传统教育观念中，将教师仅定位于"知识的传授者"，在师幼关系中，教师主要是知识的传授者，而对于幼儿来说，主要是知识的接受者。但随着社会的发展，新型的师幼关系诞生，教师与幼儿也不是单一的传授知识、接受知识的角色定位，教师与幼儿之间存在着多类型、多方面的角色定位关系。

（一）幼儿教师是教育工作者

《幼儿教师专业标准（试行）》中指出："幼儿园教师是履行幼儿园教育工作职责的专业人员，需要经过严格的培养与培训，具有良好的职业道德，掌握系统的专业知识和专业技能。"由此可见，幼儿教师是教育工作者。在良好的师幼关系中，幼儿教师应做到以下几方面：

1. 成为倾听、观察、理解型教师

倾听是教师工作中非常重要的内容。在师幼关系中，倾听表示教师重视幼儿、关注幼儿、尊重幼儿、欣赏幼儿。倾听幼儿的声音，可以帮助教师更多地了解幼儿内心世界，知道幼儿所思所想，从而提高师幼关系的稳定性、和谐性。

观察幼儿是教育工作的重点组成部分。教师在观察中，能够捕捉到幼儿转瞬即逝的动作、行为、现象以及变化的过程。能够帮助教师深层次地了解幼儿，通过行为表征分析幼儿的行为与心理。同时，能掌握幼儿探索的需要和兴趣爱好。从观察中，教师还可以了解幼儿之间的个体差异，为建立良好师幼关系提供基础。

教师通过倾听、观察，深入理解幼儿，成为幼儿学习活动的支持者、合作者、引导者。这也是教师角色定位的飞跃性变化。只有充分理解幼儿的内心，才能给予幼儿适合的帮助，才能参与幼儿的活动，才能抓到时机鼓励幼儿，推动幼儿的活动不断向前发展。

2. 成为师幼互动交往机会的提供型教师

师幼互动是发生在幼儿园班级内部的，它贯穿幼儿一日生活中的各个环节，使教师与幼儿之间互相作用、互相联系、互相影响。在这个过程中，教师绝不仅是单纯的班级管理者和指挥者，而是师幼互动交往中提供无限机会的角色。

首先，教师要营造、创设一种宽松愉快的氛围，在这样的氛围中，创造师幼交往的机会，使幼儿不断地表达自己，让教师看到幼儿真实的表现，这样可以使教师充分了解幼儿的所想所思。

其次，教师通过提供师幼互动的机会，对幼儿进行示范，从而帮助幼儿在模仿教师的一言一行中，养成良好的行为习惯。在互动中，提升幼儿的学习积极性，在健康、语言、社会、科学、艺术五大领域中不断成长，也帮助幼儿在互动中建立自信心，形成积极态度。

最后，教师要成为师幼互动的主动方。作为幼儿教师，在幼儿园的一日生活与学习中，应当多寻求师幼互动的机会，多组织师幼互动的环节，使幼儿与教师在一个公平、尊重的氛围中彼此了解。如在教学活动中，教师更要创造师幼互动的交往机会，在每个环节中，要注重幼儿的表现，让幼儿大胆表达自己、分享感受，给幼儿增添活动的兴趣。面对话语少、不敢表现的幼儿，教师一定要多鼓励、多支持，使幼儿逐渐克服心理障碍，享受师幼互动中的乐趣。

3. 成为朋友式的游戏伙伴

游戏是幼儿基本活动方式之一，也是幼儿发展的关键所在。同样，游戏也可作为幼儿教育的主要方法之一。在师幼互动中，游戏也是促使教师与幼儿互相影响、互相作用、互相磨合的方式。教师是游戏的开创者、设计者、组织者，在整个游戏过程中，推动着幼儿不断进行活动、学习、表达。最重要的是，幼儿教师参与到幼儿的游戏活动中，与幼儿成为朋友，在平等中成为游戏角色中的一员，与幼儿一起进行体育游戏、音乐游戏、区域游戏等，一起探索周围的世界、一起感受世界的美好。为使幼儿教师充分理解幼儿，深入了解幼儿的需要，促进幼儿的平衡发展，教师必然要加入幼儿的游戏，成为朋友式的伙伴，融入幼儿的世界，从而提高师幼互动的频率。

（二）幼儿是学习的游戏者

在新型师幼关系的角色定位中，幼儿成为学习的游戏者。幼儿既是学习者，又是一个游戏者，在游戏中学习知识、养成习惯，在快乐中开阔视野。

1. 幼儿自主学习

幼儿的学习不是单纯地接受知识，而是在学习的过程中建构知识。幼儿是有能力进行创造性学习的，幼儿的自主学习能提高自身建构知识的水平与能力。在教育活动中，幼儿是自主建构的个体，主动探索周围的世界、发现生活的乐趣。绝大部分时间，幼儿都是通过社会和生活进行自主学习，积累生活经验，运用已有知识，不断构建自己丰富而独特的内心世界。

2. 幼儿自主游戏

幼儿是游戏的主人，游戏是幼儿的自主性活动。游戏在幼儿身心发展中起到至关重要的作用，同时游戏也被幼儿生活学习所需要。幼儿与游戏是相辅相成的，要尊重幼儿自主进行游戏，因为他们在这个过程中不断自主探索、自主创造、自我体验，从而得到良好的发展。

知识二　建立和谐师幼关系的途径

幼儿教师与幼儿的角色定位决定了师幼关系的建立，那么，如何建立良好、和谐的师幼关系呢？一是要有良好的师幼关系管理，二是要关注管理特殊儿童。在教育教学中，教师要时刻给予幼儿爱与关注，幼儿则感受到被爱与信任。这样，才能建立和谐、友爱、健康的师幼关系。

（一）良好的师幼关系管理

1. 创设环境，给予自由

创设环境、给予自由是建构良好、和谐、积极的师幼关系的前提与保障。环境的创设带给幼儿足够的安全空间。《幼儿园教育指导纲要（试行）》指出：要建立良好的师生、同伴关系，让幼儿在集体生活中感到温暖，心情愉快。

那么，这个促使幼儿感到温暖、心情愉快的环境应该是怎样的？首先，应该创设一个自由的，幼儿敢说、想说、乐于说、有机会说的环境，在这样的教育氛围中，幼儿可以不断表达自己，不用拘束、不用害怕、不用羞愧，这样的环境才能使幼儿积极与教师互动，从而建立友好的师幼关系。

其次，创设一个宽松的环境，这样的环境让幼儿感到放松，幼儿才能更有效地发挥自己的想象能力、创造能力，进行自主性活动，从德育、智育、体育、美育等方面得到全面发展。

创设自由、宽松的环境，幼儿教师还要关注两个方面：

一是关注幼儿的主体地位。儿童观强调幼儿园的教育教学活动以幼儿为主体，要充分发挥幼儿的主动性和积极性。在师幼互动的过程中，教师应当尊重幼儿，与幼儿站在平等的位置，以幼儿的一切为主，帮助、引导、促进幼儿的学习与成长，使幼儿得到最好的发展。从这个角度可得出，幼儿教师是促进幼儿发展的环境创造者、提供者、组织者，通过良好的师幼关系而服务于幼儿。

二是加强师幼之间的情感交流。情感交流也促进幼儿社会性的发展。而师幼之间的情感建立在互相关注、互相关爱、互相信任、互相尊重的基础上，幼儿教师要时刻通过语言、行为等方式表达自己对幼儿的热爱，及时与幼儿进行沟通交流，教师采用这样的方法促进师幼之间情感的互动，从而建立积极和谐的师幼关系。

2. 理解幼儿，成为伙伴

对于幼儿教师来讲，理解幼儿是非常重要的，如果不能站在儿童的立场看待问题、思考问题，那么就无法与幼儿亲近，理解他们的内心世界。所以，幼儿教师要关注孩子们关注的话题，努力地走进他们的内心，回归"本心""童心"，让自己能像孩子一样，赢得幼儿的共鸣，使幼儿产生喜爱、认同以及依赖、信任。

不少人说幼儿教师就是"孩子王"，的确如此，教师要做孩子的"领头羊"，与幼儿成为朋友，建立良好的同伴关系，发展和谐的师幼关系。

幼儿教师要多以同伴的身份参与幼儿的活动，在活动中会发现幼儿的不同特点，通过了解幼儿，才能使关系更加融洽。在一起活动、一起玩耍的过程中，幼儿教师以身示范，潜移默化地影响幼儿的发展，使用这样的方式能够高效地促进幼儿的成长，同时，也能较好、自然地使幼儿接受和学习。

3. 寻找时机，适时引导

建立良好的师幼关系，教师还要选择适当的时机对幼儿加以引导。并不是教师所有的引导都能取得正面的效果，因此，对于师幼关系的管理，这方面显得尤为重要。适时引导、选择时机是促进师幼关系产生良好互动的重要保证。

近几年来，对于幼儿的教育观念有不同的声音，很多人认为要改变传统的教育模式，还给幼儿一个自由的童年，这种观点本身没有错误，可很多幼儿教师的理解出现了偏差。认为还给幼儿自由就是解放幼儿的天性，也就是放任自流。尊重幼儿的天性、尊重幼儿的意愿，这种观点本身也是正确的，可是很多幼儿教师理解为就是孩子想做什么就做什么，不应该有太多的约束，从而导致幼儿的活动、学习出现了大部分无效作业。因为幼儿园教师出现的观念误区，影响了幼儿发展。

为此，要强调"寻找时机，适时引导"的重要性。在一日生活、学习、游戏等活动中，幼儿教师能以正确的身份，选择正确的时间，参与幼儿的活动，并在幼儿出现困难时，加以引导，使幼儿通过教师的正确指导，正常进行活动，师幼出现良好互动，进而促进师幼关系的发展。

4. 充实自己，吸引幼儿

在构建良好、和谐的师幼关系过程中，不可忽视一点，就是幼儿园教师的魅力对幼儿的吸引。幼儿崇拜教师、喜欢教师也是稳定师幼关系的关键点。在幼儿园中，教师的魅力主要体现在外在形象美及内在修养美。

外在形象美主要指教师的穿着打扮、行为举止等方面。幼儿喜欢活泼、开朗的教师，而除了性格以外，衣着打扮也可以彰显幼儿园教师的活泼与开朗。幼儿园教师应多选择穿运动服，以幼儿喜欢的卡通等元素为主，通过一些外在的因素打动幼儿，从而达到亲近幼儿的目的。同样，幼儿喜欢温柔可爱的教师。教师的语言要美，有亲和力、感染力，这样才更容易与幼儿进行情感层面的交流，更容易被幼儿信赖。教师的动作要美，用肢体语言赢得幼儿的喜爱，使幼儿觉得温暖，进而通过情感建立良好的师幼关系。

内在修养美指教师应具有广博丰富的知识。3～6岁的幼儿对世界万物都充满好奇，喜欢提问。当他们有疑问时，经常会求助于教师，在他们的心中，教师是无所不能的。如果教师能每次都给出正确的答案，则教师就能在幼儿的心中树立权威。幼儿崇拜教师，有助于教师对幼儿进行适当的约束。但如果幼儿的问题教师无法解答，也不要随意解答，可以与幼儿一起探索，寻找答案。想要成为幼儿心中的榜样，教师就要在专业知识扎实的基础上，不断地丰富自己的知识库，扩展自己的视野，善于创新。

幼儿教师通过外在形象和内心修养两方面来充实自己、装备自己，吸引幼儿的注意力，从而使幼儿崇拜教师、喜欢教师，形成亲密的师幼关系。

（二）关注管理特殊儿童

1. 关注具有攻击性的幼儿

幼儿有时会出现发作性暴怒、冲撞、打人、咬人、踢人、抢东西等攻击行为。造成幼儿具有攻击性行为的原因大致分为生理原因、社会原因、家庭原因。生理原因指幼儿天生遗传了某种基因，父母的暴力倾向可能直接遗传给幼儿；社会原因是指幼儿看到一些社会现象、电视中的暴力行为，特意模仿；家庭原因指父母的教养方式、过多溺爱造成幼儿的任性、霸道的性格，从而使幼儿受到挫折、羞耻、不满时，采取暴力行为解决。

当班级内出现具有攻击性的幼儿时，教师一定要重视，给予特别关注，避免发生伤害。幼儿教师首先要注意观察班级内有哪些幼儿具有攻击性，攻击性行为有哪些；其次，对幼儿出现的攻击性行为要进行深入分析，分析幼儿在何种情况下产生此行为，幼儿产生此行为的原因；最后，要将幼儿在班级的行为告知家长，请家长协助教师共同帮助幼儿进行此类行为的矫正。

面对班级内出现具有攻击性行为的幼儿，教师要多加关注，用爱心、耐心、包容心帮助幼儿改正此问题。

2. 关注经常说谎的幼儿

说谎指幼儿说假话。幼儿说假话包括有意说谎与无意说谎。曾有教育学者将幼儿说谎的原因归纳为：为逃避惩罚而说谎；为得到赞扬而说谎；为避免矛盾而说谎；因不愿意做某事而说谎；因想象与现实相混淆而说谎；因理解性心理错觉而说谎；因成人言行影响而说谎[①]。

当班级内出现说谎的幼儿，教师应先对说谎的原因进行判断，对于有意说谎和无意说谎两种情况，采取不同的教育策略与管理。

幼儿无意说谎，可能是由于认知水平低，在思维、想象、记忆等方面出现了与事实不符的情况，比如把希望发生的事情当成已经发生的事情讲述等。遇到此类情况，幼儿教师应用宽容与理解对待，给孩子更多的关爱，帮助幼儿把想象与现实进行区分，把谎言与真实进行区分。

当幼儿出现有意说谎时，幼儿教师首先要分析幼儿说谎的原因及性质；其次，要引导幼儿说出自己真实想法以及说谎的原因；最后，通过幼儿的表述寻找幼儿说谎的动机。幼儿教师在了解这些基础上，思考帮助幼儿改正的方法。比如幼儿因为怕遭到批评而说谎，教师就应该反思是否日常对幼儿的要求过于苛刻，使幼儿长期处于紧张害怕的环境中。

幼儿教师要多关注经常说谎的幼儿，给他们营造一个轻松快乐的环境，尊重幼儿的自由表达，学会倾听幼儿的心声。相信在这样的一个良好的环境中成长，幼儿会改正说谎的行为。

3. 关注父母离异的幼儿

现代社会离婚率逐渐升高，很多幼儿生长在单亲家庭中，这无疑给幼儿造成了一些不良影响。如果班级有父母离异的幼儿，幼儿教师应高度重视，帮助幼儿降低家庭带来的不利影响。

---

① 马金祥，温秀芳. 幼儿撒谎心理及教育对策［J］. 潍坊教育学院学报，2004（4）：58-59.

首先，教师应给予幼儿更多的关注与爱护。单亲家庭的幼儿多数得到的爱是不完整的，这给幼儿的性格会带来一些负面影响，从而出现一些心理问题。面对此类幼儿，教师要在日常生活、学习、游戏中经常与其沟通交流，使幼儿感受到班级中的人际温暖，对于幼儿的负面情绪，幼儿教师应及时进行疏导。

其次，幼儿教师应多与幼儿家长联系，了解幼儿家庭真实情况，并对家长进行合理建议，建议离异家庭怎样对幼儿进行正确引导与教育，使家园共育，帮助幼儿健康成长。

知识拓展

从师幼互动看教师"为"的时机

小试牛刀

一、选择题

1. 幼儿园人际关系互动的核心是（　　）。

A. 师师互动　　　　B. 幼幼互动　　　　C. 师幼互动　　　　D. 教师和园长的互动

【答案】C

2. 下列哪种情况不应成为教师对幼儿的态度。（　　）

A. 关心、爱护学生　　　　　　　　B. 成为朋友

C. 幼儿做错了就处罚　　　　　　　D. 经常鼓励、表扬学生

【答案】C

3. （　　）是幼儿园精神环境的核心。

A. 幼儿　　　　B. 教师　　　　C. 园长　　　　D. 家长

【答案】B

4. 在学前教育过程中，最基本、最重要的人际关系是（　　）。

A. 教师与幼儿的关系

B. 教师与家长的关系

C. 教师与教师的关系

D. 家长与幼儿的工作

【答案】A

5. 教育幼儿的前提是（　　）。

A. 细心　　　　B. 耐心　　　　C. 爱心　　　　D. 童心

【答案】C

二、简答题

1. 请简述如何建立良好的师幼关系。

【参考答案】

（1）帮助幼儿适应环境的变化，消除分离焦虑。

（2）积极主动地与幼儿互动。

（3）对幼儿和幼儿的活动真正关注并感兴趣。

（4）理解与宽容地对待幼儿的错误。

（5）帮助幼儿形成良好的同伴关系。

（6）帮助幼儿摆脱不良行为习惯。

2. 请简述教师如何成为幼儿学习活动的支持者、合作者、引导者。

【参考答案】

（1）以关怀、接纳、尊重的态度与幼儿交往，耐心倾听，努力理解幼儿的想法与感受，支持、鼓励幼儿大胆探索与表达。

（2）善于发现幼儿感兴趣的事物、游戏和突发事件中所隐含的教育价值，把握时机，积极引导。

（3）关注幼儿在活动中的表现和反应，敏感地察觉他们的需要，及时以适当的方式应答，形成合作探究式的师幼互动。

任务三　同事关系管理

【任务情境】

小张是某幼儿园大二班的老师，担任幼儿一线教师已经10年有余。她是个有原则的教师，在管理班级时，喜欢用规定约束幼儿。但与她配班的小李老师是个新入职教师，刚毕业不到2年。小李老师喜欢亲近幼儿，与幼儿像朋友般相处，在管理时习惯给幼儿合理的空间及弹性的规则。在合作中，二人常常出现意见不一致，甚至是针锋相对的情况，二人都向其他同事抱怨过合作很累，但没有向园长表达过，二人一直也没有尝试与对方沟通。

任务：幼儿教师之间发生冲突的原因是什么？有哪些针对性的解决策略？

【任务解析】

1. 能知道同事关系中主班教师与配班教师的角色关系。
2. 能知道同事关系中教师与保育员的角色关系。
3. 能根据教师团队分工与合作中存在的常见问题，提出解决策略。
4. 能掌握建立和谐同事关系的途径。

任务实施

知识一　同事关系的角色定位

同事关系在幼儿园班级人际管理中占据重要地位。良好和谐的同事关系会让每一位幼儿教师获得职业幸福感，感受到安全、归属、爱、尊重及自我实现。但同事之间朝夕相处，难免存在冲突、意见不合的时候。为了形成良好和谐的同事关系，实现在合作中共同发展的目的，教师应该明确自己在同事关系中的角色定位。

（一）主班教师与配班教师的角色关系

《幼儿园教职工配备标准（暂行）》中规定，全日制幼儿园每个班级配备两名专任教师和一名保育员。专任教师包括一名主班教师和一名配班教师。幼儿园班级的工作是琐碎的，需要耐心和细心，需要主配班教师共同合作，引领班级幼儿完成一日生活、教学、游戏等活动。

当前，幼儿园中主配班教师合作开展工作是幼儿教师工作的常态。主配班教师的合作状态会直接影响到幼儿园教学活动的质量、教师与幼儿的情绪、幼儿的身体状况，以及教师的工作效率[①]。因此，教师应明确自身在合作中所扮演的角色及应履行的职责。

主班教师，通常指班主任教师，是班级第一负责人，是班级的直接管理者，要负责班级的全面工作，包括教育工作、保育工作、家长工作、协调班级教师工作等。主班教师在班级中的地位最高，相应的责任也最大。在班级生活中，主班教师犹如一家之长，决定着班级重大的事务。不同的幼儿园选拔主班教师的方式是不同的，有的采取园长指任的方式，有的采取教师自荐的方式。幼儿园的主班教师大多数是由从教时间长、经历比较丰富的老教师担任。

配班教师以协助主班教师做好班级各项工作为主要任务，包括：协助主班教师根据每周班级计划完成组织教育活动（如做好课前准备工作，教具的制作等）；与主班教师做好交接班；独立组织活动；协助主班教师为幼儿创设班级环境；协助主班教师保管和检查班内的物品（被罩、衣服、教具、玩具等）和设施。配班教师大多数是由较为年轻的教师担任，与主班教师既是主副关系，同时也是师徒关系。现今，大部分幼儿园的配班老师是由幼儿园管理人员所安排的，也有少部分幼儿园采取主配班教师互相选择的搭班方式。在给配班教师进行定位时，不可将"配"定义为"次"，配班教师在班级管理工作中也是不可缺少的。

要正确认识主配班教师的角色定位。一方面，主班教师在二者关系中起核心作用。主班教师要善于发现配班教师的优点，看到自己在工作中的不足及做得不恰当的地方，要做出表率，赢得配班教师的信任和尊重。另一方面，配班教师也不可将自己看作可有可无的角色，被动地听从主班教师的安排。配班教师也要发挥自己的特长，在向主班教师学习经验的同时，也要逐渐形成自己的教育理念，有自己的教育主见。

幼儿园班级开展管理工作需要主配班教师二人承担好自身职责，相互配合，形成凝聚力，以促进幼儿发展为共同愿景，切实解决班级内问题，圆满完成教育教学任务。主班、配班教师任何一个角色在班级管理中都不可缺少。一个班级就是一个团队，虽然两个人的个性、理念有所差异，但在理解和尊重的基础上，通过朝夕相处，可以相互依赖，从互识到共识，实现共同发展。

---

① 李铮. 幼儿园主配班教师合作现状研究 [J]. 河南教育, 2018（6）: 28.

(二)教师与保育员的角色关系

在传统幼儿教育理念中,幼儿园的保育员是负责照料幼儿生活、打扫卫生、收拾班级物品的阿姨角色,似乎与教育任务没有丝毫关系。现代幼儿教育理念强调"保教合一",保育员在幼儿教育中的地位上升,但有一些保育员认为"我不是老师""我不懂教学","我就是清洁工"。

随着幼儿教育的发展,教育部门越来越重视保育员的教育作用,给保育员重新进行角色定位。《幼儿园教育指导纲要(试行)》中指出:"保育员要在教师指导下,管理幼儿生活,并配合本班教师组织教育活动。"国家对保育员的职业定义为"幼儿园或托儿所里负责照管儿童生活的人员,辅助教师负责婴幼儿保健、养育和协助教师对婴幼儿进行教育的人员"。

由此可见,保育员也是教师,保育员也是教育者。保育员与教师的关系为保育员负责班级保育事务、协助班级教师进行保育,与教师同样都是教育者的角色,需要履行教育职能。在班级管理中,保育员不仅要与教师相互配合,更要发挥其教育价值,做到"以保促教"。

其一,保育员是教育实施者。幼儿一日生活中的进餐、饮水、睡眠、盥洗等环节都是幼儿健康教育的好时机。如果保育员能意识到"处处是教育,时时是教育",在这些教育时机向幼儿传递健康理念,会给幼儿带来良好的学习效果。

其二,保育员是教育活动过程的参与者。在活动准备前期,保育员可以通过分发活动材料对幼儿进行观察和了解,向教师提出关于设计、制作、摆放、如何发放教玩具等改进意见。在活动过程中,保育员不仅仅是活动规则的维护者,更应该随时留心观察幼儿的状态,尤其对当日生病或身体能力较弱的幼儿给予关注。在活动结束后,保育员不仅履行收拾教玩具的职责,还要帮助教师进行教育活动反思,发表自己对活动的看法,以促进共同发展。

其三,保育员是家园共育的一分子。保育员在大多数家长心中都是照护孩子吃喝拉撒睡的形象,并不教授知识。大多数保育员跟家长也都没有直接交流。但保育员对幼儿身体健康发展方面的了解甚至比教师更有发言权。幼儿园应适当地为保育员提供平台,向家长展示保育工作,为家长提供一些宝贵的育儿经验,更好地实现家园共育。

知识拓展

案例

知识二 教师团队合作的基本素养

（一）教师团队分工与合作的问题

教育部颁布的《幼儿园教师专业标准》明确提出，幼儿教师应具备"与同事合作交流，分享经验和资源，共同发展"的沟通与合作能力。一个幼儿园班级就是一个小团队，班级开展的任何活动都离不开教师团队的分工与合作。团队合作已经成为当今教学和专业发展的必然要求。然而在现实中，由于教师与教师之间的个性特征、性别特征、年龄差异等因素，教师团队合作存在这样或那样的问题，再加上教师多以女性为主，女性心思绵密，有时会多多少少出现磕碰。

教师团队分工与合作的问题主要包括：

1. 角色定位模糊

班级工作需要两位教师和一位保育员共同分工与合作完成，需要相互支持与理解。但在分工与合作过程中，常常存在个别教师缺乏正确的角色意识、角色定位模糊的问题。其一，角色定位模糊会导致分工不明确，也不能真正达到积极主动合作，合作效果不佳。例如，有些配班教师虽然心里有想法，并且这个想法有益于幼儿发展，想给主班教师提意见，但碍于主班教师是班级做主的那个人，怕得罪主班教师，从而放弃向主班教师诉说想法。这种想法既不利于教师之间的合作，又阻碍了幼儿的健康发展。其二，角色定位模糊的问题常出现在新入职的教师群体中，她们因工作经验不足，弄不清自身的角色及任务，不是出现手忙脚乱的情况，就是完全依赖主班教师，不知如何配合。

2. 教师各自为政，合作停留于表面

由于教师的教育观念、教育行为不同，在工作中，有时可能会各自为政。这不仅阻碍教师团队建设，更不利于幼儿的发展。在实践中，我们经常看到班级两位教师对幼儿提出的常规要求不同，这对于幼儿规范意识的形成是没有益处的，容易使幼儿产生思维混乱。班级教师一起制订月计划、周计划，但对每一节活动的目标、内容都是执教教师自主决定，这就容易导致出现上、下午教师活动目标重复，不利于幼儿的发展。

3. 合作中缺乏有效的沟通

沟通是人与人之间各种观念、思想、情感进行传递的过程，是使人与人之间的思想达成一致、情感互通的有效途径。教师团队主要采用的沟通方式是面对面的交流。在实践中，合作中缺乏有效沟通的现象屡屡发生。由于教师的教育观念、教育行为、性格气质都不尽相同，常常造成沟通障碍。一些有经验的主班教师看到新教师在管理工作中出现不正确的行为，碍于情面，不能及时指点新教师，以至于新教师再次发生同样的错误行为。还有一些老教师遇到自己不擅长的技术性操作的问题，会将工作直接推给年轻教师，引起年轻教师的不满，但因为不敢得罪老教师，没有即刻进行有效的沟通，也会为今后工作埋下隐患。

4. 合作制度不完善

目前，幼儿园管理者对教师团队分工与合作日益重视，但在合作制度建立与评价方面还不完善。大多数幼儿园管理者只重视教师之间的合作，只要对幼儿园管理、对班级幼儿有效益就行，不重视对教师个人发展的影响。因此，在组建教师团队时都是硬性搭配，不考虑教师本人的社交需求，没有考虑教师本人的意愿，极易造成合作不佳。另外，合作评价制度也是流于形式，发挥不了作用。

5. 团队精神氛围不好

团队精神氛围直接影响合作的效果。教师之间如若缺少默契，合作并不能提高团队成员的积极性、工作效率。教师往往在班级物质管理方面能开展良好合作，像合作制作教玩具、共同设计班级环境等，但在创设班级精神文化氛围时，大多数的教师都选择消极合作，不会主动与其他教师去商讨如何创建班级精神氛围，以避免出现人际关系紧张的情况。

（二）教师团队分工与合作问题的解决策略

1. 端正合作态度，建立合作目标

要增强教师之间的凝聚力，培养教师合作意识。集体归属感和荣誉感会增强教师合作的动力。管理者要加强团队成员向心力的培养，密切成员之间的人际关系。让教师意识到合作的重要性，不仅有利于幼儿的发展，还有益于教师自身的发展。教师自身也要提升集体归属感的觉悟。

同时教师团队要明确合作目标。团队的目标反映了团队所有成员的期望，需要全体成员认可，对每位成员都具有促进作用。如果每位成员都只从各自的角度出发考虑合作目标，那么目标永远都不会统一。只有团队中的每位成员都致力于本团队的发展，才有可能建立共同目标。合作目标的确立也避免了教师各自为政的现象。

2. 加强及时沟通

合作是一种典型的人际交往活动。团队中的成员只有相互信任、彼此接纳、坦诚面对，才会产生良好的合作效果。协调沟通是合作的保障，是教师必须掌握的能力。教师与教师之间应该常常进行真诚且及时的交流。如果团队成员是同龄教师，沟通中要注意处理好职称、薪资等利益竞争问题。如果是新老教师搭配的团队，要注意年龄造成的代沟，以及心理上的差异。新老教师之间要运用沟通策略，接受对方，实现"互补"，愉快地合作。幼儿园园长也应为教师创设有效的沟通机会，帮助教师解决冲突，了解教师的想法。

沟通不仅包含交谈，还包括倾听。教师要掌握与团队其他成员交流的技巧，在交谈过程中以多鼓励、多交流、多主动为主，少些批判、说教、被动。同时教师也要学会倾听，倾听是交流的前提，耐心倾听其他教师想法，了解问题，不要着急下结论。教师之间也要了解彼此的交流方式。沟通时最常用到的就是言语沟通方式，也可以用非言语性的一举一动或表情作为言语沟通的补充。两种方式结合使用会更容易产生共鸣。

3. 发挥个人特长

在合作中，每位教师都要发挥个人特长，形成能力上的互补。人们往往在自己擅长的领域和工作中拥有发言权。发挥个人特长有助于教师增进合作的积极性和主动性。团队成员要有宽阔的胸襟，善于学习他人长处，正确认识自己的不足，不可存在妒忌之心。无论是同龄组合还是新老搭配，都要尊重并学习其他教师的经验，学会自我反思，激发双方的创造性。

4. 营造团队氛围，增进合作情感

情感有利于增强教师合作的有效性。不同形式的合作，对营造团队氛围有很大帮助。幼儿园应多开设非正式且轻松的群体活动，除了经常进行的教研活动外，还可以举行聚会、分享会等活动，来增进教师之间的合作情感。教师要将合作内化于心，在心理层面认同合作。

5. 改善合作的管理手段

幼儿园管理者应将硬性的搭班形式，改变为允许教师自愿选择的形式。硬性搭班会引发教师的抵触心理，增加摩擦。如果在组建团队时，考虑到教师的需求和建议，将性格相合、理念思想一致、爱好相近的教师组合在一起，会发挥合作的最大效果。

除了改变搭班方式，还要建立发展性原则的评价制度。评价的目的是给教师提供更多的合作空间，为了更好地合作。评价能及时了解教师合作的状况、问题、行为。评价要以团队整体效益为依据，给予教师互相评价的权利，注重合作过程中的评价。通过教师个人工作记录、小组阶段工作报告、团体会议等各种方式，加强对教师合作过程的监控，做到及时反馈、实时评价[①]。

案例

（三）建立和谐同事关系的途径

和谐的同事关系会使教师获得职业幸福感，促进教师工作能力得到提高。来自同事的关心、真诚的帮助、愉快的合作等都会让人心头一暖，让人感受到归属、爱、善意，获得精神和心理的愉悦。教师之间的关系还会影响到幼儿的身心健康和社会性发展。教师应该学会通过恰当的途径，采取恰当的方法，与同事建立和谐的关系。教师与同事友好相处，建立和谐同事关系，可以从以下几个途径入手：

1. 同事之间真诚相待

大多数幼儿园以女性教师为主，是一个比较特殊的环境，长时间相处，难免会因同性相斥产生矛盾，因为互相猜忌，影响了人际关系。真诚是解决矛盾的良药，也是最能让人接受的品质。遇到问题时，要尽量开诚布公及时消除误会。每一位教师要怀着一颗诚实善良的心与同事交往，不带有色眼镜看他人。

2. 增加合作的机会

培养幼儿健康成长要靠幼儿园所有人的合作才能实现。合作需要具有向心力的氛围，同

---

① 李铮. 幼儿园主配班教师合作现状研究[J]. 河南教育，2018（6）：33.

事之间要有相同的目标。良好的合作过程有益于和谐关系的建立。友好相处是合作的第一步，也是建立和谐氛围的基础。可以多开展教研、幼儿教师团建、读书分享会等合作活动，创造合作机会，让同事之间彼此增进了解。合作中以集体为重，不要斤斤计较。

3. 提升自身能力

只有有真才实学、实干的人才会赢得同事的敬重和佩服。第一，教师要虚心且脚踏实地地充实自己的专业知识、提升自己的专业能力、练习自己的专业技能，使自己变得更加优秀，找到自己的闪光点。第二，除了学习，还要变得勤快一些，多主动帮助他人，学会付出，做一个"雪中送炭"的人。幸福心理学研究表明，自己做一件好事，给他人提供力所能及的帮助，都会让自己拥有好心情并有明显的幸福感上升的效果[①]。第三，要具有思考精神，遇到问题或困难时，要先主动思考去解决，解决不了的可以虚心向同事请教。

4. 学会赞美别人

谚语说："唯有赞美别人的人，才是真正值得赞美的人。"每个人都渴望得到别人的肯定与赞美。一句赞美或者建议都会使同事之间的关系变得和谐。在肯定和欣赏别人的同时，也会向他人长处学习。在赞美同事时要诚心，用和善的语气，不要过分。

5. 加强日常交往

人们在更多的时候把喜欢的感情投向周围与自己有直接交往的对象，这就是人际交往中的"时空接近效应"。社会心理学家曾经做过非常有趣的实验，请被试者将看过的陌生人照片按喜欢程度排序，结果发现，照片被看过的次数越多，被排在前面的机会也越多[②]。教师要常与同事打聊天，谈一谈工作经验，说一说自己生活的趣事或分享经验等，这些有益于建立良好和谐的人际关系。

如何看待幼儿园同事之间的分歧与矛盾

一、选择题

1. 我国幼儿园中主要负责幼儿的卫生保健、生活管理的人员称为（ ）
A. 教师　　　　B. 阿姨　　　　C. 保育员　　　　D. 保姆

---

① 宋燕. 幼儿园同事幸福共同体的构建 [J]. 今日教育（幼教金刊），2014（12）：7－8.
② 江颖. 建构和谐的幼儿园同事关系 [J]. 家庭与家教（现代幼教），2008（10）：11－12.

【答案】 C

2. （　　）是班集体的主体。
   A. 幼儿　　　　B. 教师　　　　C. 园长　　　　D. 班长

【答案】 A

3. 调节教师人际关系的润滑剂是（　　）。
   A. 道德评价　　B. 道德水准　　C. 道德理想　　D. 教师职业道德

【答案】 D

4. （　　）不是教师同事之间良好沟通的基础。
   A. 少争多让，善于倾听　　　　　B. 容忍异己，理解宽容
   C. 坦诚相见，赞美欣赏　　　　　D. 巧言令色，相互攀比

【答案】 D

二、案例分析

小班入园第二周，王老师发现小雅在餐点与运动后，仍会哭着要妈妈。老师抱她，感觉她身体绷得紧，问她要不要去小便，她摇头。老师又问："要不要去大便？"她点头。老师牵着她到卫生间，她只拉了一点就离开了。过一会儿，她又哭了。老师给她新玩具，和她一起玩游戏，但她的情绪还是不好。离园时，老师与她妈妈交谈，了解到小雅在幼儿园拉不出大便。

第二天早操后，小雅又哭了，老师蹲下轻声问："小雅是想上厕所了吗？"她点头。老师带她上厕所，她又只拉一点就站起来了。老师说："我陪你多蹲一会儿，把大便都拉出来，好吗？"小雅又蹲下来，但频频回头。这时，自动冲厕水箱的水"哗"的一声冲出，小雅"哇哇"大哭，扑到老师身上，老师紧紧地抱住她，轻柔地说："老师抱着你拉，好吗？"老师将水箱龙头关小，把小雅抱到离冲水口远一点的位置蹲下，小雅顺利拉完大便。连续一段时间，老师们轮流陪小雅上厕所，并指导她观察、了解水箱装满水会自动冲水清洁厕所。小雅渐渐适应了幼儿园的厕所，笑容回到了脸上。

问题：请分析上述材料中教师的行为。

【参考答案】

《幼儿园教育指导纲要（试行）》规定：教师应成为幼儿学习活动的支持者、合作者、引导者。

（1）教师要以关怀、接纳、尊重的态度与幼儿交往，耐心倾听，努力理解幼儿的想法与感受，支持、鼓励他们大胆探索与表达。材料中教师通过观察小雅的行为，亲切地与她沟通，帮助她舒缓紧张的情绪，从而知道小雅要"拉大便"的需求。

（2）教师要与家长沟通，与家庭密切配合。材料中教师在小雅离园时，和小雅妈妈谈话，让家长了解小雅在园中的表现，并和家长商量积极解决小雅问题的办法。

（3）教师要关注幼儿在活动中的表现和反应，敏感地察觉到他们的需要，及时以适当的方式应答，形成合作探究式的师幼互动。材料中老师通过观察发现小雅大便拉不出来是因为水箱冲厕所的声音太大，使其产生了恐惧，教师用轻柔的语气和小雅交流，并帮助小雅了解水箱的工作原理，慢慢地小雅就适应了幼儿园的厕所。总体而言，材料中的教师及时关注

幼儿的需要，并为其创设安全、轻松、愉快、宽松的环境，让幼儿在幼儿园感到温暖与关爱，进一步促进了幼儿适应性的发展。

项目总结

在幼儿园班级管理中，人际关系的管理同样是重要组成部分。首先，它关系着教师自身发展，使教师不断成长；其次，师幼关系的管理关系到能否成功建立和谐的氛围，使幼儿健康成长；最后，同事关系的管理关系到班级教育理念是否统一，达到班级管理和教学的共识。这些方面都是影响班级管理及教学质量的因素，幼儿园教师应通过积极沟通、不断改进，形成科学和谐的师幼关系、积极合作的同事关系，提高班级的整体水平。

本项目主要介绍了教师自我管理、师幼关系的建立、同事关系的处理与合作等内容。在学习以上内容时，幼儿教师应正确认识自己、正确认识师幼的角色定位、正确认识团队合作的基本要求，具备处理班级人际关系的能力。

思考实践

1. 学期初，你作为主班教师，接管了一个中班，为了能与新班级的幼儿建立和谐的关系，你会采取什么措施呢？
2. 对于幼儿教师虐童现象，你有什么看法？为什么会发生这类事件？
3. 如果你是一名新入职的教师，你会如何与同事交往，融入幼儿园工作环境中？

项目八

幼儿园特色班级的创建

项目描述

班级是幼儿生活学习的主要场所，是教师教学和管理的基本单位。一个幼儿园班级管理得如何，直接影响到幼儿园整体管理的成败。2001年，国家《幼儿园教育指导纲要（试行)》提出："关注个别差异，促进每个幼儿富有个性的发展。"随着幼儿教育的改革，幼儿具有个性且全面发展成为幼儿园追求的教育目标。因此，幼儿园班级管理在观念与实践上也发生了变化，一种新型的幼儿园班级管理模式——特色班级创建诞生了。

本项目主要讲授如何进行幼儿园特色班级的创建，包括幼儿园特色班级的概念、内容；幼儿园特色班级创建的价值；特色班级创建方案的制定、创建工作的开展、创建成果的总结与展示。

项目导学

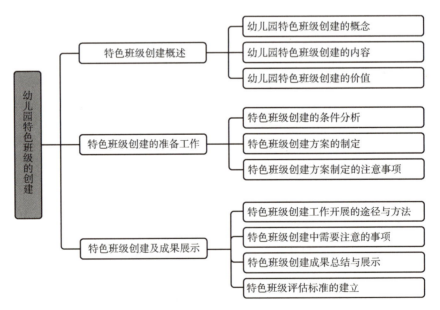

项目八 幼儿园特色班级的创建

 学习目标

1. 理解特色班级的概念及创建的价值。
2. 了解并掌握特色班级创建的内容、开展的途径与方法、成果总结与展示的途径。
3. 能根据班级实际情况制定创建方案,并能多渠道开展创建工作、展示活动。
4. 具有科学的、创新的特色班级建设理念。

任务一 特色班级创建概述

【任务情境】

为体现"节能减排、环保生活"的教育特色,幼儿园大班开展了"变废为宝"的系列活动。小朋友们收集废旧塑料瓶、纸壳、布料等材料制作玩具,在幼儿教师的带领和协助下,乐乐制作了纸壳小汽车、欢欢制作了易拉罐保龄球、明明制作了环保布画作为装饰品、多多制作了纸盒娃娃家。这次活动既培养了幼儿的创造及想象能力,又提高了幼儿们的环保意识。

思考:请谈谈对班级特色活动的理解。特色班级创建的价值有哪些?

【任务解析】

1. 了解幼儿园特色班级创建的内涵、内容和价值。
2. 根据班级创建的概念理解幼儿园特色班级创建的意义。

 任务实施

知识一 幼儿园特色班级创建的概念

特色班级即个性化的班级。幼儿园班级是在班集体所有成员的参与下,以在长期教学活动中积淀的独特而又稳定的班级文化区别于其他班级,并有显著的教学成效,促进了幼儿全面且个性化发展,是园长、教师、家长、幼儿所认可的班级。

幼儿园特色班级创建是指每个班级在完成日常一般常规教育教学活动的同时,班级教师在分析自身优势、幼儿兴趣特长、班级传统后,设计并实施某一类特色课程,逐渐形成独特且稳定的班级风貌的过程。

知识拓展

【辨析】幼儿园特色班级与特长班是一回事吗?

· 173 ·

知识二 幼儿园特色班级创建的内容

特色班级创建的核心就是特色主题课程创建，内容应包含设计特色主题活动、营造特色主题班级文化、开发特色主题资源。

（一）特色主题活动

教师以特色项目主题为依据，有目的、有计划地开展为创建特色班级而专门组织的教育活动。每周都在固定的时间，以集体教学形式向幼儿传授知识。

（二）特色主题班级文化

特色主题班级文化主要包括三个方面：其一，物质文化，也称为硬文化，是人为对班级环境的布置；其二，心理文化，也称为软文化，是为强化观念意识、行为方式而营造的氛围；其三，制度文化，这是形成班级文化的保证，例如班规。

（三）开发特色主题资源

开发可用来建设特色班级的社会资源，如家长特色职业、社区图书馆、公园等资源。

知识三 幼儿园特色班级创建的价值

幼儿园特色班级创建值得探索和实践。特色班级创建作为一种新型的管理手段，提高了幼儿园班级管理的质量，对幼儿园建设、幼儿成长、教师专业发展都有一定的现实价值。

（一）提高了幼儿园班级管理质量

幼儿园特色班级创建不仅是班级管理的内容，也是一种新型的班级管理手段。特色班级创建是传统班级管理转向现代班级管理的产物，能带动班级建设。传统的班级管理，教师是管理主体，对幼儿实施单向管教。而在特色班级创建中，教师和幼儿互为管理主体，师幼互动增多，发挥各自的优势和特长，积极参与班级活动，建立共同目标，规范自己言行，遵守班级制度。特色班级创建加强了班级的凝聚力，使班级工作更有效率和个性，是提高班级管理质量的有效手段。

（二）促进幼儿个性化的发展

班级是幼儿发展的重要场所。一个具有特色的班级是一部立体的、多彩的、无声的教科书，具有极大的教育功能。特色班级的创建需要教育者发现幼儿的特长和兴趣爱好，在保证幼儿全面发展的基础上，因材施教，使个性特征突出的幼儿找到适合的学习内容和形式。如果班级幼儿是活泼外向的，我们就可以选择体育活动或者语言活动作为特色。特色班级创建要使每一个幼儿都得到不同程度的提高，每个幼儿都得到教师的关注，得到比原有水平高的发展。多样的特色班级文化也潜移默化影响幼儿思维方式、价值观念、行为举止习惯，使幼儿的人格具有多向性的塑造。

（三）提升教师专业成长

在幼儿园特色班级的创建过程中，不仅幼儿得到发展，教师的专业也得到了提升。首先，教师的专业能力得到提升。选定班级特色主题、观察每个幼儿的个性特征、发现自己的优势和研究的领域、开发特色课程、实施特色课程、开展特色成果展示等工作，都需要班级教师不断研究、反思、总结。其次，教师的专业理念得到提升。开发与实施特色课程，使教师真正成为班级建设的主人，越来越注重自身专业发展。最后，教师的专业知识得到提升。不仅积累了课程开发的经验，也对班级管理的知识有了深入探究。

（四）推动幼儿园特色文化建设

一所幼儿园的特色文化是其发展的灵魂。特色班级是幼儿园特色文化的生长点。特色班级的创建，能推动幼儿园特色建设，打造幼儿园特色品牌。如果幼儿园特色文化要持久地发展下去，就需要以特色班级作为基石，全体教师共同努力，不断完善特色班级创建。

请简述幼儿园特色班级创建的价值。

【参考答案】

特色班级创建作为一种新型的管理手段，提高了幼儿园班级管理的质量，对幼儿园建设、幼儿成长、教师专业发展都有一定的现实价值。

(1) 提高了幼儿园班级管理质量。
(2) 促进幼儿个性化发展。
(3) 提升教师专业成长。
(4) 推动幼儿园特色文化建设。

任务二　特色班级创建的准备工作

【任务情境】

幼儿园将创建班级木偶教育特色作为发展木偶教育园本课程的主脉，开展了"构建木偶教育班级特色"的交流活动。各班通过开设不同类型的班级特色木偶教育活动现场，呈现出木偶教育个性化的特征。如：小（三）班的活动"玩木偶真开心"凸显了木偶在促进幼儿身心健康方面的教育功能；中（三）班邀请了木偶剧团的两名演员来园指导幼儿泥塑木偶头，学习提线木偶的表演技巧，突出借助社区资源开展木偶教育的特点；大（三）班的幼儿合作表演"树木本领大""绿色旅游"等幼儿偶剧彰显了以木偶为媒实施环保教育的价值……班班各具特色，使全园的木偶教育呈现出百花齐放、精彩纷呈的成效，也促进了幼儿园木偶教育的办园特色持续科学地发展。

思考：幼儿园特色班级是如何计划和实施的？

【任务解析】

1. 了解特色班级创建的条件及需要考虑的因素。
2. 掌握特色班级创设方案制定的要领。
3. 能够独立完成特色班级创设的方案制定。

任务实施

创建幼儿园特色班级分为三个步骤：准备环节、实施环节、展示与总结环节。准备环节在特色班级创建过程中起着至关重要的作用，是创建工作的基础。在准备环节，我们要做好计划，要分析现有条件是否能够创建特色班级，要制定创建方案。

知识一　特色班级创建的条件分析

保证特色班级创建工作正常开展，我们需要考虑以下因素和条件：

（一）特色班级的创建要基于班级幼儿的现实状况

创建特色班级最主要的目的是促进幼儿身心的和谐发展，要考虑到班级幼儿现实状况。幼儿的现实状况主要包括幼儿的年龄特点、个性特征、兴趣爱好、能力水平。教师要通过生活活动、教学活动、游戏活动等途径，了解幼儿的现实状况。根据幼儿的现实状况来选择特色项目，如果班级幼儿是活泼的，可以选择体育特色活动；不同年龄的幼儿要注意活动难度的变化。如以语言为特色，小班幼儿可以选择一些简单的儿歌、童谣、午餐播报等来作为本班特色活动内容，中班的幼儿可以选择猜谜、看图讲述、绘本欣赏等内容，而到了大班就可以选择成语故事、新闻播报、辩论赛等内容。切记，创建特色班级时不能盲目跟随别人。

（二）特色班级的创建要基于班级教师的自身优势

蔡元培先生曾说过："有特色的教师是学校的宝贵财富。"班级中两位教师的专业优势在特色创建中具有举足轻重的作用。教师的自身优势包括特长、先进的教育观念、独特的管理风格、丰富的教学经验、扎实的专业知识、个性魅力等。应选择能发挥教师专业优势的特色课程或者项目。创建中，教师可将先进教育观念作为创建的指导思想，以自身的特长去确立创建的主题，用专业知识来设计特色项目的内容，用丰富的教学经验多渠道开展特色项目活动，独特的管理风格和人格魅力将贯穿整个创建过程。班级两位老师要及时沟通，综合二人的优势和创造力。

（三）特色班级的创建要基于幼儿园的大环境

班级是幼儿园的一个小单位，我们要在幼儿园大环境背景下考量特色班级的创建。幼儿园的大环境包括内部环境和外部环境。内部环境包括班级场地、教学设备设施等物质条件；教师队伍结构和素质；幼儿园制度建设；幼儿园历史文化和人文基础；幼儿园已有的特色与劣势，等等。外部环境包括幼儿园的地理位置，是在大城市还是在小城镇或乡村；幼儿园在所属县市区的级别；能利用的社区的教育资源有哪些，等等。特色班级的创建要与幼儿园大环境背景一致。

 知识拓展

【延伸阅读】

知识二　特色班级创建方案的制定

在特色班级创建前期工作中，核心的工作就是方案制定。一般在教师对各因素条件进行分析之后，确立班级特色项目，按照所在幼儿园特色班级的评估标准制定方案，并向幼儿园负责特色班级建设的领导小组提交方案，审核通过后，教师就可以展开创建工作。

方案中的内容及形式如下：

1）标题：×××幼儿园×××班特色创建方案
2）特色主题：写出特色项目的名称。如：故事大王、我是小小音乐家、小巧手等。

 知识拓展

【延伸阅读】特色班级创建主题类型

3）指导思想：创建的理论依据，包括教师的教育观念及开展某个特色项目的教育价值。以《幼儿园教育指导纲要（试行）》等有关幼儿发展的文件精神、著名教育思想等作为指导思想。如以绘画项目为特色，可以阐述绘画教育对于幼儿的意义。

4）班况分析：包括幼儿在特色项目方面的能力水平，如幼儿在语言方面发展的现状，教师在特色主题方面的经验，幼儿家长们对于特色项目创建的态度等。

5）组织人员：以班级为单位，参与人员有班级两位教师、一位保育员、全班幼儿及家长。负责人为主班教师。

6）创建目标：描述开展此项特色创建活动对幼儿、班级、家长的预期效果，如阐明期望幼儿达到的目标，可以从认知、情感态度、能力技能三个方面来书写。

7）实施措施：写清楚在特色主题活动、特色主题班级文化、特色主题资源开发三个方面的措施。

8）实施步骤：把计划开展的具体特色活动内容与班级学期工作计划相对应。写清楚每个特色活动的名称、时间、内容、实施流程。

9）成果展示：成果展示的时间、成果展示形式。

每个幼儿园对特色班级的评估标准不同，对方案的撰写要求也存在差异。

幼儿园小班班级特色阅读方案

知识三　特色班级创建方案制定的注意事项

（一）创建方案要有理论和现实依据

第一，创建特色项目要有一定的理论思想支撑，明确选定某个特色项目的教育价值。第二，制定方案时要分析对客观现实条件逐一进行分析，要有理论和现实意义，要以人为本，方案要详细且可操作性强，避免创建过程中途放弃。

（二）特色班级创建方案选题要广泛且具有时代性

选题思路要广泛，而且要能跟上当代社会、当代教育的步伐，具有时代性。很多教师都将选题眼光局限在艺术领域，要打破这种局限，以积极的态度去接受新鲜的事物。如可以将"机器人""STEAM"教育作为特色项目。

（三）特色班级创建方案目标要全面且具有针对性

现在很多幼儿园都纷纷开展特色班级建设，但有很多教师不清楚特色班级创建的内涵和价值，存在一味跟风、模仿他人的做法。特色建设应该针对教师所在的班级，创建目标应全面，一方面要涵盖班级文化、幼儿发展、家园合作等方面的目标；另一方面，在预期幼儿发展时，要涵盖认知、情感态度、能力技能三个方面。

（四）安排特色项目活动时间要合理

特色项目活动要列入班级学期工作计划，不要在一个月内就将一学期的特色活动课程接连不断进行完。要均匀分配时间，特色项目活动时间每周2～3次即可。也要抓住一日生活教育的时机。

一、选择题

1. 创设幼儿园特色班级时，需要考虑不同地区、不同幼儿园的实际情况，做到因地制宜、因陋就简，这体现了（　　）原则。

A. 参与性　　　　B. 发展适宜性　　　　C. 经济性　　　　D. 开放性

【参考答案】C

二、简答题

1. 请简述特色班级创建方案制定的注意事项。

【参考答案】

（1）创建方案要有理论和现实依据：第一，创建特色项目要有一定的理论思想支撑；第二，制定方案时要对客观现实条件逐一进行分析。

（2）特色班级创建方案选题要广泛且具有时代性，选题思路要广泛，而且要能跟上当代社会、当代教育的步伐，具有时代性。

（3）特色班级创建方案目标要全面且具有针对性，一方面要涵盖班级文化、幼儿发展、家园合作等方面的目标；另一方面，在预期幼儿发展时，要涵盖认知、情感态度、能力技能三个方面。

（4）安排特色项目活动时间要合理，特色项目活动要列入班级学期工作计划，均匀分配时间。

任务三　特色班级创建及成果展示

【任务情境】

最近，果果幼儿园举行了一年一度的特色班级的成果展示活动，家长们也观摩了此次活动。在各个班级教师的精心准备下，幼儿们积极参与活动，此次成果展示活动的内容有变废为宝的手工制作、陶艺、儿童舞蹈等。

在变废为宝的手工制作活动中，孩子们利用自己收集的报纸、废纸壳、易拉罐、塑料瓶、布料、纽扣等进行生活用品、玩具的制作，孩子们用巧手将这些废旧的物品变成了小汽车、小吊篮、娃娃，提高了他们的动手能力与创新能力。陶艺活动中，孩子们专心致志地进行着自己的创作，有的搓泥巴、有的捏泥巴，不一会儿，栩栩如生的陶艺作品出现在家长面前。在园中的舞台上，一群可爱的小精灵用他们灵活的身体在做着优美的舞蹈动作，家长们在台下感受到了孩子们的热情与自信，感到由衷的欣慰。

幼儿园特色班级创建与成果展示活动，孩子们都能积极主动、大胆自信地表现自己，把自己的才艺展示给大家，也使家长们看到了孩子们在幼儿园的表现。

思考：在以上案例中，班级特色成果展示的方式有哪些？你最喜欢认可哪一种？请说说原因。

【任务解析】

1. 了解特色班级创建工作开展的途径和方法。
2. 掌握特色班级创建工作中的注意事项有哪些。
3. 知道特色班级创建成果总结与展示的形式。
4. 能够独立填写评估标准表以及特色班级创建申请表。

任务实施

特色班级方案审核通过后，就正式进入实施阶段。这是创建的核心环节，也是创建特色班级能否成功的关键环节。

知识一　特色班级创建工作开展的途径与方法

内容的实施总是要通过一定途径。教师应该思考如何将已经设计好的特色项目内容传递给幼儿。因为幼儿学习方法的特殊性，创建工作应该多渠道开展。

（一）实施专门的特色主题活动

特色主题活动是教师以特色项目主题为依据，有目的有计划地为创建特色班级而专门组织的教育活动。每周都在固定的时间，以集体教学形式向幼儿传递知识。如木偶教育、亲子阅读等。教师需要做好特色主题活动设计：合理确定活动目标、选择有趣的活动内容、提供丰富的活动材料、确定活动实施的过程。每周开展 2～3 次特色主题活动，保证课程连贯性，起到强化特色创建的作用。

（二）特色创建渗透到一日活动各环节，抓住各种教育契机

将特色项目渗透到一日活动环节中，既有助于幼儿发展，又能促进特色班级文化的建设。幼儿园一日活动环节包括五大领域教学活动、幼儿区域自主游戏活动、生活活动、户外活动。幼儿就是在游戏、生活中进行学习发展并形成良好的行为品质的。另外，教师要把握生活中的教育契机，进行随机教育，有效地将特色项目内容与生活相融合。如把握住特殊日期、节日的教育契机。

案例

（三）通过环境创建班级特色

特色环境能促进特色班级主题课程的有效开展，并且能将班级特色文化的精神物化展示给他人。环境是会说话的"教师"，潜移默化地对幼儿的发展产生影响。一个幼儿园班级的环境创设包括物质环境、制度环境、精神环境三方面。其一，在物质环境方面，可以建立特色主题墙面，区角投放的材料、图书、玩具也围绕着特色主题，让幼儿感知特色。其二，可以建立有关特色主题的制度环境。如"儿歌吟诵、学礼知礼"的特色班级制定了幼儿一日活动行为准则，编写了洗手时的礼仪儿歌。其三，教师要多注意幼儿在特色活动中的表现及促进特色班级文化建设。

（四）开发与利用家庭、社区中的教育资源

幼儿园不能成为一座"孤岛"，要与家长、社区形成教育合力。幼儿园要采取多种措施，进一步拓宽渠道，充分挖掘家长和社区中的特色教育资源。可以开展亲子活动、家长开放日活动，邀请家长走进幼儿园。社区中的自然资源、人力资源、物质资源、文化资源都可以为教师提供思路。通过三者共育，也让家长和社区人员了解该班级的特色。

知识拓展

案例

知识二　特色班级创建中需要注意的事项

（一）重视实践，特色是渐成的

要根据计划持续、扎实地开展活动，不能只是纸上谈兵。特色班级的形成不是一蹴而就的，它是一个日积月累的结果。教师要坚持做下去，不要半途而废。

（二）创建工作要多渠道、多形式开展

避免只使用单一渠道、单一形式开展特色创建工作。创建工作要多渠道开展，通过课程建设、一日常规活动、家长活动、环境创设。创建工作的形式，可以是集体教育形式、小组教育形式、个别教育形式。

（三）特色活动设计要以幼儿为本

活动设计方面要注意：第一，内容选择上，要体现幼儿的"最近发展区"，促进幼儿全面且个性化发展。第二，因幼儿注意力不易集中，所以选取的教育内容、教育形式、操作材料应该是幼儿感兴趣的。教师具有自主性，应不断对教育内容、形式、材料进行创新。

（四）特色创建过程中教师发挥主导者的作用

教师是创建活动的主导者，承担着设计方案、组织课程、引导幼儿、与第三方沟通的任务。教师应调动幼儿、家长、社区参与特色创建活动的主动性。班级两位教师要及时沟通，共同合作，避免独自盲目开展活动。

（五）特色创建过程中要及时记录，留下过程材料

教师要及时记录留存活动开展中的成果，书写活动计划、论文、案例、活动反思，积累特色活动的照片、影像及幼儿的作品。这些材料可以为后期评估特色班级、展示特色成果做准备。

知识三 特色班级创建成果总结与展示

特色班级创建是一个逐步尝试摸索、逐步提高、不断完善的过程。总结与展示特色成果是对创建工作的深化和完善，通过表彰、评选等活动，进一步提高教师开展特色创建的水平。

总结与展示的内容包括幼儿学习成果及教师的理念及经验、创建方案执行情况、创建成效、创建中存在的不足等。总结与展示活动可分为两种方式：一种是过程中的总结与展示活动；另一种是创建工作完成后，例如学期末进行的评估总结与展示活动。从组织形式上，一般分为以下几种：

（一）开展特色班级创建工作教研活动

将特色班级创建工作作为课题纳入幼儿园教研活动当中。定期组织教师围绕创建特色班级这一课题，以年级组为单位进行讨论。每个教师谈谈自己的创建思路、实践操作中的成果与存在的问题等。这种方式能促进班级教师间的交流，帮助教师进行头脑风暴，互相启发。

（二）举办特色主题成果展示会

幼儿园可以在学期末举办特色主题成果展示会，邀请相关幼教专家、其他幼儿园教师等人员参加，通过幼儿成果现场展示、主题座谈交流、专家点评的方式进行。

（三）组织幼儿特色项目成果比赛

在创建工作完成后，可以组织幼儿进行某个项目的成果比赛，可以将家长请进来。这种比赛形式不仅能激发幼儿的兴趣，提高参与特色活动的积极性，也能让家长和教师都了解幼儿的发展情况。

（四）利用节日或幼儿园开放日进行展示活动

通过家长开放日、习俗节日来开展活动，可以向家长宣传班级特色活动，赢得家长们的支持，并参与到特色班级建设中。

（五）创建特色成果展板

每个班级可以在走廊中设计一块特色成果展示板。将幼儿在参与特色活动中的一些过程展示出来，文字和照片相结合，也可以粘贴一些幼儿作品。特色成果展示板可以放置一段时间，供幼儿、家长、来园的客人参观。

知识四　特色班级评估标准的建立

为了使幼儿园特色班级创建更加规范、更加深入，幼儿园需要制定特色班级评估标准。因每个幼儿园的客观条件不同，所以评估标准的维度也有所不同（见表8-1）。一般在评估之前，班级教师需要提交特色班级评估申报表（见表8-2）。

表8-1　幼儿园特色班级评估标准

项目指标		具体内容	分值
一、理论支撑（10分）	1	创建的特色项目有一定的理论依据、现实需要和教育价值，实践中具有可操作性	5分
	2	积累起相应的特色项目理论资料，创建的特色符合教师能力、班级实际情况及幼儿的年龄特征	5分
二、计划落实（14分）	3	特色创建主题明确，有比较清晰的近期和远期创建思路或计划	8分
	4	把特色项目列入班级学期工作计划	6分
三、环境建设（16分）	5	重视班级环境创设，做到净化、美化，特色氛围浓厚，整体和谐	10分
	6	一日活动各环节中能充分培育和体现师幼的人文素养	6分
四、课程开展（15分）	7	在日常教育教学中落实相应的课程或活动，时间有保证	8分
	8	注重活动后的反思与小结，有相应记录	7分
五、家园联系（14分）	9	通过各种途径，向家长宣传本班特色，明确目的和意义	7分
	10	密切家园联系，家长能主动参与到特色创建过程中	7分
六、特色成果（31分）	11	特色展示活动在一定的区域范围内富有创造性和影响力，得到大家认可	7分
	12	积累起丰富的文字、图片及影像等实践资料	10分
	13	积极撰写班级特色相关的论文和案例	7分
	14	有关特色项目的活动、经验、总结在本园及教育行政部门组织的活动中获奖或在各级各类报纸杂志发表	7分

表 8-2　幼儿园特色班级评估申报表

班级：　　　　　　　　　　　填报日期：

特色项目名称		主要负责人	
申报理由	创建特色班级条件分析、前期主要准备工作：		
创建计划	阶段性目标及具体措施：		
特色班级创建情况			
幼儿园审核评估意见		年　　月　　日	

一、简答题

1. 请简述特色班级创建工作开展的途径与方法。

【参考答案】

（1）实施专门的特色主题活动。特色主题活动是教师以特色项目主题为依据，有目的有计划地为创建特色班级而专门组织的教育活动。

（2）特色班级创建渗透到一日活动各环节。抓住各种教育契机，将特色项目的建设渗透到一日活动环节中，既有助于幼儿发展，又能促进特色班级文化的建设。

（3）通过环境创建班级特色。特色环境能促进特色班级主题课程的有效开展，并且能将班级特色文化的精神物化展示给他人。

（4）开发与利用家庭、社区中的教育资源。幼儿园不能成为一座"孤岛"，要与家长、社区形成教育合力。幼儿园要采取多种措施，进一步拓宽渠道，充分挖掘家长和社区中的特色教育资源。

班级的特色是在教师长期的教学活动、对幼儿的了解中逐步形成的。教育要尊重每一名幼儿的天性，要注重幼儿的个性发展。在幼儿园中，班级是幼儿的主要活动场所，是幼儿实现社会化和个性化的重要环境。幼儿的生活、幼儿的兴趣都在班级的建设与活动中体现，而特色班级的创建不仅使幼儿的成长具有特色，还在班级的建设上起推动作用。学习以上内容，理解特色班级的概念及创建的价值；了解并掌握特色班级创建的内容、开展的途径与方法、成果总结与展示的途径；能根据班级实际情况制定创建方案，并能多渠道开展创建工作和展示活动；具有科学的、创新的特色班级建设理念。

 思考实践

1. 结合你的实践经验，查找收集资料，展示并交流一下现在幼儿园都有哪些特色班级。

2. 根据下列班级状况分析，选定特色主题，设计一份本学期的班级特色创设方案。

本班现有幼儿31名，其中男孩15名，女孩16名，新生1名。班上大部分幼儿活泼大方，善于与人交往，同伴关系良好，能大胆表现及发表自己的见解，对各种新鲜事物有浓厚的兴趣，生活卫生及学习习惯较好，积极参与艺术活动，对音乐美术有浓厚兴趣，音乐感受力较强，具有美术的创新力，乐于参加体育活动，男孩子喜欢踢球，女孩喜欢玩小辫子，活动自主性较强。但部分幼儿生活自理能力较弱，存在胆子小、不善于表达的现象。由于刚开学，幼儿的活动常规还需加强。

3. 下列案例中，教师通过几种途径进行特色创建？你还能想出其他的途径吗？请你设计一下。

我们设立了"古诗词吟诵"课程，并安排每周两次集体教育活动时间，进行专门的古诗词教育活动。我们通过多种渠道收集了许多易于孩子们理解、接受的古诗词，并反复揣摩诗词所表达的情感和意境，变成孩子们能够理解的语言讲给他们听，用孩子们喜欢的游戏形式引领他们吟诵，并鼓励孩子们大胆表达表现自己对古诗词的理解。我们将古诗词渗透于不同的学习领域，如融入有趣的游戏活动、语言活动、体育活动之中。我们还将"古诗词吟诵"渗透于晨间活动、生活活动、户外活动等一日生活各环节之中。

我们还善于抓住生活中的教育契机，适时进行古诗教育。引导孩子们对物吟诗、对景吟诗，培养其知识的迁移能力。如"三八"妇女节时，我们学习孟郊的《游子吟》，让幼儿感悟母爱的深厚与伟大。带领幼儿去踏青时，就引导幼儿吟诵韩愈的《早春》，体味"草色遥看近却无"的绝妙。

参 考 文 献

[1] 中华人民共和国教育部．幼儿园教育指导纲要（试行）[M]．北京：首都师范大学出版社，2005．

[2] 中华人民共和国教育部．3~6岁儿童学习与发展指南[M]．北京：首都师范大学出版社，2012．

[3] 中华人民共和国教育部．幼儿园工作规程[M]．北京：首都师范大学出版社，2016．

[4] 教育部教师工作司．幼儿教师专业标准（试行）解读[M]．北京：首都师范大学出版社，2013．

[5] 李季湄，冯晓霞．《3~6岁儿童学习与发展指南》解读[M]．北京：人民教育出版社，2013．

[6] 李生兰．学前教育学（修订版）[M]．上海：华东师范大学出版社，2006．

[7] 高岚．学前教育学[M]．广州：广东高等教育出版社，2003．

[8] 张燕．学前教育管理[M]．北京：北京师范大学出版社，1995．

[9] 黄晓堃，赵辛，李玮．学前心理学[M]．天津：南开大学出版社，2016．

[10] 王振宇．学前儿童发展心理学[M]．北京：人民教育出版社，2004．

[11] 陈帼眉，邹晓燕．学前心理学[M]．北京：北京师范大学出版社，2015．

[12] 李玮，李艳丽．幼儿园课程[M]．北京：中国轻工业出版社，2016．

[13] 李玮，李艳丽，陈司元，杨学良．幼儿园课程理论与实践[M]．天津：南开大学出版社，2016．

[14] 刘占兰．促进幼儿教师专业成长的理论与实践策略[M]．北京：教育科学出版社，2006．

[15] 毛曙阳．幼儿园教师文案写作指导[M]．上海：华东师范大学出版社，2014．

[16] 李玮，朱薇娜，张喆．学前卫生学[M]．2版．天津：南开大学出版社，2012．

[17] 刘慈慧，王莉玲，林青青．幼儿行为观察与记录[M]．台北：五南图书出版股份有限公司，1993．

[18] 朱家雄，张亚军．给幼儿教师的建议[M]．上海：华东大学出版社，2010．

[19] 张燕．幼儿园管理[M]．北京：北京师范大学出版社，1997．

[20] 唐淑，虞永平．幼儿园班级管理[M]．南京：南京师范大学出版社，1997．

[21] 张莅颖．幼儿园班级管理[M]．北京：高等教育出版社，2010．

[22] 文红欣．幼儿园组织与管理[M]．北京：教育科学出版社，2012．

[23] 秦明华，张欣．幼儿园组织与管理[M]．上海：复旦大学出版社，2008．

[24] 王劲松．幼儿园班级管理[M]．北京：北京师范大学出版社，2013．

[25] 简楚瑛．幼稚园班级管理[M]．台北：文景书局有限公司，1996．

[26] 孙玉洁. 幼儿园班级管理[M]. 北京：教育科学出版社，2019.

[27] 杨枫. 幼儿园教育环境创设与玩教具制作[M]. 北京：高等教育出版社，2013.

[28] 李全华. 幼儿园环境创设[M]. 杭州：浙江大学出版社，2007.

[29] 陈群. 幼儿园危机管理实务[M]. 北京：中国轻工业出版社，2009.

[30] [英]露西·皮特. 给幼儿教师的100个创意：幼儿园班级设计与管理[M]. 张颖玥，译. 北京：中国青年出版社，2015.

[31] [美]华纳，林奇. 幼儿园班级管理技巧150[M]. 曹宇，译. 北京：中国轻工业出版社，2011.

[32] [美]斯蒂芬·赛菲尔. 幼儿园班级管理问题预防与应对：25周年版[M]. 曹宇，译. 北京：中国轻工业出版社，2008.

[33] 傅芳芳. 幼儿园班级常规教育研究[D]. 上海：上海师范大学，2011.

[34] 马绮蔚. 幼儿园班级安全管理研究——以兰州市某幼儿园为例[D]. 武汉：华中师范大学，2016.

[35] 钟鸣. 幼儿园班级管理的策略研究[D]. 长春：东北师范大学，2010.

[36] 赵学菊. 幼儿园班级管理规范教育研究[D]. 合肥：安徽师范大学，2002.

[37] 高雯雯. 不同专业发展阶段幼儿教师的常规教育比较[D]. 上海：华东师范大学，2014.

[38] 李俊祺. 幼儿园安全事故分析与完善安全预防对策研究[D]. 长春：东北师范大学，2008.

[39] 李俐. 幼儿园班级环境建设[J]. 学前教育研究，2008（8）.

[40] 廖莹. 一日生活中幼儿常规的管理[J]. 早期教育，2003（1）.

[41] 吕虹霞. 幼儿园班级管理伴我成长[J]. 教育教学论坛，2012（36）.

[42] 尤静玉. 试谈如何做好幼儿园班级管理工作[J]. 科学大众（科学教育），2012（9）.

[43] 朱水莲. 彰显幼儿个性与班级常规管理之探讨[J]. 早期教育（教科研版），2012（5）.

[44] 陈央儿. 用隐性规则引导幼儿有序活动[J]. 学前教育研究，2004（6）.

[45] 林洁. 如何构建自主有序的班级常规[J]. 教育导刊，2011（3）.

[46] 姜凤坤. 浅析幼儿园班级常规管理的有效策略[J]. 新西部，2009（9）.

[47] 喻琴. 幼儿园班级常规管理策略浅谈[J]. 家庭与家教，2009（3）.

[48] 朱丽华. 幼儿园混龄教育的价值与实施[J]. 学前教育研究，2015（12）.

[49] 张娜. 幼儿园动态教育环境的创设[J]. 学前教育研究，2009（6）.

[50] 杨文. 当前幼儿园环境创设存在的问题及解决策略[J]. 学前教育研究，2011（7）.